New Creation Realities

by E. W. KENYON

New Creation Realities
by E.W. KENYON

ⓒ 2000 KENYON'S GOSPEL PUBLISHING SOCIETY, INC.
Printed in U.S.A.

2018 / Korean by Word of Faith Company, Korea.
Translated and published by permission
Printed in Korea.

새로운 피조물의 실재

발행일   2018. 4. 21 1판 1쇄 발행
          2022. 6. 15 1판 2쇄 발행

지은이   E. W. 케넌
옮긴이   김진호
발행인   최순애
발행처   믿음의말씀사
2000. 8. 14 등록 제 68호
우) 16934 경기도 용인시 기흥구 신정로 301번길 59
TEL. 031) 8005-5483 FAX. 031) 8005-5485
http://faithbook.kr

ISBN 89-94901-78-7 03230
값 18,000원

* 성경구절은 개역개정판을 기준으로 삼음.

본 저작물의 저작권은 '믿음의 말씀사'가 소유합니다.
저작권법에 의해 보호를 받는 저작물이므로 무단 전재와 복제를 금합니다.

새로운 피조물의 실재

E. W. 케년 지음 | 김진호 옮김

믿음의말씀사

| 목차 |

T. L. & 데이지 오스본의 편지 _ 7
역자 서문 _ 13
처음 할 말 _ 16
이유 _ 18

01 살아있는 말씀 _ 21
02 말씀을 보통 책처럼 취급하는 것 _ 39
03 바울 서신들과 사복음서를 대조해 봅시다 _ 47
04 바울의 기도에 대한 말씀 _ 57
05 바울의 계시에 비추어 본 그리스도 _ 68
06 부활이 우리에게 주는 것 _ 88
07 그 안에서 우리가 가지고 있는 것 _ 102
08 속량의 법적인 면과 실제적인 면들 _ 118
09 그분과 함께 공유한다는 것 _ 132
10 생명의 법 _ 143
11 새로워진 마음 _ 154
12 우리 안에서 자신을 재생산하시는 하나님 _ 161

13 하나님을 우리 안에서 제한함 _ 176

14 우리 자신에 대해 우리가 담대히 고백하는 것 _ 183

15 회개란 무엇을 뜻하는가 _ 189

16 당신 자신의 믿음을 가지는 것 _ 204

17 예수님의 한계 _ 219

18 패배한 사탄 _ 231

19 정죄의 끝 _ 241

20 평범한 사람으로 사는 것(하나님의 자녀로서가 아닌) _ 248

21 그분의 대속을 믿는 것 _ 268

22 속량의 안식 _ 276

23 다 이루었다 _ 288

24 아버지의 오른편에 계신 예수 _ 295

25 왜 자연인은 자신을 알 수 없을까요 _ 311

26 오순절에 관한 몇 가지 사실 _ 326

27 사랑을 어떻게 했습니까? _ 335

마지막 말 _ 355

| T. L. & 데이지 오스본의 편지 |

그리스도 안에서 친애하는 친구에게

케년 박사가 쓴 놀라운 책들이 저와 제 아내, 그리고 저희 사역에 얼마나 큰 의미를 지니고 있는지를 당신에게 말하게 되어 매우 기쁩니다. 우리는 1946년, 한 친구를 통해 케년의 책을 접하게 되었습니다. 그것은 『두 가지 의』라는 책이었습니다. 우리가 그 책을 알게 된 것은 하나님의 뜻이었습니다. 왜냐하면 하나님의 말씀 안에서 우리의 기초가 그리 견고하지 못했었기 때문입니다. 지금에서야 우리는 우리의 믿음이 실제로는 감각지식에 근거한 것이었다는 것을 깨달았습니다. 저는 대가족이 사는 농장에서 성장하였는데, 그것으로부터 물려받은 가장 위대한 선물은 저희 부모님이 성경에 대해 깊은 존경심을 가지고 계셨고, 운 좋게도 저도 성경이 절대적이고 완전한 진리라는 거의 맹목적인 믿음과 함께 성장했다는 것입니다.

그러나 하나님의 말씀을 믿는다고 생각하는 수백만 명의 다른 사람들처럼, 소위 우리의 믿음이라는 것은 정말로 감각지식에 의존했던 것이었습니다. 그때 『두 가지 의』라는 작은 책이 우리에게 전해졌고 (그것은 소책자로 인쇄된 초기 보급판 중의 하나였습니다), 그 후 『두 가지 종류의 지식』과 여러 다른 책들을 받아보았습니다. 그것은 놀라운 개혁이었습니다!

우리는 선교사로 인도에 갔지만, 콜레라와 장티푸스와 우리를 실의에 빠뜨리는 상황의 희생물이 되어 결과적으로 사역을 형편없이 실패하고 말았습니다. 집으로 돌아왔을 때, 우리의 사역에 대한 전망은 어두웠습니다. 그때 케년의 책을 알게 되었고, 그와 동시에 치유와 기적을 일으키는 놀라운 사역에서 하나님께 쓰임 받고 있는 한 복음전도자가 우리가 사는 도시를 방문했습니다.

케년의 책들은 우리에게 하나님의 말씀 안에서의 기초를 마련해 주었습니다. 그리고 그 복음전도자는 말씀을 행할 때 가장 놀라운 기적들이 나타나는 것을 입증해 주었습니다. 우리의 삶은 변화되었습니다. 우리는 오레건 주의 포트랜드에서 목회하고 있던 교회를 사임하고 인도로 돌아갔습니다. 앞서 인도에 있었을 때, 우리는 그리스도를 알지 못한 채 고통과 빈곤 속에 살아가는 수백만의 사람들을 보았지만, 그리스도가 오늘도 살아계신 하나님의 아들이라는 사실을 그들에게 납득시킬 수 없었습니다.

그러나 길 위의 성경학교인 케년의 책들을 통해 우리는 전 세계 비그리스도인들에게 복음을 전할 해결책을 갖게 되었습니다.

그날 이후, 그리고 1949년 오스본 재단이 설립된 이래로 우리는 전 세계 60여 개 나라에 있는 대규모 경기장과 야구장, 넓은 벌판, 해변,

그리고 논에서 20명부터 십만 명에 이르는 군중들을 상대로 대규모 복음전도집회를 가졌습니다. 모든 나라들이 영향을 받았습니다.

우리가 발행하는 잡지 'Faith Digest'는 매달 백만여 가정에 보내지고 있습니다. 우리 재단은 불신자들을 위한 선교로서 매달 2천 명 이상을 후원합니다. 현지 교회가 매일 한 곳 이상 세워집니다. 우리가 출판한 책은 백여 개의 언어로 발간됩니다. (그것은 하루에 1톤이 넘는 분량입니다.) 우리의 위대한 복음전파 사역을 담은 기록 영화와 설교 테이프들이 50개 이상의 주요 언어로 만들어집니다.

이 모든 것은 케년 박사가 쓴 전대미문의 책들에 의해 우리 마음에 심겨진 놀라운 진리의 씨앗들로부터 생겨난 것입니다. 당신의 아버지인 E. W. 케년이 시대를 앞서간 사도라는 사실에는 의심의 여지가 없습니다. 그의 놀라운 글들이 전 세계로 퍼져감에 따라 하나님의 영광을 드러내는 새로운 구름이 나타나 세계를 뒤덮기 시작했습니다. 그것은 케년 박사에 의해 심겨진 좋은 씨앗의 수확물인 믿음의 진리가 새롭게 드러난 것이었습니다.

기존에 수립된 신학과 기독교 전문가들은 케년의 글에 나타난 대담함에 충격을 받았고 그들의 기초가 흔들렸습니다. 예배형식을 중요시하는 교양 있는 사제들은 진정한 예수님의 길, 예수님의 믿음을 결코 이해할 수 없었습니다. 그러나 마틴 루터가 인간은 그리스도 안에서만 진정한 믿음에 의해 구원받을 수 있다고 선언하며 그의 신성모독 및 건방진 주장이 종교계를 뒤흔든 이후, 교계는 E. W. 케년 박사가 제시한 개혁적이지만 단순한 진리로 인해 매우 무기력해졌습니다.

그의 놀라운 저서들이 등장한 이후, 표적이 뒤따르는 부흥과 복음주의의 영광스러운 물결이 그 자유의 세계를 완전히 둘러싸고 흠뻑 적셔버렸습니다. 저는 전 세계적으로 대규모 사역을 하며 하나님께 쓰임 받았거나 쓰임 받고 있는 사람들(미국인, 영국인, 유럽인, 아프리카인, 인도인, 한국인, 아시아인, 필리핀인, 남미인들 등)의 대부분을 개인적으로 알고 있습니다. 사람들을 거대한 사역에 동참시키며 세상을 휩쓴 이 새로운 믿음의 씨앗과 뿌리는 분명히 E. W. 케년 박사의 기름부음 받고 재능 있는 문필로부터 나온 글과 획기적인 출판물들의 영향으로부터 시작되었습니다.

케년 박사의 책들은 세상을 완전히 휩쓴 젊은이들의 "예수 운동 Jesus Movement"[1]을 자라게 한 온상입니다.

수년 전, 저는 당신으로부터 내가 원할 때마다 언제든지 케년 박사의 글을 인용할 수 있다는 허락을 받았습니다. 그의 책들은 25여 년 동안 우리에게 영감을 주었고, 우리의 글에 힘을 실어주었습니다. 어떤 사실에 대해 설명할 때, 케년 박사가 이미 말했던 것보다 더 좋게 표현하기 난감할 때가 자주 있습니다. 진리를 전달하는데 있어 신선하고 분명하지만, 간결한 방식으로 영어를 사용하는 그의 재능은

---

[1] 1960년대와 1970년대 미국의 서해안을 중심으로 시작하여 북아메리카와 유럽으로 퍼져 나갔던 기독교 운동으로서, 히피 문화 속에 복음을 전하여 1980년대에 들어서 약화될 때까지, 갈보리 채플Calvary Chapel 교회를 통해 "마라나타" 찬양단의 음악과 함께 많은 영혼을 구원하고 교회를 세웠던 개신교 운동.(역자주)

하나님이 주신 선물이며, 그에 필적할 사람은 아무도 없다고 생각합니다.

저는 이렇게 기도하고 싶습니다.

"그의 글이 계속 살아있기를!" 왜냐하면 진리는 사라질 수 없기 때문입니다. 저는 E. W. 케년의 마음과 생각과 글에 대해 하나님께 감사드립니다. 그리고 변함없는 비전을 가지고 다른 것들과 비교할 수 없는 이런 글을 풍성히 출판하는데 있어 지치지 않고 헌신해온 그의 딸에 대해서도 하나님께 감사드립니다. 그로 인해 이 세대가 그의 글들을 공유할 수 있게 되었습니다.

비록 수백 명의 사람들이 케년 박사의 책들을 모방하려고 했지만 (그러나 유사한 글이 등장하도록 선동한 일례에 대해서는 하나님께 감사드립니다), 설명하기 힘든 어떤 이유 때문에 어느 누구도 하나님으로부터 당신의 아버지 같은 은사를 받지 못했습니다. 그는 분명 문필을 위해 지명받은 사도였습니다. 그리고 그의 업적들은 우리의 왕 되신 주님이 다시 오실 때까지 그 길을 계속 밝혀주고, 사람들로 하여금 행동하게 만들 것입니다. 최근 몇 년 동안, 우리는 털사와 오클라호마에 있는 오스본 재단에 케년 박사의 책들을 비축해왔습니다. 진리를 알기 원하는 사람들을 만나면 언제든지 그들에게 그의 책들을 선물하기 때문입니다. 그들의 기름진 마음 밭에 이보다 더 위대한 씨앗을 심을 수 없다고 생각합니다. 또한 젊은이들에게 수백 권에 달하는 케년 박사의 도서 세트를 주었습니다. (결코 단 한 권도 판매하지 않았습니다.) 그리고 기독교 사역에서 더 많은 열매를 좇아 굶주리고 갈급해 하는 모든 사람들에게 무료로 나누어 주기 위해 케년 박사의 책들을 계속 비축해둘 것입니다.

　루스 케년씨, 당신 아버지의 글을 계속 출판해 주셔서 감사합니다. 그리고 언론을 통해 그 풍성한 진리들을 함께 나눔으로써 당신의 세대를 섬겨주셔서 감사합니다. 이 진리는 하나님 아버지의 마음으로부터 나와서 그의 종 E. W. 케년 박사를 통해 오늘날 세상 밖으로 전해졌습니다.

　그리스도 안에서 매우 존경하고 감사드리며,

오스본 재단 설립자 **T. L. 오스본**
오스본 재단 부사장 **데이지 오스본**

역자 서문

　부활하신 주님을 목격한 사람들 가운데 120명은 부활한 예수님이 하늘로 가신 후 열흘을 기다려 성령님이 처음 오신 날 성령을 받고 방언을 말했습니다. 그들은 하늘로부터 내려온 성령을 받았을 뿐만 아니라 "너희가 십자가에 못 박고 하나님이 죽은 자 가운데서 살리신 나사렛 예수 그리스도의 이름으로 이 사람이 건강하게 되어 너희 앞에 섰느니라"(행 4:10)고 증거하며 "예수 그리스도의 이름"으로 주님이 이 땅에서 하시던 것과 똑 같이 병든 자들을 고쳤습니다.

　그들은 먼저 복음을 들었고 믿었으며, 믿은 대로 경험하였습니다. 네 복음서는 "하나님이 나사렛 예수에게 성령과 능력을 기름 붓듯 하셨으매 그가 두루 다니시며 선한 일을 행하시고 마귀에게 눌린 모든 사람을 고치신 것"(행 10:38)과 가르치신 말씀을 기록하였지만, 사도행전은 사도들은 물론 제자들에게 성령을 부어주셔서 주님께서 하시던 일을 지속하는 모습을 기록하였습니다. 그들은 어떻게 그렇게 살 수 있었을까요? 육신으로 계실 때는 함께 하지 못했지만 부활하신 주님으로부터 직접 계시를 받았던 사도 바울을 통하여 "예수를 그리스도와 주님"으로 믿어 거듭나고 성령을 선물로 받은 사람들이 믿은 복음은 바울의 서신들을 통하여 정확히 기록되어 신약성경으로 보존되었습니다.

그들은 바울의 서신들에 기록된 진리, 즉 "그리스도 안에 있는" 그리스도인은 어떤 존재이며, 어떤 권세와 능력을 가지고 있으며, 어떻게 살 수 있는지를 믿었으며, 사도행전의 성도들처럼 살았습니다. 그들은 "예수의 이름으로" 예수님을 대신 하여 땅 위에 살면서 "그리스도의 대사"로서 권세와 능력을 행하며 살았습니다. 왜냐하면 그들은 네 복음서의 예수님처럼 생각하고 말하고 믿고 행동함으로써 자신과 그리스도를 동일시하였기 때문입니다. 문자 그대로 그 안에 그리스도가 살며 움직이며 존재하는 "그리스도인"으로 자신을 인식했기 때문입니다(행 17:28). 케년 목사님의 모든 저서들은 이 진리를 깨우치기 위해 성령님께서 그에게 계시하신 것으로써 우리 시대에 전해진 기독교 역사의 보배라고 저는 믿습니다.

지난 십년 동안 우선 급한 대로 케년의 "두 가지 의"를 먼저 소개하고, 다른 책들은 여러 사람들에게 부탁하여 번역했지만, 이 책은 꼭 제가 번역하고 싶었습니다. 이로써 케년 목사님의 대부분의 중요한 책들을 거의 모두 출판하여 한 짐을 벗게 되었습니다. 보고 읽고 배우고, 성경을 읽으면서 확인하고, 믿고 경험하면서, 이것이 바울이 전한 복음이구나, 이것이 초대 교회 성도들이 신약성경이 없이도 살아계신 주님과 동행하던 계시의 말씀이었구나, 이렇게 조금씩 깨달은 것을 설교하며 가르치면서 성도들의 변화된 삶을 지켜보며 복음의 능력에 놀랐습니다. 2005년 주님의 지시를 따라 "예수 선교 사관학교"를 통하여 이 복음을 한국교회 목회자들과 성도들에게 전한지도 어언 14년이 되었습니다. 주님께서 지혜와 계시의 영을 저와 여러분에게 주셔서 주님의 교회가 이 복음의 진리로 온전히 회복되어, 모든 성도와 교회들이 그리스도의 정예군사로 훈련되어 수많은 셀교회를 세우는 비전을 바라봅니다.

2018년 4월

김진호 목사
새로운 피조물 미니스트리 대표
예수선교사관학교장

처음 할 말

새로운 피조물의 실재에 대한 핵심 메시지들.

위대한 주제들에 관한 소고들.

"마음에 숨은 사람"에 관한 연구.

우리는 심리학자들이 오랫동안 추구해 왔던 비밀을 발견했습니다.

그것은 바로 하나님께서 상대하시는 인간의 부분, 즉 "속 사람" 혹은 "재창조된 영"입니다.

사랑의 아들들의 사랑의 삶에 대한 집중 연구, 이 삶은 "마음에 숨은 사람"이 겉 사람 혹은 감각으로 보여지는 사람을 다스립니다.

당신은 이 겉 사람을 다스리는 감각들과 재창조된 영의 싸움에 관한 몇몇 제안들을 발견할 것입니다.

그것은 오늘날 그리스도 안에서 우리가 누구인지를 실제로 밝힌 것이며, 그분이 우리가 누구라고 하시는지, 그분의 위대한 속량 사역 안에서 그분이 우리를 어떤 존재로 만드셨는지에 관한 것입니다.

이 메시지들은 대부분 서신서들로부터 나왔습니다.

이 글은 완전하지는 않지만 이 감춰진 부요함을 더 깊이 공부하도록 자극하는 제안들입니다.

서신서들을 잘 알게 될 기회 없이, 단지 사복음서 안에서 그분을 보는 것만으로는 성육신하신 분을 알 수는 없다는 것을 우리는 알게 되었습니다.

복음서들 안에서 그분은 외로운 갈릴리 사람이셨으며, 잘 알려지지 않은 겸손한 사람이셨고, 땅 위의 삶을 갈보리에서 마친 분이십니다.

서신서들 안에서 그분은 부활하신 분, 승리하신 분이며, 죄와 사망과 사탄의 정복자이십니다.

그분은 공의의 요구를 만족시키시고, 인류에 대한 모든 정죄를 만족시키신 인류의 부활하신 속량자이십니다.

그분은 새로운 창조, 새로운 종족의 인류가 죄의식이나 정죄감이나 열등감 없이 하나님의 임재 안에 설 수 있도록 하셨습니다.

이유

바울의 서신들은 뛰어난 천재의 작품이든지, 아니면 하나님의 계시로 남아 있어야 합니다.

서신서들은 십자가에서 무슨 일이 일어났는지, 그분이 죽음으로부터 살아나실 때까지, 죽은 후 사흘 밤과 사흘 낮 동안 무슨 일이 일어났는지를 계시하고 있습니다.

아무도 사복음서에 있는 위대한 대속적 사실을 이해할 수 없습니다.

우리는 새로운 피조물의 계시도, 아버지 오른편에 계신 예수의 사역도 발견할 수 없습니다.

사복음서는 그분을 보는 감각적 지식을 우리에게 제공하고 있습니다.

사람들은 그분의 기적의 현장에서 하나님의 임재를 의식하고 압도당하였습니다.

그들은 그분을 하나님의 아들이라고 불렀습니다.

그들은 그분이 사탄과 귀신들을 정복하는 것을 보았지만, 그분께서 그들을 귀신들과 죽음과 질병의 정복자로 만들어 주게 되리라는 것은 전혀 몰랐습니다.

그들은 영적 실재를 영적으로 파악할 수가 없었기 때문에, 그분께서 이에 대하여 그들에게 말씀하시는 것은 가려져 있었습니다.

그들은 아직 새로운 탄생이라는 이상한 현상을 경험하지 못했습니다.

그러므로 바울의 계시는 하나님의 은혜에 대한 거장의 마지막 마무리입니다.

그의 계시는 성육신에 나타난 하나님의 강력한 목적 속에 감춰둔 비밀로 우리가 들어가도록 합니다.

복음서에서 예수님은 하나님처럼 행동하고, 하나님처럼 말하고, 하나님처럼 죽고, 하나님처럼 죽음을 정복하십니다.

그분은 이 땅 위에 살면서 육체로 나타나신 하나님이셨고, 영으로 그분은 하나님으로, 대속적 희생의 제물로 드려지셨습니다.

하나님의 오른편에서 그분은 영광스럽게 된 몸을 가지고 계시며, 새로운 창조의 머리이십니다.

당신은 그분이 우리를 위해서 완전한 일을 하셨다는 것을 발견하게 될 것이며, 예수께서 오늘 아버지의 오른편에서 우리를 위하여 완전한 일을 하시듯이, 성령은 말씀을 통하여 우리 안에서 완전한 일을 하신다는 것을 알게 될 것입니다.

01
살아있는 말씀

말씀에 대한 우리의 태도는 하나님께서 우리의 매일의 삶에서 차지하는 위치를 결정합니다.

말씀은 언제나 아버지께서 우리에게 말씀하시는 것이어야 합니다.

말씀은 결코 보통 책의 메시지와 같아서는 안 됩니다.

말씀은 주님께서 방 안에 서서 당신에게 개인적으로 말씀하시는 것같이 실제적이어야 합니다.

이 말씀은 예수께서 계시지 않을 때, 그분의 자리를 차지하도록 아버지께서 계획하신 것입니다.

그분이 "아버지께서 몸소 너희를 사랑하신다"고 말씀하실 때 그 말씀은 당신의 심령을 향한 개인적인 메시지입니다.

주님께서 다시 말씀하시기를 "사람이 나를 사랑하면 내 말을 지키리니 내 아버지께서 그를 사랑하실 것이요 우리가 그에게 가서 거처를 그와 함께 하리라"고 하셨을 때, 이 말씀은 이 세상에 오직 당신만 존재하는 것처럼 개인적인 것이 되어야 합니다.

마치 당신이 예수님의 발치에 앉아 있고 그분이 당신의 얼굴을 쳐다보면서 "아버지와 내가 너에게 와서 너와 함께 살 거야"라고 말씀하신 것과 같습니다.

"두려워하지 말아라, 내가 너의 하나님이니까."

"내가 너의 힘이 되고, 나의 능력을 네가 사용할 수 있도록 해 주려고 한다."

"약해지려 할 때 내가 네 생명의 힘이란 것을 기억해라."

"네가 돈이 필요하면 '나의 아버지께서는 네가 이 모든 것들이 필요하다는 것을 알고 계신다' 고 내가 말했던 것을 기억해라."

당신은 스스로 이렇게 속삭일 수 있습니다. "나의 아버지께서 나의 모든 필요를 공급해 주실 거야. 그분이 나의 필요를 알고 계시고 나를 사랑하고 계셔. 그분과 나는 하나야."

사람의 말은 대개 인쇄기에서 인쇄를 마치기도 전에 죽어 버립니다. 사람의 말은 한 세대를 살아남는 것도 드물지만 하나님의 말씀은 그렇지 않습니다. 하나님의 말씀은 하나님의 바로 그 생명을 잉태하고 있기 때문에 영원합니다.

히브리서 4:12-13은 이렇게 묘사하고 있습니다.

"하나님의 말씀은 살아 있고 활력이 있어 좌우에 날선 어떤 검보다도 예리하여 혼과 영과 및 관절과 골수를 찔러 쪼개기까지 하며 또 마음의 생각과 뜻을 판단하나니 지으신 것이 하나도 그 앞에 나타나지 않음이 없고 우리의 결산을 받으실 이의 눈앞에 만물이 벌거벗은 것 같이 드러나느니라"

이 말씀은 사도 바울의 서신서들 중에서 매우 색다른 말입니다. 13절을 보십시오. "하나님 앞에는 아무 피조물도 숨겨진 것이 없다."

그는 누구에 대하여 말하고 있습니까? 살아있는 말씀 로고스Logos 입니다.

"모든 것이 그의 눈앞에 벌거숭이로 드러나 있습니다. 우리는 그 앞에 모든 것을 드러내 놓아야 합니다."

말씀은 인격을 입습니다. 말씀은 그리스도 자신이 됩니다.

우리는 말씀을 통하여 주님과 접촉합니다.

"그의 눈앞에"라고 한 것을 보았습니까? 그렇다면 말씀은 눈을 가지고 있다는 말입니다. 그 눈은 우리의 행동을 보고 있고 그에 대한 우리의 태도를 보고 있습니다. 말씀은 살아 있는 존재입니다.

이 말이 당신에게 얼마나 깊은 인상을 줍니까?

그 안에 하나님의 바로 그 생명을 가지고 있으며, 나의 행동을 관찰하고 판단하는 한 권의 책이 내 손에 들려 있습니다.

이 책은 나의 속 사람인 내 영을 먹입니다.

이 책은 나의 영에 믿음을 주고, 사랑을 주고, 나의 영을 세워줍니다.

하나님이 나와 접촉하는 유일한 방법은 그분의 말씀을 통해서 입니다. 그러므로 말씀은 아주 중요한 것이 되었습니다.

첫 백 년 동안에 그리스도의 교회가 신약 성경을 가지고 있지 않았다는 사실을 파악하는 것은 우리에게 상당히 어려운 일입니다.

바울이 데살로니가에 쓴 편지가 신약 성경의 시작이었습니다. 바울이 회심한 지 17년이 지난 후였습니다.

"이러므로 우리가 하나님께 끊임없이 감사함은 너희가 우리에게 들은바 하나님의 선포된 말씀을 받을 때에 사람의 말로 받지 아니하고 진리인 하나님의 말씀으로 받음이니 이 말씀이 또한 너희 믿는 자 가운데에서 효과적으로 역사하느니라(Wherefore I also give continual thanks to God. Because when you heard from me the Spoken Word of God, you received it not as the word of man, but as it is in truth, the Word of God ; who Himself works effectually in you that believe)."(살전 2:13, Conybeare)

"선포된 말씀"이라고 한 것에 주목하십시오. 바울이나 베드로, 요한 혹은 다른 어떤 사도든지 그들이 한 말이 그들이 가진 말씀의 전부였습니다.

이 말씀은 하나님께서 사람의 입술을 통해서 말씀하신 것이었습니다.

이 말씀은 아직 기록되지 않았습니다.

이제 당신은 사도행전의 에베소에서 있었던 큰 부흥에 관해서 말하는 것을 더 잘 이해하게 되었을 것입니다.

누가는 "하나님의 말씀이 흥왕하여 세력을 얻었다"고 표현하였습니다.

이 말씀은 입으로 선포한 말씀이었습니다.

바울의 계시는 오직 그에게서 말씀을 들은 사람들에게만 알려져 있었습니다.

다른 사도들은 가지고 있지 않았습니다. 그들은 그 당시의 위기 상황에서 성령께서 주시는 말씀을 가지고 있었습니다.

기독교는 말씀이 속량에 대해서, 그리스도의 몸에 대해서, 그리고 새로운 피조물에 대해서 말하고 있는 것입니다.

우리는 말씀이 우리 안에서 세력을 얻는 만큼만 그리스도와 같아집니다.

말씀은 그리스도께서 계시된 것입니다.

말씀은 하나님께서 우리와 함께 계시는 것이며, 또한 사랑하시는 하나님 아버지의 살아있는 메시지를 말하고 있는 것입니다.

말씀은 항상 현재형입니다.

말씀은 그분이 오늘 내게 하시는 말입니다. 그분의 목소리이며 마지막 메시지입니다.

내가 사랑스럽게 말씀대로 행동할 때 말씀은 내 심령에서 살아있게 됩니다.

내가 사랑의 말을 할 때 말씀은 살아있게 됩니다.

그분과 교제하지 않고, 이성의 영역에서 살고 있는 사람들의 입술에는 아무 힘이 없습니다.

그분의 말씀은 우리의 사역에서 제한을 제거합니다.

그분의 말씀은 그분 자신입니다.

말씀은 아버지의 마음입니다.

말씀은 아버지의 뜻입니다.

말씀은 아버지께로 가는 길을 보여줍니다.

말씀은 아버지께서 말씀하시는 것입니다.

여기서 모든 것이 현재 시제라는 것을 알아채셨습니까?

말씀은 우리의 영을 위한 하늘의 빵입니다.

마태복음 4:4은 이렇게 말했습니다.

"예수께서 대답하여 이르시되 기록되었으되 사람이 떡으로만 살 것이 아니요 하나님의 입으로부터 나오는 모든 말씀으로 살 것이라 하였느니라 하시니"

예레미야 15:16은 이렇게 말했습니다.

"만군의 하나님 여호와시여 나는 주의 이름으로 일컬음을 받는 자라 내가 주의 말씀을 얻어먹었사오니 주의 말씀은 내게 기쁨과 내 마음의 즐거움이오나"

욥은 말씀이 얼마나 귀한지를 이렇게 말했습니다.

"내가 그의 입술의 명령을 어기지 아니하고 정한 음식보다 그의 입의 말씀을 귀히 여겼도다"(욥 23:12)

하나님의 자녀가 말씀을 욥처럼 여긴다면 그 말씀은 그의 삶에 실재가 될 것입니다.

욥은 기록된 말씀을 전혀 가지고 있지 않았습니다. 그는 천사가 전해준 말씀밖에는 없었습니다.

우리는 기록된 말씀을 가지고 있습니다.

우리는 다양한 형태로 출판하여서 주머니에 넣고 다닐 수 있습니다.

우리는 그분의 메시지의 가치에 감사하는 마음이 너무나 적습니다.

시편 107:20은 "그가 그의 말씀을 보내어 그들을 고치셨다."고 말합니다.

하나님이 보내신 살아있는 말씀이 예수님이었습니다.

"주 예수께서 말씀을 마치신 후에 하늘로 올려지사 하나님 우편에 앉으시니라 제자들이 나가 두루 전파할 새 주께서 함께 역사하사 그 따르는 표적으로 말씀을 확실히 증언하시니라"(막 16:19-20)

주님께서 그들과 함께 일하셨다는 것을 주목하십시오.

초대교회에서 선포한 말씀이 실제적이었던 것처럼 말씀이 실제적이고, 주님께서 말씀을 전하는 사람과 함께 한다면, 어디서든지 부흥이 일어날 것을 나는 믿습니다.

그러나 오늘날은 사람의 말을 하나님의 말씀보다 더 높은 권위에 두고 있습니다.

주님은 말씀이 선포되는 곳은 어디서나 그 말씀을 확증하여 주십니다.

사람들이 담대히 말씀대로 행할 때 말씀이 그 사람들의 삶에서 얼마나 효과가 있는지를 당신이 알기 바랍니다.

마태복음을 마무리하는 말씀은 이렇습니다. "볼지어다. 내가 세상 끝날까지 너희와 항상 함께 있으리라." 믿는 사람들은 모든 사람들에게 버림을 받아도 끝까지 자신과 함께하실 분이 있다는 것을 믿을 수 있습니다.

그러나 나의 심령에 가장 깊이 영향을 끼친 것은 말씀 안에 있는 하나님의 실재입니다.

하나님은 말씀 안에 있을 뿐만 아니라, 말씀을 통하여 말씀을 펼침으로써 자신의 바로 그 생명을 불어넣으십니다.

주님은 말씀하셨습니다. "두세 사람이 내 이름으로 모인 곳에는 나도 그들 중에 있느니라"(마 18:20)

주님은 말씀 안에서 그들 가운데 계십니다.

예수님은 말씀하셨습니다.

"예수께서 대답하여 이르시되 사람이 나를 사랑하면 내 말을 지키리니 내 아버지께서 그를 사랑하실 것이요 우리가 그에게 가서 거처를 그와 함께하리라"(요 14:23)

말씀을 열 때, 우리는 사람들의 심령에 살아 있는 것을 심고 있다는 것을 깨달아야 합니다.

말씀은 우리와 함께하시는 하나님이시며, 살아있는 아버지 하나님의 살아있는 메시지를 말하고 있는 것입니다.

말씀은 지금 주님이 내게 말씀하시는 것입니다. 말씀은 그분의 목소리입니다.

말씀은 믿음의 심령에서 살아있는 것이 됩니다.

로마서 10:8은 "믿음의 말씀"이라고 했습니다.

믿는 자에게 믿음을 낳는 것은 그분의 말씀입니다. 하나님의 믿음이 표현된 것입니다.

하나님은 믿음의 하나님이며 그분은 말씀을 사용해서 일하십니다.

히브리서 11:3은 말씀합니다.

"믿음으로 모든 세계가 하나님의 말씀으로 지어진 줄을 우리가 아나니 보이는 것은 나타난 것으로 말미암아 된 것이 아니니라"

그분이 속삭이는 말씀을 들으십시오. "내가 친히 맹세한다."

"이르시되 여호와께서 이르시기를 내가 나를 가리켜 맹세하노니 네가 이같이 행하여 네 아들 네 독자도 아끼지 아니하였은즉"(창 22:16)

그분은 말씀 안에 있습니다. 말씀은 그분의 일부입니다.

당신이 어떤 사람을 그의 말과 분리할 수 없듯이, 하나님도 그분의 말씀과 분리될 수 없습니다.

예수님이 새 언약의 보증이라는 히브리서 7:22의 말씀을 읽었을 때 나는 전율하였습니다.

"이와 같이 예수는 더 좋은 언약의 보증이 되셨느니라"

새 언약은 말씀이며 그분이 말씀의 보증이십니다.

예수님이 말씀하셨을 때 말씀은 살아있는 사실이었습니다. 이 말씀은 지금도 살아있는 사실입니다.

예수님은 그가 하신 모든 말씀의 일부이시며, 예수님과 그분의 말씀은 하나였습니다.

예수님은 죽음에서 살아나신 날과 똑같이 지금도 실재이십니다.

그분의 말씀은 요한과 베드로에게 영감을 주고, 바울에게 기록하라고 하셨을 때와 똑같이 지금 우리에게 실재입니다.

주님이 말씀하신 것은 그분의 일부입니다.

말씀 안에 실재가 살아서 고동치고 있습니다.

말씀은 있었으며, 그때 있었던 것처럼 지금도 있습니다.

여기 확신을 주는 다른 구절들이 있습니다.

"여호와는 나의 목자시니 내게 부족함이 없으리로다"(시 23:1)

요한복음 10:14에서 주님은 말씀하셨습니다. "나는 선한 목자다."

"두려워하지 말라 내가 너와 함께 함이라 놀라지 말라 나는 네 하나님이 됨이라 내가 너를 굳세게 하리라 참으로 너를 도와주리라 참으로 나의 의로운 오른손으로 너를 붙들리라"(사 41:10)

"그런즉 이 일에 대하여 우리가 무슨 말 하리요 만일 하나님이 우리를 위하시면 누가 우리를 대적하리요"(롬 8:31)

"내게 능력 주시는 자 안에서 내가 모든 것을 할 수 있느니라"(빌 4:13)

"여호와는 나의 빛이요 나의 구원이시니 내가 누구를 두려워하리요 여호와는 내 생명의 능력이시니 내가 누구를 무서워하리요"(시 27:1)

"나의 하나님이 그리스도 예수 안에서 영광 가운데 그 풍성한 대로 너희 모든 쓸 것을 채우시리라"(빌 4:19)

"내가 산을 향하여 눈을 들리라 나의 도움이 어디서 올까 나의 도움은 천지를 지으신 여호와에게서로다"(시 121:1-2)

"주께 힘을 얻고 그 마음에 시온의 대로가 있는 자는 복이 있나이다"(시 84:5)

"하나님은 우리의 피난처시로다"(시 62:8)

이 말씀은 살아있는 말씀이며, 당신이 이 말씀을 먹으면 자신을 세울 수 있습니다.

그리스도가 누구이며 당신 자신을 위해서 무엇을 하셨는지 아는 지식은 당신 안에 믿음을 세워줍니다.

나는 말씀을 대할 때 그분이 내게 주시는 메시지로 받으며, 그분은 그 메시지를 나의 삶에서 확증하십니다.

그분은 아브라함과 맺은 언약을 확증하셨습니다.

그분은 사도들을 통하여 하신 말씀을 확증하셨습니다(막 16:20).

요한복음 14:15에서 예수님은 말씀하셨습니다. "너희가 나를 사랑하면 나의 계명을 지키리라"

그의 계명은 무엇입니까? 우리가 서로 사랑하라는 것입니다.

"나의 계명을 지키는 자라야 나를 사랑하는 자니 나를 사랑하는 자는 내 아버지께 사랑을 받을 것이요 나도 그를 사랑하여 나에게 그를 나타내리라"(요 14:21)

여기 우리가 기억해야 할 다른 사실도 있습니다.

"그가 와서 죄에 대하여, 의에 대하여, 심판에 대하여 세상을 책망하시리라 죄에 대하여라 함은 그들이 나를 믿지 아니함이요"(요 16:8-9)

무엇이 세상에 확신을 주겠습니까?

믿음의 입술에 있는 말씀입니다.

믿음의 입술에 있는 살아있는 말씀만이 그리스도가 없는 자리를 차지할 수 있습니다.

말씀은 우리에게 말합니다. 말씀이 그리스도의 자리를 차지합니다.

말씀은 아버지께서 지금 우리에게 말씀하시는 것입니다.

이는 마치 주님께서 이 자리에서 말씀하시는 것과 똑같은 권세를 가지고 있습니다.

아버지에 대한 믿음은 그분의 말씀에 대한 믿음입니다.

말씀은 우리의 믿음이 요구하는 모든 것을 대신합니다.

예수님은 "네 믿음대로 될지어다"라고 말씀하셨습니다.

당신이 말씀을 생각하고 말씀을 행하면 그 말씀이 그대로 당신에게 실재가 될 것입니다.

이 책, 즉 살아있는 말씀은 그 안에 하나님을 가지고 있습니다.

말씀은 보이지 않는 예수님의 자리를 차지하고 있습니다.

말씀을 묵상하는 것은 예수님을 방문하는 것과 같습니다.

여호수아 1:8에서 하나님은 여호수아에게 이 말씀을 밤낮으로 묵상하라고 하셨는데, 이것은 말씀 안에서 살라고 하신 것입니다.

예수님은 요한복음 8:31에서 "나의 말씀 안에 거하라"고 하셨습니다.

말씀이 당신의 피 속으로, 당신의 시스템 속으로 들어가면 당신의 일부가 됩니다.

말씀은 영감이 있습니다. 거룩한 사람들은 영적인 삶을 살면서 성령으로 감동을 받아 말했습니다.

하나님께서는 선지자들의 입을 통하여 말씀하셨습니다.

"내가 너희에게 이른 말이 영이요 생명이니라."

하나님이 하신 모든 말씀은 생명을 가지고 있습니다.

히브리서 4:12를 기억하십시오. "하나님의 말씀logos은 살아있습니다."

한 세대 후에 사라지는 사람의 말과는 달리 하나님의 말씀은 살아있습니다.

나는 에베소서에서 언급한 것처럼 "세력을 얻는 말씀"을 좋아합니다.

그 말씀이 어떻게 그 악한 도시를 지배했는지요!

오늘도 말씀은 말씀에 양보 된 사람들의 심령 안에서 다스리십니다.

말씀은 지금 그 안에 하나님의 권세를 가지고 있습니다.

하나님의 의를 가지고 있습니다,

구원받지 못한 자들의 영을 재창조하는 능력을 가지고 있습니다.

병든 자를 고치는 능력을 가지고 있습니다.

영적으로 주린 사람들에게 말씀은 바로 하늘의 빵입니다.

나는 당신이 말씀을 집어 들면 하나님이 당신과 함께하시는 것이며, 그 말씀은 지금 당신에 대한 하나님의 생각이라는 것을 알았으면 좋겠습니다.

말씀은 죄, 속량, 의, 영생, 하나님의 아들과 딸에 대한 그분의 사고방식입니다.

말씀은 모든 삶의 문제에 대한 아버지의 사고방식입니다.

나의 말은 나의 뜻입니다. 말씀은 아버지의 뜻입니다.

하나님은 그분의 말씀을 지켜보십니다.

하나님이 말씀하시면 그렇게 됩니다.

하나님이 진리이므로 나도 진리가 될 것입니다.

하나님이 빛이므로 나도 빛 가운데로 걸을 것입니다.

우리는 삶의 위기에 변호사나 은행의 말을 믿고 행동하는 것처럼, 말씀대로 행하는 것을 배워야 합니다.

혹시 아버지께서 자신의 말씀에 대하여 질투하신다는 것을 깨달은 적이 있으십니까?

그분은 말씀을 가볍게 여기지 않으십니다. 그분은 말씀을 가장 높이십니다. 그분이 말씀하셨다면 그런 것입니다.

원수들에게는 종이와 잉크에 지나지 않지만, 사랑하는 사람들에게 말씀은 생명과 건강이며, 말로 표현할 수 없는 기쁨입니다.

어떤 설교가 확신을 별로 주지 못하는 이유는, 말씀이 그 사람의 심령 속에 있지 않았기 때문입니다.

우리는 말씀을 심는 사람들이 되어야 합니다.

예수님은 마태복음 13장에서 놀라운 설교의 기술에 대한 그림을 보여 주셨습니다.

바로 말씀을 심는 것입니다. 씨앗은 여러 종류의 심령에 떨어지지만, 흙에 물을 주는 것은 심는 사람에게 달렸습니다.

우리가 기도로 물을 주고 때로는 눈물로 물을 준다면 씨앗은 반드시 열매를 맺을 것입니다.

어떤 사람들은 단단한 땅에서 말씀을 잊어버립니다.

우리는 무의식적으로 보는 것을 따라 행합니다. 감각은 말씀으로부터 실재를 제거해 버리지만, 영이 감각들 위에 있을 때 말씀은 제자리를 차지합니다.

당신의 말이 당신이라는 것을 기억하십시오. "내가 말했으니 나는 어떤 대가를 치르더라도 말씀을 지켜야 해"라고 말하는 법을 배워야 합니다.

당신의 말이 가치가 없다면 하나님의 말씀도 가치가 없다고 생각하게 될 것입니다.

하나님의 말씀에 대해 불신하는 이유는, 사람들이 대부분 자신의 말에 대해서도 믿음이 부족하기 때문이라는 것을 나는 발견하였습니다.

최고의 믿음을 세우고 싶다면, 당신 스스로 신실한 사람이 되십시오. 자신의 말을 믿으십시오.

진실하다는 평판을 얻으십시오. 그러면 말씀이 당신의 삶에 그런 평판을 만들어 줄 것입니다.

당신의 삶이 큰 의미를 부여할 수 있는 몇 가지 사실이 여기 있습니다.

말씀은 내 손 안에 있습니다. 이 말씀을 가지고 나는 무엇을 할 것인가?

이 말씀대로 행동할 것인가? 말씀이 나의 삶을 다스리도록 할 것인가? 아니면 말씀을 연구만 할 것인가?

성경 수업에 참석하며 공부하고 집으로 돌아가서 또 연구하기만 하고 말씀대로 살지는 않을 것인가? 나의 삶에 일부가 되도록 하지 않고 그냥 지적으로만 받아들일 것인가?

말씀은 나의 삶에서 주님의 자리를 차지하고 계십니다.

내가 말씀을 어떻게 대하는지가 어느 날 말씀이 내 삶에서 어떻게 일하시게 될지를 결정하게 될 것입니다.

말씀은 내 안에서 예수의 삶을 살며, 생명, 믿음, 사랑, 은혜와 힘을 주며 내 안에서 일하실 것입니다. 그렇지 않으면 말씀은 마지막 날에 나를 심판하실 것입니다.

말씀이 나를 위해 무엇을 할까요? 말씀은 나를 위해 일하십니다.

내가 말씀을 설교하고 말씀대로 살면 말씀은 나를 위해 일하십니다. 말씀은 나의 기업의 그 풍성함을 나에게 계시해 주실 것입니다.

말씀은 내가 나의 기업 안으로 들어가서 기업을 누리도록 나를 격려해 줄 것입니다.

말씀은 주님의 그 흔들리지 않는 견고함을 내 안에 강화해 줄 것입니다.

바로 그리스도의 특징character이 내 안에 장착되면 나를 통해서 어떻게 일하실지는 오직 주님만이 아십니다.

주님은 잃어버린 자를 구원하시고, 병든 자를 고치시고, 무리에게 믿음과 사랑을 세워주셨습니다.

그러므로 그리스도의 말씀이 당신 안에 풍성히 거하도록 하십시오.

당신은 당신이 말씀 안에 잠기고 말씀이 당신 안에 잠기게 함으로써, 당신의 말과 하나님의 말씀이 하나로 섞이도록 할 수 있습니다.

말씀이 당신의 언어가 되고 말이 될 것이며, 당신의 말이 그분의 말씀이 될 것입니다.

당신 안에 있는 그분의 말씀은 당신의 일부가 됩니다.

그분의 말씀이 현재의 당신을 만들었으며 다른 사람들을 당신 같은 사람으로 만들 것입니다.

당신은 말씀 안에 잠겨 있으며 말씀은 당신 안에서 발견됩니다.

말씀은 한 번 육신이 되셨습니다. 말씀은 당신의 영에서 영이 되고 있습니다.

당신의 행동, 대화, 기도와 확신 가운데 말씀이 풍성히 거하고 있습니다.

당신은 말씀을 사용하여 질병을 쫓아내고, 사람들에게 돈을 가져다 주고, 잃어버린 영혼들을 구원합니다.

당신은 이 말씀과 하나가 됩니다.

그리스도께서 죽으신 지 50년 이상 지난 후에 기록된 말씀이 아주 제한적인 방법으로만 알려졌었다는 것을 기억하십시오.

신약성경은 2세기 중반까지 함께 모여 있지 않았었습니다.

예수님께서 하신 말씀은 아직 기록되지 않았었습니다. 말씀은 "입으로 한 말씀"이었지만 말씀 안에는 그분이 계셨습니다. 말씀은 그리스도의 일부였으며 그리스도의 본성이 숨 쉬고 있었습니다.

하나님의 말씀이 살아 있었고, 거하고 있었다는 것을 기억하십시오.

맞습니다. 말씀을 말하십시오. 그리하면 그 말씀은 당신의 말을 듣는 사람들의 삶 속에 살아 있게 될 것입니다.

하나님은 "나는 나의 말을 지켜보고 있다."고 하셨습니다. 하나님은 당신이 선포하고 가르치는 말씀을 지켜보고 계실 것입니다.

예수님은 이렇게 말씀하셨습니다. "내 말이 너희 안에 살아 있고, 네가 내 말을 말하면, 네 입술을 통하여 나간 그 말 안에 내가 살아 있을 것이다."

그리스도의 말씀은 당신의 입술에서 살아 있는 것이 됩니다.

두려워하지 말고 말씀을 말하십시오.

말씀이 당신 안에 영광스럽고 풍성하게 살도록 하십시오.

02
말씀을 보통 책처럼 취급하는 것

이 제목은 영적인 실패의 핵심이 되는 이유를 나타내고 있습니다.

일상생활에서 신자들이 무너지고, 위기에 원수에게 쉽게 전복당하고, 영적으로 남의 차에 얹혀 가려고 하고, 항상 다른 사람들의 기도를 의지하고, 다른 사람들의 지혜와 말씀 해석에 의존하는 이유는 바로 이것 때문입니다.

이런 사람은 다른 사람들과는 독립된 자신의 삶이 없습니다.

하나님의 가족 안에서 그는 "예스맨"이지만 항상 잘못된 곳에서 "예" 하는 사람입니다.

바울은 히브리서 5:12에서 이렇게 묘사했습니다. 이 말씀은 너무나 많은 사람들에게 너무나 개인적인 것이기 때문에 말하기가 꺼려지는 말씀입니다.

"때가 오래되었으므로 너희가 마땅히 선생이 되었을 터인데 너희가 다시 하나님의 말씀의 초보에 대하여 누구에게서 가르침을 받아야 할 처지이니 단단한 음식은 못 먹고 젖이나 먹어야 할 자가 되었도다"(히 5:12)

하나님의 생명 안에서의 첫걸음을 잊어버린 것 같이 살아가는 것은 애석한 일입니다.

그분의 은혜의 풍성함과 충만함과 자유 안에서 살아가는 대신, 당신은 멈춰 있습니다.

당신의 삶에는 성장도 발전도 없었습니다.

말씀은 당신에게 별 의미가 없었습니다.

물론 당신을 정죄함으로써 당신이 비참하게 느껴지도록 하는 말씀은 몇 마디 알고 있습니다만, 그 말씀에 당신을 위한 생명은 없습니다.

"주의 말씀은 내 발에 등이요 내 길에 빛이니이다"(시 119:105)

당신이 말씀을 읽으면, 말씀이 당신에게 만나가 되고 음식이 되어야 함에도 불구하고 말씀은 당신에게 상처를 주고, 찌르고, 벗기므로 당신을 기분 나쁘게 합니다.

그러나 얼마나 부드럽게 말씀하고 있는지 보십시오. "누군가 말씀의 기초들이 무엇인지 가르쳐 주어야 한다." 즉 믿음의 삶의 바로 첫걸음을 말하고 있는 것입니다.

왜 말씀의 기초들을 다시 배워야 할까요? 당신이 말씀 안에 살며 말씀을 행하고 말씀 안에서 자신의 위치를 취하지 않고, 어린 아기, 즉 발육되지 않은 영으로 남아 있기 때문입니다.

당신의 마음은 말씀으로 새롭게 된 적이 없습니다. 당신이 말씀을 실천할 때까지 당신의 마음은 새로워지지 않습니다.

예수님께서는 마태복음 7:24에서 그 본질을 건드리셨습니다.

"그러므로 누구든지 나의 이 말을 듣고 행하는 자는 그 집을 반석 위에 지은 지혜로운 사람 같으리니 비가 내리고 창수가 나고 바람이 불어 그 집에 부딪히되 무너지지 아니하나니 이는 주초를 반석 위에 놓은 까닭이요 나의 이 말을 듣고 행하지 아니하는 자는 그 집을 모래 위에 지은 어리석은 사람 같으리니 비가 내리고 창수가 나고 바람이 불어 그 집에 부딪히매 무너져 그 무너짐이 심하니라"(마 7:24-27)

이런 사람들을 보면 정말 불쌍해 보입니다. 그들은 늘 젖을 먹여 줘야만 합니다. 이런 사람들은 보육시설에 있습니다. 그들은 늘 젖병을 입에 물고 있습니다. 어떤 아기들은 잘못된 젖병을 물고 있습니다. 어떤 젖병에는 순수한 말씀의 젖이 담겨 있지 않습니다.

그들의 모든 행동은 어린 아기입니다.

바울은 고린도전서 3:3에서 그들을 가리켜 "너희는 육신적이다."라고 말했습니다.

이 말은 그들이 감각 수준에서 살고 있으며, 감각의 지배를 받으며, 감각의 인도를 받는다는 말입니다.

그들의 모든 질병들은 감각이 만들어 낸 것들입니다.

바울은 그런 사람들을 사람의 관습을 따라 사는 사람, 즉 이 세상 사람에 불과한 사람이라고 했습니다.

그들에게는 어떤 변화도 성장도 발전도 없습니다.

그들은 말씀을 단지 보통 책으로 여기는 사람들입니다.

그들은 치유를 취할 수 없습니다.

다른 사람들이 그들을 위해서 기도해주어야 하고 교회의 짐이 되는 사람들입니다.

그들은 영적인 짐입니다.

혹시 이런 사람들이 사회에서 능력 있고 유명한 남녀일 경우, 교회는 그들에게 직분이나 책임 있는 자리를 줍니다. 그러면 그들은 교회에 치명적인 짐이 됩니다.

그들은 성경 공부 시간에 참석하지 않습니다.

그들은 가족이 함께 기도하지도 않고, 함께 식사할 때 축복기도를 요구하거나 스스로 하지도 않습니다.

그들은 첫째가는 무임승차 고객입니다.

그들의 믿음은 늘 약한 상태입니다.

그들이 강대상 앞으로 결단하러 나가는 것은 볼 수 있지만, 변화는 볼 수 없습니다.

이런 아기들에게 강대상은 말씀에 가까이 가서 말씀을 먹어야겠다는 충동을 느끼게 하는 곳입니다.

결단하러 앞으로 나가는 것은 목적을 위한 수단이 아닙니다. 그것은 시작일 뿐입니다.

매년 그들이 강대상 앞으로 나가는 것을 보게 된다면, 그들이 습관적으로, 영적인 절름발이가 되었다는 것을 당신은 압니다.

사탄은 그들을 감각을 통해서 다스립니다.

그들은 죽음을 두려워합니다. 그들은 주님을 만나는 것을 두려워합니다.

그들은 하나님의 말씀을 가볍게 여기기 때문에 삶의 특권을 던져버렸습니다.

이에 관해서 우리가 공부해야 하는 몇 가지 사실들

내가 다른 사람에게 치유를 위한 기도를 부탁하거나 오랫동안 가지고 있던 필요를 위해 기도를 부탁한다면, 그것은 나의 치유의 선물을 거절하는 것이며 주시는 분의 말씀을 의심하는 것입니다.

나는 그리스도 안에 있는 나 자신의 의를 받아들이지 않는 것이며, 그리스도 안에서 아버지의 아들로서의 자리를 차지하기를 거절하는 것입니다.

나보다 더 좋은 자리에 서 있는 사람이 없다는 것을 나는 알고 있습니다. 포도나무에서 나의 위치보다 더 좋은 위치에 있는 사람은 아무도 없습니다.

나보다 더 포도나무로부터 생명을 쉽게 빨아들일 수 있는 사람은 없습니다.

나는 그리스도 안에서 하나님께서 만드신 그런 존재입니다.

나의 의는 그리스도 안에서 내게 주어진 것입니다.

예수의 이름을 사용할 수 있는 나의 권리는 선물이지만, 나는 그 모든 것을 통째로 거절해 버렸습니다.

나는 나의 은사를 계발하는데 게을렀습니다. 나는 나의 주님의 권고를 무시했습니다. 나는 말씀대로 살기 위해서 말씀을 공부하지 않았습니다!

나의 질병은 나의 영적인 상태 때문이라는 것을 나는 알고 있습니다.

내가 영을 따라 살지 않고 감각을 따라 살았다는 것을 나는 알고 있습니다.

내 영이 그분의 말씀에 맞추어질 때까지 나의 몸에서 치유는 영구적인 것이 아니라는 것을 나는 알고 있습니다.

병이 영적인 것이 아니라면, 하나님은 나의 질병들로 말미암아 그리스도의 영을 아프게 할 수 없었을 것입니다. 내 몸이 질병으로 채워졌다는 것은 나의 영이 말씀과 조화를 이루고 있지 않다는 의미입니다.

나는 병을 대항하고 거절하고 고통과 싸우고 있지만, 병의 원인과 싸우고 있지는 않습니다. 나는 병의 효과와 싸우고 있습니다.

내가 그리스도 안에서 나의 자리를 차지하고 말씀대로 행동하며, 말씀을 말하기만 하는 자가 아니라 말씀을 행하는 자가 될 때까지 나는 실패자로 남아 있을 것입니다.

아픈 것은 영적, 정신적, 육체적인 것입니다.

모든 사람들은 몸이 아프기 전에 영에서부터 시작합니다!

여기에 문제가 있습니다. 야고보서 1:22은 우리에게 이렇게 말씀합니다. "너희는 말씀을 행하는 자가 되고 듣기만 하여 자신을 속이는 자가 되지 말라"(약 1:22).

누구나 이런 상태에 머물 수 있지만 시간이 좀 지나면 그들은 하나님이 틀렸고 자기들이 옳다고 믿기 시작하면서 "하나님께서 나에게 왜 이런 병을 주셨을까?"라고 불평하거나, 어떤 어리석은 교사는 "하나님께서 당신을 훈련하고 계신다"고 말할 것입니다.

하나님은 결코 자신의 자녀들을 훈련하려고 마귀를 사용하지 않는다는 것을 분명히 알고 계십시오.

질병은 마귀로부터 난 것입니다.

당신은 그리스도 안에서 자신의 자리를 차지하기를 거절한 결과로 고통을 겪고 있습니다.

당신은 주님께 인정받도록 스스로 공부하고 증명해 보이기를 거절했습니다.

당신은 말씀을 먹기를 거절했습니다.

당신은 말씀을 공부할 기회가 있었지만, 기회를 사용하지 않았습니다.

당신은 하늘로부터 온 말씀을 읽는 대신 그 시대의 작품을 읽었습니다.

주님의 커다란 심장이 당신을 갈망하고 계십니다.

그분의 중보기도는 아직까지 효과를 발휘하지 못했습니다. 말씀이 당신의 영에서 효과적으로 역사하기 전에는 그분의 중보기도도 효과가 없습니다.

당신은 주님께 인정받도록 스스로 공부하고 증명해 보여야만 합니다.

"너는 진리의 말씀을 옳게 분별하며 부끄러울 것이 없는 일꾼으로 인정된 자로 자신을 하나님 앞에 드리기를 힘쓰라"(딤후 2:15)

03
바울 서신들과 사복음서를 대조해 봅시다

　내가 사역하던 초기에는 많은 신학교에서 독일 철학자들이 우세했었습니다. 새롭고 낯선 슬로건들이 있었습니다.
　계속해서 "예수께로 돌아가자"와 같은 말을 들을 수 있었습니다.
　나는 이런 말을 듣고 상상해봤지만 무슨 말을 하는지는 몰랐습니다.
　그런데 우리의 지도자 중에 한 사람이, 바울이 교회에 너무나 큰 영향을 주었기 때문에 우리는 바울을 떠나 "예수께로 돌아가야" 한다고 주장하는 것을 들었습니다.
　그것이 내가 정말로 바울의 계시를 공부하기 시작하게 된 계기였습니다.
　사복음서들은 그리스도께서 부활하신 뒤 수십 년이 지나서 기록되었다는 것을 당신은 기억하고 있습니다.

누가복음은 서기 63년에서 80년 사이에 기록되었습니다.

요한복음은 서기 80년에서 110년 사이에 기록되었습니다.

이 말은 예수님께서 부활하신 뒤 두 세대나 지난 뒤에 요한복음이 기록되었다는 말입니다.

나는 연구를 통해 바울은 예수님의 말씀을 단 두 번밖에 인용한 적이 없으며, 요한복음에는 바울의 계시에 대한 흔적이 오직 두 군데뿐이라는 것을 발견하였습니다.

그중 하나는 요한복음 1:16-17입니다.

"우리가 다 그의 충만한 데서 받으니 은혜 위에 은혜러라 율법은 모세로 말미암아 주어진 것이요 은혜와 진리는 예수 그리스도로 말미암아 온 것이라"

왜 사복음서에는 바울의 계시가 없는지 의문을 갖게 되었습니다.

나는 곧 복음서는 부활과 승천까지만 기록하였다는 것을 발견하게 되었습니다.

그들은 오순절 날 무슨 일이 일어났으며, 예루살렘, 사마리아, 로마 제국에서 사도들이 설교할 때 얼마나 대단한 일들이 일어났었는지 알고 있었음에도 불구하고 이에 대해 언급을 하지 않았습니다.

나는 요한이 예루살렘에서 있었던 그 위대한 부흥을 통과하고, 예루살렘이 멸망하기 전까지 있었던 강력한 기적들의 한 부분에 참여하고, 그가 밧모섬으로 추방되기 전까지 그의 사역에 함께 했던 수많은 기적들을 알고 있으면서도, 일어났던 그 놀라운 일들에 대해 어떻게 우리에게 하나도 말하지 않았는지 궁금했습니다.

요한복음 20:30-31에서 이렇게 선포하고 있는 것을 기억하고 있을 것입니다. "예수께서 제자들 앞에서 이 책에 기록되지 아니한 다른 표적도 많이 행하셨으나 오직 이것을 기록함은 너희로 예수께서 하나님의 아들 그리스도이심을 믿게 하려 함이요 또 너희로 믿고 그 이름을 힘입어 생명을 얻게 하려 함이니라"

보다시피 그가 기록한 목적은 우리가 그리스도에 대한 믿음을 갖도록 하는 것이었습니다.

나는 상상 가운데 요한에게 이렇게 물어보았습니다. "형제여, 그렇다면 예수 이름으로 말미암아 형제의 사역 가운데 일어났던 기적들에 관해서는 왜 우리에게 말하지 않았습니까?"

그러자 요한이 내게 이렇게 말하는 것 같았습니다. "나는 성령님께서 내게 주신 것만 기록했다네."

그때 온 세대에 걸쳐 가장 위대한 작품 중의 하나를 보게 되었습니다. 이 복음서를 쓴 네 사람은 말 그대로 성령님에 의해 갇혀 있었던 사람들이었습니다.

그들은 기적들에 대한 해석이나 그 기적이 무엇을 의미했는지를 기록할 수 없었던 사람들이었습니다.

그들은 성령께서 허락한 것, 즉 기록하도록 성령이 영감을 주신 것만을 기록했습니다.

누가와 마태, 요한, 마가와 같이 그들이 경험한 예수님에 대한 일생을 기록하면서, 자신들이 경험한 것에 영향을 받지 않고 책을 쓴다는 것은 상상할 수도 없습니다.

여기 몇 가지 사실이 있습니다.

요한은 우리 주님이 승천하신 후 70년이 넘도록 아무것도 기록하지 않았습니다.

요한은 바울의 계시를 알았음이 틀림없습니다.

그 두 세대 동안 바울의 서신들을 어느 정도 돌려 가며 읽었을 것이며 요한도 바울을 만나고 그를 방문하기도 했을 것입니다.

그분의 위대한 대속 제물the Substutionary Sacrifice(대속 제사로도 번역할 수 있음)을 통하여 그리스도께서 그를 위해서 하신 일이 무엇인지 바울의 입술을 통하여 들었지만, 요한은 그의 복음서에서 어떠한 암시도 하지 않았습니다.

바울이 전도했던 누가는 바울과 함께 18년 동안이나 여행을 하였습니다.

그는 바울을 돕는 조수였으며 감옥에 갇혔을 때는 그를 돌봤지만, 누가의 복음서를 읽으면서 그가 바울의 계시에 대해서 조금이라도 아는 것을 나타내는 문장이 있다면 한번 찾아내 보십시오.

사도행전도 마찬가지입니다.

사도행전은 또 하나의 문학적 기적입니다.

누가는 바울을 사랑했습니다. 누가는 그리스도의 완성된 사역을 늘 의식하며 살았습니다.

아버지의 우편에서 하시는 그리스도의 사역은 누가의 삶에서 의심할 바 없는 가장 중요한 사실 중의 하나였음에도 불구하고 그는 전혀 언급한 적이 없습니다.

마가는 수년 동안 바울과 함께하던 동료였으나 그의 복음서에서도 그리스도의 대속 제물에 대한 암시를 전혀 볼 수 없습니다.

그들이 알고 있었지만 완전히 무시한 몇 가지를 살펴봅시다.

아무도 대속자, 죄를 짊어진 자, 자신의 희생 제사로써 죄를 제거하는 자에 대해 언급하지 않았습니다.

새로운 창조는 개발되지 않았습니다.

요한은 예수님이 니고데모와 나누었던 짧은 대화를 우리에게 전해 주었지만, 이 이스라엘의 지도자는 이 말씀의 의미를 이해하지 못했습니다.

요한은 자신이 알게 된 새로운 창조에 대한 것을 포함시킬 좋은 기회가 있었습니다.

그러나 그리스도께서 우리의 의가 되신 것이나, 그분이 우리의 죄 때문에 내어준 바 되었으며, 살아나신 후에 의롭게 되신 것에 대해서 단 한마디도 언급하지 않았습니다.

그는 그리스도의 몸에 대해서도 단 한마디도 언급하지 않았습니다. 가장 가까운 내용이 요한복음 15장에서 예수께서 "나는 포도나무요 너희는 가지다"라고 하신 것입니다.

요한이 이 주제를 발전시키기에 얼마나 좋은 기회이며, 또 그랬다면 우리에게도 얼마나 기쁜 일이 되었겠습니까?

그러나 아닙니다. 하나님께서는 요한을 거기에 가두어 두고, 그분이 원하는 것만을 정확하게 말하게 하시고 어떤 것도 더는 말하지 않도록 하셨습니다.

아버지의 우편에서 우리 주님이 하시는 위대한 사역, 즉 중재자로서 계시는 그분, 중보 기도자, 대리인, 대제사장과 주님으로서의 사역에 대한 것은 하나도 없습니다.

이 모든 것은 하나의 거대한 사실로 요약되는데, 그것은 당신이 사복음서를 읽을 때 하나님 자신의 임재 안에 서 있다는 사실입니다. 보이지는 않지만 하나님이 거기 계십니다.

하나님은 이 비길 데 없는 사복음서의 저자이십니다.

그분은 자기 아들을 가리고 있던 것을 벗기고, 아들은 그분을 보여주고 계십니다.

바울의 서신에서 우리는 그의 아들 안에서, 아들을 통해서 하시는 일을 나타내시는 아버지를 보고 있습니다.

그분은 또한 가족, 그리스도의 몸, 하나님 아들들을 보여주고 있습니다.

그러나 우리는 다음 단계, 즉 바울의 서신들과 예수님의 가르침을 비교해 보는 데 관심이 있습니다.

바울이 믿음을 대하는 것은 하나의 예시입니다.

예수님은 첫 언약의 아들들인 청중들에게 지속해서 믿기를 촉구하셨습니다.

마가복음 9:23 같은 구절에서 주님은 이렇게 말씀하셨습니다.

"예수께서 이르시되 할 수 있거든이 무슨 말이냐 믿는 자에게는 능히 하지 못할 일이 없느니라 하시니"

바다의 폭풍 가운데서 그의 제자들에게도 주님은 "오 믿음이 없는 자들아, 왜 의심하느냐?"라고 하셨습니다.

"내가 진실로 너희에게 이르노니 누구든지 이 산더러 들리어 바다에 던져지라 하며 그 말하는 것이 이루어질 줄 믿고 마음에 의심하지 아니하면 그대로 되리라 그러므로 내가 너희에게 말하노니 무엇이든지 기도하고 구하는 것은 받은 줄로 믿으라 그리하면 너희에게 그대로 되리라"(막 11:23-24)

그런데 왜 바울은 그의 서신을 읽는 사람들에게 믿으라고 촉구하지 않았을까요?

바울은 구원받지 않은 사람들에게는 믿으라고 촉구했지만, 교회를 향하여는 믿으라고 한 적이 결코 없습니다.

이것은 나를 혼란스럽게 했습니다. 오직 믿음만 있으면, 믿는 자로서 우리가 무엇을 할 수 있는지에 관하여 모든 설교자, 복음전도자, 교사들이 했던 말을 기억하면서 나는 바울이 왜 그렇게 말했는지 궁금해졌습니다.

나는 곧 비밀을 깨달았습니다. 우리는 믿는 자라는 것이었습니다. 우리는 하나님의 아들들입니다.

에베소서 1:3은 선언합니다.

"찬송하리로다 하나님 곧 우리 주 예수 그리스도의 아버지께서 그리스도 안에서 하늘에 속한 모든 신령한 복을 우리에게 주시되"

우리는 하나님의 가족입니다. 아버지께서 가지고 계신 모든 것과 그분이 그리스도 안에서 행하신 모든 것, 그리스도께서 어떤 분이신지에 대한 모든 것이 우리에게 속한 것입니다.

이미 우리의 것인 것에 대하여 우리는 믿음을 가질 필요가 없습니다.

내가 믿음을 가져야 할 것은 내가 소유하고 있지 않은 것입니다.

고린도전서 3:21은 선언합니다.

"그런즉 누구든지 사람을 자랑하지 말라 만물이 다 너희 것임이라"

바울이 당신에게 계시를 주었든지 베드로나 요한이 주었든지 아무런 차이가 없습니다.

그들은 단지 우리에게 속한 것들이 무엇인지를 보여주었습니다.

이제 우리는 그동안 믿음에 관한 현대 설교가 왜 거의 파괴적이었는지를 이해할 수 있습니다.

(나는 당신이 내가 쓴 "두 가지 믿음"을 읽을 수 있었으면 좋겠습니다. 이 책은 우리가 이야기하고 있는 것을 좀 더 충분히 설명해 줄 것입니다.)

바울의 계시는 우리에게 완전한 속량을 주었습니다.

"우리는 그리스도 안에서 그의 은혜의 풍성함을 따라 그의 피로 말미암아 속량 곧 죄 사함을 받았느니라"(엡 1:7)

여기서 시제를 주의해 보십시오. 충분한 믿음을 가지고 있을 때에만 우리가 가지고 있다고 했습니까? 아닙니다. "그 안에서 그의 피로 말미암아 (지금) 우리의 속량을 가지고 있다."

어떤 번역본에 사용한 것처럼 그리스어로는 "용서forgiveness"가 아니라 "죄를 제거함remission"입니다. 죄를 제거함은 새로운 탄생과 항상 함께 옵니다.

용서는 믿는 자로서 우리가 죄를 지을 때 얻어야 하는 것이며, 죄를 제거함은 죄인이 하나님의 가족 안으로 들어올 때 얻어야 하는 것입니다.

그리스어 아페시스aphesis가 골로새서 1:14에(엡 1:7에도) 사용되었습니다.

"그 아들 안에서 우리가 속량 곧 죄 사함을 얻었도다"(골 1:14)

로데르담 번역본은 이 주제에 관하여 공부하고 싶은 사람에게 이 문제를 분명하게 해 줄 것입니다.

바울의 계시 안에서 우리는 완전한 속량을 가졌을 뿐만 아니라, 이제 우리는 옛날로 돌아가서 제자들과 함께 십자가 옆에 서서 "베드로, 예수님께서 십자가에서 하시는 일이 무엇인지 알고 있어요?"라고 말할 수 있습니다.

"그분은 이제 죄가 되십니다. 그분을 잘 보십시오. 그분이 저 마지막 처참한 소리를 지르고 그분의 영을 내어 놓으셨을 때, 그분은 당신들과 나의 대속물로서 고통의 자리로 가려고 하십니다. 그분은 공의의 요구를 만족시킬 때까지, 사탄이 정복될 때까지, 새로운 탄생이 가능하게 될 때까지, 사람이 의롭게 되어 신의 생명과 본성을 받아 그리스도 안에서 바로 하나님의 의가 될 때까지 거기 머물러 있을 것입니다."

베드로는 어리둥절합니다. 요한이 가까이 와서 말합니다. "실례지만, 지금 무슨 말씀을 하는 건가요?"

그들은 그리스도께서 우리를 위해서 하신 일에 대하여 아무것도 몰랐습니다.

예수님은 감각 지식의 영역으로 들어 오셔서 삼 년 반 동안 하나님의 아들로서 그들 가운데 자신을 나타내셨지만 그들은 예수님을 알지 못했습니다.

예수님께서 십자가 위에서 무엇을 하셨고, 사흘 밤과 사흘 낮 동안 무슨 일을 하셨는지 그들은 알지 못했습니다.

부활이 어떤 의미가 있는지를, 예수님께서 마리아에게 자신이 아버지에게 아직 올라가지 않았으므로 자신을 만지지 말라고 하신 말의 의미를 그들은 몰랐습니다.

이 모든 일은 그들에게는 알려지지 않았었습니다.

우리가 바울의 계시와 예수님의 사역과 사복음서에 기록된 주님의 가르침의 차이를 이해하는 것은 너무나 중요합니다.

04
바울의 기도에 대한 말씀

바울은 자신의 기도를 통하여 우리에게 기도에 관하여 가르치고 있습니다.

에베소서 6:18에서 바울은 이렇게 말합니다.

"모든 기도와 간구를 하되 항상 성령 안에서 기도하고 이를 위하여 깨어 구하기를 항상 힘쓰며 여러 성도를 위하여 구하라"

"모든 기도(혹은 온갖 종류의 기도들)"와 성령 안에서 간구라는 표현을 사용하고 있는 것에 주의하십시오.

성령 안에서든지 재창조된 영 안에서든지 아무도 확실히 알 수는 없지만, 실제로는 같은 것을 의미합니다.

데살로니가전서 5:17절에서 "쉬지 말고 기도하라"라고 한 말이 생각납니다.

당신의 삶은 끊임없는 중보기도가 됩니다.

말로 하는 것이 아니라, 당신 안에 있는 영이 로마서 8:26에서 바울이 언급하고 있는 것을 하는 것입니다.

"이와 같이 성령도 우리의 연약함을 도우시나니 우리는 마땅히 기도할 바를 알지 못하나 오직 성령이 말할 수 없는 탄식으로 우리를 위하여 친히 간구하시느니라"

내가 가끔 우울한 상태에 빠졌을 때, 왜 우울하게 되었는지 이유도 생각나지 않았을 때, 나는 성령께서 내 안에서 중보기도를 하고 있었다는 것을 나중에 알게 되었습니다. 성령의 조용한 고뇌가 누군가를 향하여 기도하는 것입니다.

그 시간에 필요가 있는 누군가를 위해서 나의 영이 성령과 함께 섞여서 간구를 하는 것입니다.

내가 복음 전도 집회를 하고 있을 때, 구원받지 못한 사람들을 초청하기 전날 나는 말로 표현할 수 없는 기분에 자주 휩싸이곤 했습니다.

어떤 경우에는 이 고통에서 벗어나도록 부르짖은 적도 있었습니다.

그것은 그 저녁 시간에 내가 만나게 될 구원 받지 못한 회중들을 위하여 나의 영과 성령님이 중보기도를 하는 것이었습니다.

시간이 좀 지나자 나는 이 우울한 기간이 무엇을 의미하는 지를 배우게 되었습니다.

그렇지만 나는 여러분이 바울이 교회를 위해서 한 기도에 특별히 관심을 가지기를 바랍니다.

첫 번째 기도는 에베소서 1:15-16입니다.

"이로 말미암아 주 예수 안에서 너희 믿음과 모든 성도를 향한 사랑을 나도 듣고 내가 기도할 때에 기억하며 너희로 말미암아 감사하기를 그치지 아니하고"

여기 당신과 나를 위한 놀라운 중보기도가 있습니다. 코니베어 Conybeare가 제안했듯이 나는 여기서 이인칭 단수를 사용하도록 하겠습니다.

"우리 주 예수 그리스도의 하나님, 영광의 아버지께서 지혜와 계시의 영을 너희에게 주사 하나님을 알게 하시고 너희 마음의 눈을 밝히사 그의 부르심의 소망이 무엇이며 성도 안에서 그 기업의 영광의 풍성함이 무엇이며"(엡 1:17-18)

이제 자세히 보십시오. 바울은 우리가 지혜의 영을 가지게 되기를 기도하고 있습니다.

당신이 알아차렸는지 모르겠으나 지혜와 지식은 다른 것입니다.

지혜는 지식을 사용하는 능력입니다.

지혜는 추론하는 기관으로부터 나오는 것이 아니라 사람의 영으로부터 나옵니다. 그리스도 밖에 있는 사람의 자연적인 지혜이거나 새로운 피조물에게 주어진 하나님의 지혜입니다.

그는 우리 영이 하나님께서 우리를 위하여 그리스도 안에서 이루신 일의 풍성함을 깨닫는 지혜를 가지도록 기도하고 있습니다.

이것은 바울에게 주신 계시 지식입니다.

이제 우리는 이 지식 안에서 우리의 몫으로 계시된 속량을 이해하는 지혜를 가져야 합니다.

바울은 말합니다.

"너희 마음의 눈을 밝히사 그의 부르심의 소망이 무엇이며 성도 안에서 그 기업의 영광의 풍성함이 무엇이며"(엡 1:18)

우리의 심령이 이를 깨닫는다면 우리를 변화시킬 것입니다.

아버지께서 우리 안에 주신 기업이 무엇인지를 우리가 깨닫기만 하면 우리는 그분께 얼마나 값진 존재가 될까요.

우리는 화재나 도난을 대비해서 우리의 재산에 대해 보험을 듭니다.

우리는 사고를 대비해서 우리의 몸에 대해 보험을 듭니다.

나는 아버지께서 우리에게 있는 기업에 대해서 보험을 드셨는지 궁금합니다.

우리의 보석이나 우리의 귀중한 재산에 대해서 우리가 가지고 있는 것과 같이 아버지께서도 우리에 대한 마음을 가지고 있는지 궁금합니다. 물론 그러실 것이라고 확신합니다.

언젠가는 보험을 들듯이 그분이 우리를 보장해 주시는 것을 발견하게 될 것입니다.

기도에 나타난 아버지를 보십시오. 바울은 우리가 "믿는 자에게 베푸신 능력의 지극히 크심"을 알기 원합니다.

"그의 능력은 그리스도 안에서 역사하사 죽은 자들 가운데서 다시 살리신 그의 힘의 위력으로 역사하신다"고 했습니다.

나는 이를 천천히 깨달았습니다.

그리스도의 죽은 몸 안에서 역사하신 똑같은 능력이 내 안에서, 나의 영 안에서, 나의 혼 안에서, 나의 몸 안에서 일하고 계신다는 실재를 알게 되었을 때 나는 내가 강력하게 되었다는 것을 알았습니다.

나는 강력한 분이 일하는 도구가 되었기 때문에 실패할 수가 없습니다.

로마서 8:11이 분명히 말합니다.

"예수를 죽은 자 가운데서 살리신 이의 영이 너희 안에 거하시면 그리스도 예수를 죽은 자 가운데서 살리신 이가 너희 안에 거하시는 그의 영으로 말미암아 너희 죽을 몸도 살리시리라"

그리스도 안에서 역사하셨던 똑같은 능력이 당신과 내 안에 있습니다. 그 부활의 능력이 우리의 몸 안에 있습니다.

이것은 지금 우리가 일상생활을 하는데 필요한 활력과 치유와 힘을 말합니다.

또 다른 말씀도 살펴보십시오.

"그의 능력이 그리스도 안에서 역사하사 죽은 자들 가운데서 다시 살리시고 하늘에서 자기의 오른편에 앉히사 모든 통치와 권세와 능력과 주권과 이 세상뿐 아니라 오는 세상에 일컫는 모든 이름 위에 뛰어나게 하시고"(엡 1:20-21)

에베소서 2:6은 말합니다.

"또 함께 일으키사 그리스도 예수 안에서 함께 하늘에 앉히시니"

우리는 모든 통치와 권세보다 훨씬 높은 곳에 지금 앉아 있습니다.

이것이 우리를 위한 바울의 기도, 즉 성령이 바울을 통하여 한 기도였습니다.

이제 성령은 한 걸음 더 나아가서 이렇게 말씀하십니다. "그분은 만물을 그의 발아래 복종하게 하셨습니다."

우리는 땅에 있는 그리스도의 몸입니다.

의사결정자는 하늘에 계십니다.

일하는 직분을 가진 힘은 여기 땅 위에 있습니다. 우리가 그 부분입니다.

하나님께서 그리스도를 일으키셨을 때 그리스도 안에서 역사하신 하나님의 능력이 우리의 것이라는 것을 우리는 알아야만 합니다.

여기 우리가 거의 잊어버렸던 엄청난 사실이 또 하나 있습니다.

"또 만물을 그의 발아래에 복종하게 하시고 그를 만물 위에 교회의 머리로 삼으셨느니라"(엡 1:22)

사탄은 패배하였으며, 우리는 그 위대한 대속 사역에 그리스도와 함께 있었고, 한 부분이었으며, 우리는 그분과 함께 원수를 정복하였으며, 그분이 죽음에서 일어나셨을 때 우리도 그분과 함께 일어났으며, 그분이 아버지의 오른편에 앉으셨을 때 우리도 그분과 함께 앉았다는 것을 우리는 잊지 말아야 합니다.

그는 우리가 이것을 앎으로써 이 말씀 안에 완전히 들어가기를 기도하고 있습니다.

이 기도는 응답되어야만 합니다. 나는 이 기도가 이 책을 읽고 있는 각 사람에게 응답되기를 지금 요청합니다.

"그분은 교회의 유익을 위해서 예수를 모든 만물 위에 머리로 주셨습니다."

여기서 "모든 만물 위에"라는 말은 당신과 나의 삶과 관계있는 모든 것을 포함합니다. 이들은 머리인 그리스도께 복종하고 그리스도의 몸인 우리에게 복종합니다.

다음 절에서는 이렇게 말합니다. "교회는 그의 몸이니 만물을 충만하게 하는 충만함이니라."

그 몸은 그분의 충만함fullness입니다. 그 몸은 그분의 온전함completeness이며, 그 몸의 능력은 그를 둘러싸고 있는 모든 것들을 지배해야 합니다.

우리의 연약한 지성으로 이것을 파악할 수는 없지만, 우리의 영은 이것을 즐길 수 있습니다.

왜냐하면 우리의 영은 그분의 충만함, 그분의 사랑의 충만함, 그분의 은혜의 충만함, 그분의 지혜의 충만함, 사람을 축복하고 돕는 그분의 능력의 충만함으로 가득 채워져 있기 때문입니다.

다음은 에베소서 3:14-21의 기도입니다.

"이러므로 내가 하늘과 땅에 있는 각 족속에게 이름을 주신 아버지 앞에 무릎을 꿇고 비노니 그의 영광의 풍성함을 따라 그의 성령으로 말미암아 너희 속사람을 능력으로 강건하게 하시오며 믿음으로 말미암아 그리스도께서 너희 마음에 계시게 하시옵고 너희가 사랑 가운데서 뿌리가 박히고 터가 굳어져서 능히 모든 성도와 함께 지식에 넘치는 그리스도의 사랑을 알고 그 너비와 길이와 높이와 깊이가 어떠함을 깨달아 하나님의 모든 충만하신 것으로 너희에게 충만하게 하시기를 구하노라 우리 가운데서 역사하시는 능력대로 우리가 구하거나 생각하는 모든 것에 더 넘치도록 능히 하실 이에게 교회 안에서와 그리스도 예수 안에서 영광이 대대로 영원무궁하기를 원하노라 아멘"

"그의 영광의 풍성함을 따라 그의 성령으로 말미암아 너희 속사람을 능력으로 강건하게 하시오며"(엡 3:16)

하나님의 능력으로 강하게 되는 것입니다.

우리는 다시는 약하게 되거나 실패할 수 없어 보입니다.

그것이 무엇을 의미하는지 다 알지 못하고 그 한계도 알지 못하지만, 어떤 복잡한 상태에 있어도 우리를 정복자보다 나은 자로 만든다는 것을 나는 알고 있습니다.

이 능력은 영적인 것이나 물질적인 것이나 어떤 적이든지 원수의 목을 우리의 발로 밟게 하여 우리를 이기는 자가 되게 합니다.

우리의 약함과 무능력을 제거하고 우리가 하늘로부터 온 능력의 옷을 입게 합니다.

그는 "그리스도께서 너의 심령에 계시게 하고"라고 하여 나의 심령과 당신의 심령을 말하고 있으며, "믿음의 땅 위에 사랑 가운데 뿌리를 내리고 터가 굳어지기"를 기도하고 있습니다.

이 사랑은 예수님과 같은 사랑, 아가페입니다.

우리는 사랑의 영향을 받아야 할 뿐만 아니라, 사랑 안에 뿌리를 내리고 터를 굳게 하고, 견고히 세워져야 합니다.

"하나님이 우리를 사랑하시는 사랑을 우리가 알고 믿었노니 하나님은 사랑이시라 사랑 안에 거하는 자는 하나님 안에 거하고 하나님도 그의 안에 거하시느니라"(요일 4:16)

나는 이 번역이 더 잘 되었다고 생각합니다. "우리는 하나님이 우리에게 보여준 그 사랑을 믿게 되었습니다."

나는 예수님과 같은 사랑, 이성보다 낫고, 힘보다 낫고, 사람의 철학보다 낫고, 사람이 생각해 낸 어떤 것보다 나은 그 사랑을 믿게 되었습니다.

사람의 지식과는 비교할 수 없습니다.

나는 사랑이 최선의 길이며, 사랑의 길이 내가 걸어야 할 길이라고 믿게 되었습니다.

하나님이 사랑이시라는 것을 알게 되었을 때, 하나님의 길은 최상의 길이었습니다.

내가 사랑을 믿는다면 나는 사랑의 창조자를 믿는 것입니다.

나는 사랑을 믿습니다.

그분의 사랑이 내게 최선이라는 것을 나는 믿습니다. 그리고 당신에게도 최선입니다.

사랑은 우리에게 다툼의 끝이요, 쓴 감정과 증오와 질투의 끝입니다.

이 땅에서 사는 우리의 삶을 그리스도께서 다스리기 시작하는 것입니다.

사랑 안에 뿌리를 내리고 터를 굳게 하는 것은 사람의 심령이 경험할 수 있는 최고의 경험입니다.

"능히 모든 성도와 함께 지식에 넘치는 그리스도의 사랑을 알고 그 너비와 길이와 높이와 깊이가 어떠함을 깨달아 하나님의 모든 충만하신 것으로 너희에게 충만하게 하시기를 구하노라"(엡 3:18-19)

개인적으로 그리스도의 사랑을 알게 되면 우리는 바울처럼 이렇게 말하게 될 것입니다. "그분이 나를 사랑하셔서 나를 위해 자신을 내어주셨습니다."

그분의 속량은 개인적인 것이 될 것입니다.

그분이 나를 위해 그렇게 하셨습니다.

다른 어떤 사람도 아니고 바로 나를 위해서 그분이 죽으신 것이 될 것입니다.

그러나 다음 말씀을 보십시오. "지식에 넘치는 그리스도의 사랑을 알아 하나님의 모든 충만하심으로 충만하게 되기를 구하노라."

이것이 바울이 나를 위해 한 기도입니다.

이것이 바울이 당신을 위해 한 기도입니다.

이 기도는 응답되지 않을 수 없습니다.

골로새서 1:28에서 바울이 어떻게 신음했는지 기억할 것입니다. "각 사람을 그리스도 안에서 완전한 자로 세우려 하노라."

이것이 바울 안에 있는 성령의 열정이었습니다.

하나님께서 내게도 똑같은 열정을 갖도록 도와주시기를 바랍니다.

이렇게 되면 이기심을 완전히 없애버리지 않겠습니까?

이것은 새로운 자아, 하나님으로 난 자아, 하나님의 꿈 이외에는 다른 꿈이 없는 자아, 그분의 야망 외에는 다른 야망이 없는 사람입니다.

기도를 마무리하는 부분을 보십시오.

"우리 가운데서 역사하시는 능력대로 우리가 구하거나 생각하는 모든 것에 더 넘치도록 능히 하실 이에게"(엡 3:20)

우리는 감각 지식의 궤도를 이탈하여, 감각과 이성의 한계를 벗어나서, 초자연적인 영역으로 들어갔습니다.

우리는 하나님의 영역인 은혜의 영역에서 살고 있습니다.

우리 가운데서 역사하시는 능력대로 우리가 구하거나 생각하는 모든 것에 넘치도록 능히 하신다고 말씀하고 있습니다.

우리가 이를 늦게 깨달았지만, 이것이 그분의 은혜의 모습입니다.

이것이 우리를 향한 아버지의 꿈을 그린 그림입니다.

이것은 바울의 기도 생활을 보여주는 것입니다.

기도 생활에 관하여 사람이 만든 어떤 규칙이나 방법들보다도 더 좋은 것입니다.

이 기도가 당신과 나를 위한 기도라는 것을 알게 된다면 우리는 이 기도가 우리에게도 응답되기를 사모하게 될 것입니다.

이렇게 되면 그분은 우리 안에서 우리를 통하여 그분의 영광을 위하여 자신의 기쁘신 뜻을 이루도록 일하시게 될 것입니다.

05
바울의 계시에 비추어 본 그리스도

이는 아버지 앞에서 우리가 어떤 존재인지, 아버지께서 그리스도 안에 있는 우리를 어떻게 바라보시는지에 대한 것을 계시하고 있습니다.

"내가 아버지에게서 나와 세상에 왔고 다시 세상을 떠나 아버지께로 가노라 하시니"(요 16:28)

예수님께서 요한복음 3:3-5에서 이렇게 말씀하신 것을 기억할 것입니다.

"예수께서 대답하여 이르시되 진실로 진실로 네게 이르노니 사람이 거듭나지 아니하면 하나님의 나라를 볼 수 없느니라 니고데모가 이르되 사람이 늙으면 어떻게 날 수 있사옵나이까 두 번째 모태에 들어갔다가 날 수 있사옵나이까 예수께서 대답하시되 진실로 진실로 네게 이르노니 사람이 물과 성령으로 나지 아니하면 하나님의 나라에 들어갈 수 없느니라"

믿는 자는 하나님으로부터 났습니다. 그는 바로 하나님의 뱃속으로부터 나왔습니다.

"하나님으로부터 난 자는 세상을 이겼습니다."

"우리가 유대인이나 헬라인이나 종이나 자유인이나 다 한 성령으로 침례를 받아 한 몸이 되었고 또 다 한 성령을 마시게 하셨느니라" (고전 12:13)

예수님께서 아버지로부터 오신 것이 진실인 것과 똑같이, 우리도 영의 에너지를 통하여 하나님으로부터 왔습니다. 우리는 하나님으로부터 났습니다.

요한일서 4:4은 말합니다. "자녀들아 너희는 하나님께 속하였다."

우리는 하나님의 바로 그 생명의 한 부분입니다.

하나님의 바로 그 본성이 우리의 영에 부어져서 우리는 하나님으로부터 났습니다.

이제 우리는 예수님의 고백을 이해할 수 있습니다. 그 고백은 유대인들을 경악하게 했습니다.

그 고백은 제자들을 놀라게 했습니다.

"나는 아버지로부터 나와서 세상에 왔다. 다시 나는 세상을 떠나 내 아버지께로 돌아갈 것이다."

새로운 탄생에서 우리가 아버지로부터 나온 것이 진실인 것과 똑같이, 우리는 우리의 몸을 떠나 아버지께로 돌아갈 것입니다.

요한복음 8:23에서 예수님은 말씀하셨습니다. "예수께서 이르시되 너희는 아래에서 났고 나는 위에서 났으며 너희는 이 세상에 속하였고 나는 이 세상에 속하지 아니하였느니라"

예수님은 자신의 근원이 하늘이라는 것과 하늘과의 교제를 늘 의식하셨습니다.

우리가 땅에 속하지 않았다는 것을 아는 것보다 더 우리에게 도움이 되는 것은 없습니다. 우리는 땅 위에 있지만, 땅에 속해 있지는 않습니다. 우리의 시민권은 하늘에 있습니다.

우리는 더는 사탄이 다스리는 이 세상의 일부가 아닙니다. 우리는 위로부터 났습니다.

우리는 아버지의 본성과 생명을 가지고 있습니다. 우리는 그리스도 안에 있습니다.

믿는 자들에게는 돈이나 삶의 쾌락 같은 땅의 것들에 매력을 느끼는 위험이 있습니다.

우리가 남자와 여자인 것을 아는 것처럼 우리가 땅에 속하지 않았다는 것을 알고, 우리의 가장 큰 기쁨이 그리스도 안에서만 발견된다는 것을 안다면, 이 사실은 이 땅 위에서의 우리의 삶에 큰 차이를 만들어 낼 것입니다.

마태복음 12:42에서 예수님은 말씀하셨습니다. "심판 때에 남방 여왕이 일어나 이 세대 사람을 정죄하리니 이는 그가 솔로몬의 지혜로운 말을 들으려고 땅 끝에서 왔음이거니와 솔로몬보다 더 큰 이가 여기 있느니라"

그분은 의심과 질투와 증오를 가지고 자기를 지켜보는 세대에게 자신이 누구인지를 담대히 말씀하셨습니다. "솔로몬보다 더 큰 이가 여기 있다."

우리는 우리가 누구인지 깨닫고 있는지 궁금합니다. 우리는 우리가 다른 종족에 속했다는 것을 생각이나 해 보았는지 궁금합니다.

"그런즉 누구든지 그리스도 안에 있으면 새로운 피조물이라 이전 것은 지나갔으니 보라 새것이 되었도다"(고후 5:17)

우리는 하나님의 나라에서 가장 작은 자도 솔로몬보다 크다는 것을 깨달았습니다. 솔로몬은 종에 지나지 않았습니다. 방대한 지혜가 그에게 주어졌었습니다.

우리는 하나님의 아들들이며 예수님은 우리에게 지혜가 되셨습니다.

솔로몬은 감각의 영역에서 살았던 자연인에 지나지 않았습니다. 그에게는 우리에게 주어진 하나님의 생명에 대한 개념이 없었습니다.

그러나 우리는 이 사실을 생각하지 않습니다.

우리는 그리스도 안에서 우리의 위치, 하나님의 가족 안에서 우리의 위치에 대해서 아직 깨닫지 못했습니다.

우리는 전능하신 분의 아들과 딸입니다. 솔로몬은 다윗의 아들이었을 뿐입니다.

우리가 감히 성경의 말씀을 서로 비교할 수 있다면 요한복음 8:12은 주님의 입술에서 나온 가장 위대한 말씀 중의 하나일 것입니다.

"나는 세상의 빛이니 나를 따르는 자는 어둠에 다니지 아니하고 생명의 빛을 얻으리라."

예수님은 자신이 새로운 질서, 새로운 종류의 사람을 나타낸다고 담대히 말씀하시면서, 자신 안에는 생명의 빛이 있으며, 이 빛은 영생으로부터 나온 지혜라고 말씀하셨습니다.

그분을 따르며 그분의 발자취를 따라 걸으며 그분의 말씀에 순종하는 사람은 결코 그들이 볼 수 없는 어둠의 영역에 빠지는 일이 없을 것입니다.

골로새서 1:13은 말씀합니다. "그가 우리를 흑암의 권세에서 건져내사 그의 사랑의 아들의 나라로 옮기셨으니"

우리는 감각을 따라 사는 사람들의 어둠의 영역에서 빠져나왔습니다.

우리는 그분의 사랑의 아들의 나라, 다른 말로 하면 하나님의 가족 안으로 옮겨왔습니다.

우리는 하나님의 본성에 참여하는 자가 되었습니다. 하나님의 아들 안에 있는 똑같은 생명이 우리 안에 있습니다. 그분이 가졌던 똑같은 빛이 우리 안에 있습니다.

이제 우리는 고린도후서 6:14을 이해할 수 있습니다. "너희는 믿지 않는 자와 멍에를 함께 메지 말라 의와 불법이 어찌 함께하며 빛과 어둠이 어찌 사귀며"

빌립보서 2:15에서 바울은 우리에게 이렇게 말합니다. "세상에서 그들 가운데 빛들로 나타내며"

우리는 생명의 말씀을 등불처럼 들고 있습니다.

우리는 세상의 빛입니다. 우리는 예수님의 자리를 차지했습니다.

우리 안에 있는 그분의 생명은 빛의 근원입니다.

빛은 지혜와 일을 할 수 있는 능력을 의미합니다. 더 크신 분이 우리에게 그분의 본성만 주신 것이 아니라, 실제로 우리에게 오셔서 우리 안에 사시며 우리의 일부가 되셨습니다.

그러므로 예수님께서 "나는 세상의 빛이다"라고 말씀하신 것은 그분의 발자취를 따르는 사람들에게는 엄청난 책임을 지우는 것입니다.

우리가 그분의 생명에 참여한 자라면, 우리는 그 빛을 가지고 있어야 하며, "그 안에 생명이 있었으니, 이는 사람들의 빛이라"고 한 요한복음 1:4의 말씀은 우리에게 주는 도전이 되어야만 합니다.

우리는 그 생명을 가졌습니다.

그 생명과 함께 빛이 왔으므로 그분이 빛 가운데 걸으셨던 것처럼 우리도 빛 가운데 걸어야 합니다.

빛 밖으로 걸어 나가는 것은 어둠 가운데로 들어가는 것이며, 이것은 교제가 깨어지는 것을 의미합니다.

이것은 사랑의 영역에서 벗어나는 것인데, 빛이란 사랑이 우리를 통하여 우리의 행동과 말로 빛을 발하는 것이기 때문입니다.

예수께서 가져다주신 새로운 사랑과 새로운 생명은 바로 아버지의 본성입니다.

우리가 사랑에서 벗어나고 빛에서 벗어나는 것은 하늘과의 교제에서 벗어나는 것입니다.

그분이 빛 가운데 걸으셨던 것처럼 우리도 빛 가운데 걸으면, 우리는 아버지와 교제를 할 뿐 아니라, 우리끼리도 서로 교제하는 것입니다.

잠깐이라도 우리가 적에게 이끌리는 것은 어둠으로 들어가는 것입니다.

"빛 가운데 있다 하면서 그 형제를 미워하는 자는 지금까지 어둠에 있는 자요 그의 형제를 사랑하는 자는 빛 가운데 거하여 자기 속에 거리낌이 없으나 그의 형제를 미워하는 자는 어둠에 있고 또 어둠에 행하며 갈 곳을 알지 못하나니 이는 그 어둠이 그의 눈을 멀게 하였음이라"(요일 2:9-11)

그의 영은 어둠 가운데 있습니다. 감각 지식은 이제 그 길을 비출 수 없습니다.

우리는 세상에서 주님의 자리를 차지하고 있습니다.

바울이 이렇게 말한 것과 같이 말입니다. "내가 그리스도를 따르는 것처럼 너희는 나를 따르라." 그러므로 우리 각 사람은 세상의 빛입니다. 그러므로 우리는 세상을 향하여 "내가 그리스도를 따르는 것처럼 너희는 나를 따르라"고 말합니다.

우리가 빛을 벗어나서 어둠으로 들어가면, 우리는 우리 주변에 혼란을 초래하게 되고 사람들은 어떻게 해야 할지를 모르게 됩니다.

우리는 그리스도 안에서 우리가 누구인지를 늘 기억해야 합니다.

우리는 세상의 빛이며, 우리를 따르는 사람들을 어둠으로 인도해서는 안 된다는 것을 늘 기억해야 합니다.

요한복음 14:6은 도전이 아니라 우리를 전율케 하는 기쁨이 되었습니다. "예수께서 이르시되 내가 곧 길이요 진리요 생명이니 나로 말미암지 않고는 아버지께로 올 자가 없느니라"

얼마나 대단한 고백입니까!

주님께서 "나는 길이다"라고 말씀하셨을 때, 성령님은 내게 사도행전 9장에서 바울이 그 도를 좇는 남녀를 찾아 잡아서 예루살렘으로 데리고 가려고 다마스커스로 가던 길을 생각나게 해 주셨습니다.

기독교는 그 길이었습니다.

"어떤 사람들은 마음이 굳어 순종하지 않고 무리 앞에서 이 도를 비방하거늘"(행 19:9)

그들은 왜 기독교를 그 도라고 불렀을까요?

옛날 그 동산에서 아담은 그 길을 잃어버렸습니다. 바로 아버지의 임재 안으로 들어가는 길, 아버지의 심령 안으로 들어가는 길입니다.

그는 빛과 영광의 자리를 떠나 빛이 없는 세상으로 들어갔습니다.

이후로 인류의 역사는 이 잃어버린 길을 찾아 더듬는 것이었습니다. 아버지와의 교제를 되찾는 길, 정죄가 사람의 심령을 다스리지 않는 에덴의 상태로 돌아가는 길 말입니다.

예수님께서 "내가 길이다"라고 말씀하셨을 때, 그분은 아버지의 심령으로 들어가는 길, 생명의 길을 말씀하신 것이었습니다.

나는 우리 각 사람이 빛이며, 그 길을 가리키는 표지판이라는 것을 알게 되었습니다.

이제 당신에게 이 말씀이 어떤 의미가 있는지 잘 살펴보십시오. 당신은 주님의 자리를 차지하고 있으며, 당신이 그 길입니다. 만일 당신의 삶이 주님과 일치하도록 조정되어 있지 않고, 말씀대로 살고 있지 않다면, 당신은 잘못된 길을 가리키고 있을지도 모릅니다.

그분은 "나는 길이다"라고 말씀하셨을 뿐만 아니라, "나는 진리다. 나는 실재다."라고도 말씀하셨습니다.

실재라고 번역된 단어를 볼 때마다 나는 감동에 사로잡힙니다.

예수님은 인간의 영의 오래된 갈망에 대한 해답입니다.

로마서 1:25을 어떤 번역본은 이렇게 번역했습니다. "그들은 하나님의 실재를 비실재적인 것과 맞바꾸었다(For they exchange the reality of God for the unreal)."

사탄은 헛되고 공허한 것vanity의 신입니다. 자연인의 감각에 쾌락을 주는 것은 실재가 없습니다.

영화 관람이나 춤추는 클럽이나 도박이나 술 취하는 것에는 실재가 없습니다. 이런 것에는 사람의 영이 양식으로 취할 수 있는 것이 없습니다.

사탄은 사람에게 영원한 가치가 있는 것을 단 하나도 준 적이 없습니다. 감각의 쾌락은 사용하는 순간 사라집니다.

예수님께서 "나는 길이요 진리요 생명이다"라고 말씀하신 것은 무언가 다른 것을 가리킨 것이었습니다.

요한복음 16:13에서 "진리의 성령이 오시면 그가 너희를 모든 진리 가운데로 인도하시리니"라고 예수님은 말씀하셨습니다.

예수님은 모든 시대를 거쳐 사람의 심령이 갈망하던 것인 실재로 인도하는 그 길이었습니다.

실제로 영생을 발견한 사람은 그 누구도 다른 종교를 기웃거리지 않았다는 사실은 이상하리만치 실제적인 진리입니다.

감각에서 나온 형이상학적인 종교들은 실재를 발견한 사람들에게는 매력이 없습니다.

사람의 심령은 사람이신 예수 밖에서는 실재를 찾을 수 없습니다.

새로운 창조는 실재입니다.

아버지와 우리의 교제는 실재입니다.

새로운 피조물의 영에게 말씀은 실제 메시지입니다.

우리는 실재의 빛 가운데 걷습니다.

예수님은 "나는 길이요 진리요 생명이다"라고 하셨습니다.

여기서 "생명"을 나타내는 말을 그리스어로 "조에zoe"입니다. 이 생명은 예수님께서 세상에 가져오신 새로운 종류의 생명입니다.

"내가 온 것은 양으로 생명을 얻게 하고 더 풍성히 얻게 하려는 것이라"

생명이란 무엇입니까? 생명은 아버지의 본성입니다.

아버지의 본성 안에는 모든 지혜, 모든 능력, 모든 사랑이 있습니다.

요한복음 6:47은 "믿는 자는 영생을 가졌나니"라고 말합니다.

믿는 것은 실제로 소유하는 것이기 때문에 믿는 사람은 소유한 사람입니다. 그는 사람에게 주어진 가장 위대한 선물인 영생을 가진 사람입니다.

요한복음 1:4은 "그 안에 생명이 있었으니 사람들의 빛이라"고 말합니다.

사람 안에 있는 영생은 우리에게 주어진 이 기계적인 시대에 나타난 모든 창조적인 능력이라는 사실을 우리는 전혀 이해하지 못하고 있었습니다.

영생이 오기 전에 그 어떤 불신자들의 세상에서도 창조자와 발명자들이 나오지 못했습니다.

우리가 앵글로 색슨족의 우수성을 자랑스러워하는 것은 자연적인 생명에 대한 영원한 생명의 우수성을 자랑하는 것에 지나지 않습니다.

신약성경에는 생명으로 번역된 두 개의 단어가 있습니다. "조에Zoe"는 예수님께서 가져오신 아버지의 본성으로 새로운 창조 가운데 인간에게 주어진 것이며, 다른 하나는 "프쉬케Psuche"로서 자연적인 인간의 생명입니다.

"프쉬케"는 어떤 위대한 작품도 생산하지 못했고, 사람에게 실제적 가치가 있는 어떤 것도 주지 못했습니다.

이 새로운 종류의 생명인 "조에"는 아버지의 본성이며, 사랑의 아버지라는 것을 우리 마음에 분명해지도록 하십시오.

이 새로운 생명이 사람 안에 들어오면 옛 본성을 쫓아내고 새로운 본성을 소유하게 됩니다.

이는 마치 이스라엘 민족이 약속의 땅에 들어가서 그 거주민들을 쫓아내고, 그들의 땅을 차지한 것과 같습니다.

영생이 우리를 차지했습니다.

영생은 우리의 이성의 기능을 사로잡고, 빛을 비춰주고, 이성을 새로운 질서의 종이 되게 함으로써, 영생을 가진 사람이 지나가면 당신이 그 표시를 볼 수 있게 해 줍니다.

그는 새로운 피조물입니다. 그는 새로운 질서에 속한 사람입니다.

그는 아가페라는 새로운 사랑, 어린 아기가 태어나기에 안전한 가정을 만드는 사랑을 가지고 있습니다.

사랑을 나타내는 또 다른 단어는 그리스어로 "필레오Phileo"로서 이는 자연인의 심령으로부터 나오는 사랑입니다.

이 사랑으로는 불신자들의 세상에서 결코 진정한 가정을 만들지 못했습니다.

이 사랑은 이혼과 깨어진 가정을 만들었습니다.

이 새로운 생명으로부터 솟아 나오는 새로운 사랑인 "아가페"를 가진 남녀에게는 이혼이란 존재하지 않습니다.

이 사랑은 이 세상에서 가장 위대한 것입니다.

믿는 사람은 길과 진리와 생명이신 예수님을 가리키는 표지판이기 때문에, 우리는 그 길 가운데 있으며, 실재를 가지고 있으며, 이 놀라운 생명의 충만함을 누리고 있다고 담대하게 고백해야 합니다.

예수님은 또 이렇게 고백하셨습니다. "나는 선한 목자다." 선한 목자는 양들을 위하여 자기 목숨을 내려놓습니다(요 10:11).

선한 목자의 완전한 모습을 보여주는 얼마나 아름다운 고백입니까.

이 말씀은 시편 23편의 심장으로 우리를 안내합니다. "여호와는 나의 목자시니 내게 부족함이 없으리로다 그가 나를 푸른 풀밭에 누이시며 쉴 만한 물가로 인도하시는 도다 내 영혼을 소생시키시고 자기 이름을 위하여 의의 길로 인도하시는 도다"(시 23:1-3)

하나님은 나의 사고과정을 바꾸셔서 하나님과 같이 생각하도록 하십니다.

그분은 그의 백성을 돌보는 분, 먹을 것을 마련해 주시는 분, 그의 백성의 방패와 보호자입니다.

그분이 하시는 일은 심령이 먹는 법을 배우는 진짜 풀밭으로 우리를 안내하고 인도하는 것입니다.

이 말이 무슨 뜻인지 알 수 있습니까?

우리가 영생을 받아들이는 순간, 목자들 밑에 있는 양치기가 되고, 우리는 이 새 생명, 새로운 질서의 지도자와 교사가 됩니다.

우리는 그들을 멸망시키려고 하는 적으로부터 양들을 보호하는 사람들입니다.

목자라는 것은 얼마나 놀라운 사랑의 사역인가요! 양들을 돌보고, 지켜보고, 먹이고, 생명의 물을 가리키고, 이 힘든 세상에서 위대한 반석의 그늘 아래 있는 조용한 장소로 인도하는 일을 하는 것 말입니다.

목자로서의 책임과 양들을 안내할 수 있는 능력을 우리는 고백해야 합니다.

그분이 우리의 지혜가 되었으므로 우리는 양들을 어디로 인도하며 무엇을 먹일지 알고 있습니다.

사역에 관한 나의 가장 큰 관심사는 하나님의 말씀을 바르게 분별하여 사람들에게 양식 즉 전능자의 빵을 먹이는 것이었습니다.

나는 믿음을 세워주는 사람이 되기를 바랐습니다.

나는 목자의 책임감을 가지고, 사람들을 감각 지식의 광야로부터 그리스도 안에서 우리가 가진 특권의 고원지대로 인도하기를 원했습니다 여기 바울의 계시를 떠올리게 하는 또 하나의 예수님의 고백이 있습니다. "내가 너희에게 이른 말이 영이요 생명이니라"(요 6:63)

예수님이 알고 계셨던 말의 능력을 깨달은 사람이 우리 중에 과연 얼마나 될까요.

예수님의 말은 병자를 고쳤으며, 무리를 먹였으며, 바다를 잔잔케 하였고, 죽은 자를 살리셨습니다.

그뿐만 아니라 주님의 말은 이스라엘 지도자들의 심령 가운데 악의와 증오를 일으켜서 마침내 그를 십자가에 못 박아 죽일 만큼 그들을 자극하였습니다. 단지 주님이 하신 말 때문이었습니다.

바울은 우리를 전율하게 하는 생생함으로 우리가 볼 수 있도록 해 줍니다.

"믿음으로 모든 세계가 하나님의 말씀으로 지어진 줄을 우리가 아나니 보이는 것은 나타난 것으로 말미암아 된 것이 아니니라"(히 11:3)

하나님은 말로 우주를 창조하셨습니다.

"빛이 있으라"고 하신 그 놀라운 말을 당신은 기억할 것입니다. 창세기 1장에는 8~9번 이 말씀이 기록되어 있습니다.

우주에 있는 모든 것을 하나님은 말로써 만드셨습니다.

그러나 성령은 요한복음 1:1-3에서 말씀의 절정을 이루고 있습니다. "태초에 말씀이 계시니라 이 말씀이 하나님과 함께 계셨으니 이 말씀은 곧 하나님이시니라 그가 태초에 하나님과 함께 계셨고 만물이 그로 말미암아 지은 바 되었으니 지은 것이 하나도 그가 없이는 된 것이 없느니라"

그분은 사람의 말을 취하여 그분 자신으로 채우셨습니다.

그분은 사람의 말이 창조적인 것이 되게 하셨습니다.

그분은 사람의 말을 사랑의 천재가 되게 하셨습니다.

그분의 말은 지배합니다.

그분은 말 안에 살며 말이 그분을 위해 일하도록 만드셨습니다.

그분은 없는 것을 있는 것처럼 여기셨고, 그러면 그것들은 존재하게 되었습니다.

말씀은 창조합니다.

히브리서 1:3에서 말씀은 말씀이 창조한 것을 다스렸습니다. "이는 하나님의 영광의 광채시요 그 본체의 형상이시라 그의 능력의 말씀으로 만물을 붙드시며 죄를 정결하게 하는 일을 하시고 높은 곳에 계신 지극히 크신 이의 우편에 앉으셨느니라"

그분은 자신의 말로 세상이 존재하도록 하셨습니다. 이제 이 거대한 우주는 그분의 말씀으로 유지되고 다스려집니다.

말로 성취할 수 있는 것이 무엇인지 우리가 이해하기 시작할 때가 오기를 나의 심령은 갈망하고 있습니다.

세상이 하는 모든 사업은 말로 하는 것입니다.

우리는 말로 사랑을 합니다.

우리는 말로 사람에게 깊은 상처를 줍니다.

우리는 하나님이 가득한 말로 사람들의 삶에 믿음을 세워줍니다.

우리는 감각지식이 가득한 말로 사람들의 믿음을 무너뜨립니다.

감각지식은 말 외에는 다른 도구가 없기 때문에 우리의 대학들은 대부분 파괴적이고 사기를 떨어뜨리는 말로 가득합니다.

우리의 고등학교는 말로 하는 거짓된 가르침으로 우리나라의 믿음을 파괴하고 있습니다.

이제 이런 곳에는 거룩한 것이 하나도 남아 있지 않습니다.

감각지식에서 나온 사상이 우리나라를 지배하고 있기 때문에, 하나님의 말씀이 다시 우위를 차지하지 않는다면, 우리 공화국의 모든 이상들은 사라져 버릴 것이며, 기독교에 아주 파괴적인 독재가 그 자리를 차지하게 될 것입니다.

하나님이 없는 사람들은 새로운 피조물들에게 준 발명들을 사용하여 하나님께서 루터의 종교개혁 이래로 교회를 통하여 역사하셨던 모든 것을 파괴하였습니다.

예수님께서 "내가 너희에게 이른 말이 영이요 생명이니라"고 하셨을 때 주님은 커튼을 들어 올리고 우리가 실재를 보도록 하셨습니다.

생각해 보십시오! "내가 너희에게 이른 말"은 그 안에 하나님의 창조적인 능력과 에너지를 가지고 있습니다.

"내가 너희에게 이른 말"은 생명을 주는 말, 사랑을 세워주는 말, 믿음을 창조하는 말입니다.

지금 당신은 무엇을 고백하고 있습니까?

우리가 그의 말씀의 산물이란 것이 우리의 고백입니다. 그의 말씀은 우리의 영에 아버지의 본성을 주었으며, 이 새로운 생명을 다스리는 법은 새 언약의 법입니다.

"새 계명을 너희에게 주노니 서로 사랑하라 내가 너희를 사랑한 것

같이 너희도 서로 사랑하라"(요 13:34)

　아버지의 사랑의 본성에서 자라난 이 새로운 법은 우리를 다스리는 법입니다.

　이 새로운 법, 이 창조적이고 다스리는 법, 이 사랑의 승리하는 법의 빛 안에서 우리는 걷고 있습니다.

　우리가 해야 하는 얼마나 좋은 고백입니까. 하나님께서는 우리가 이 고백을 꼭 붙잡도록 도와주십니다.

　요한복음 14:9에서 예수님은 이렇게 말씀하셨습니다. "나를 본 자는 아버지를 보았다."

　이 말씀은 우리의 숨을 거의 막히게 합니다.

　예수님은 이렇게 말씀하셨습니다. "내가 너희와 이렇게 오랫동안 함께 있었는데 너희는 내가 누구인지 모르고 있느냐? 나는 하나님께서 육신으로 나타난 것이다."

　"너희는 하나님과 함께 살며 걸었다."

　"너희는 하나님이 병든 자를 고치고 죽은 자를 살리는 것을 보았다."

　"너희는 하나님이 큰 무리를 먹이는 것을 보았다."

　"너희는 나의 목소리와 말에서 하나님의 사랑의 본성을 느꼈으므로, 나는 오늘 너희에게 말한다. '나를 본 자는 아버지를 보았다.'"

　"너희는 다시는 '아버지를 보여 주소서'라고 말할 필요가 없다. 왜냐하면 그분은 너희와 함께 하시기 때문이다."

　얼마나 대단한 고백입니까! 얼마나 오랜 세월 동안 그런 상태로 있었는지요!

그러던 어느 날 나는 바울의 서신들에서 새로운 창조의 계시의 한 장면을 보았습니다. 나는 우리가 실제로 예수님의 자리를 차지했다는 것을 보았으며, 우리가 예수님이 가지고 계셨던 바로 그 생명을 가졌고, 아버지의 그 본성이 우리에게 전이되었다는 것을 보았습니다.

예수님을 세상에서 그렇게 아름답고, 역사에 나타난 적이 없으며, 비할 데 없이 탁월한, 비상한 인격으로 만든 모든 속성이 아버지의 본성과 함께 우리에게 왔습니다.

그분을 아름답게 만든 각 속성은 새로운 피조물 안에도 존재합니다.

우리는 그분을 지배하던 그 사랑의 본성, 즉 똑같은 생명을 가지고 있습니다.

우리는 그분이 가지고 계셨던 똑같은 사랑을 가지고 있습니다.

그분은 우리에게 하나님에게서 온 지혜가 되었습니다.

그분은 우리에게 하나님에게서 온 속량이 되었습니다.

그분은 우리에게 하나님에게서 온 거룩함이 되었습니다.

그분은 우리에게 하나님에게서 온 의로움이 되었습니다.

아버지의 이 네 가지 본성은 예수 안에 나타났습니다.

원수의 손으로부터의 속량은 예수님께서 땅 위에 계실 때는 성취되지 않았었지만, 그분 안에 나타났었습니다. 그분은 귀신들을 다스리셨습니다.

그분을 에워싸고 있던 세상으로부터 철저하게 구별되었던 그분 안에서, 거룩함이 나타났습니다.

아버지의 임재 안에 어떤 열등감도 없이 설 수 있는 능력, 마귀

앞에서 다스리는 자로 설 수 있는 능력인 의로움, 이런 모든 하나님의 생명이 은혜롭게 그분 안에서 보였습니다.

요한복음 14:6-10을 읽으면 나의 전 존재는 그분을 향하여 열리며 나의 심령은 이렇게 외치는 듯합니다. "주님, 이 말씀이 하나님의 은혜로 나의 삶에서 실재가 되게 하셔서 나를 보는 사람들이 당신을 보게 해 주십시오. 내가 그들에게 말로 표현하지 않아도 '나를 본 사람은 주님을 보았다.'라고 내가 고백할 수 있기를 바랍니다."

예수님께서 세상을 향하여서 하신 얼마나 놀라운 고백입니까. 또 오늘 우리가 가진 특권으로 할 수 있는 얼마나 놀라운 고백입니까.

예수님은 "나는 포도나무요 너희는 가지다."고 말씀하셨습니다.

그분과 내가 연합된 실재와 그리스도 안에서 하나님의 생명과 본성을 취할 수 있는 비상한 능력의 실재를 내 심령이 이해할 수 있기를 바랍니다.

어떤 가지도 다른 가지보다 더 포도나무에 가까이 있지 않습니다.

가지 하나하나는 열매를 맺는 각자의 사역을 위해 포도나무와 똑같이 하나가 되어 있습니다.

주님께서 "나는 포도나무요 너희는 가지라"고 하신 것은 우리로 하여금 신성과 충만한 연합the fullest union with Deity을 이루게 하셨습니다.

우리는 실제로 하나님의 본성에 참여한 자입니다.

바로 신의 본성과 생명이 포도나무로부터 가지로 부어집니다.

그리고 나서 그분은 요한복음 17장의 위대한 기도를 하셨습니다.

"내게 주신 영광을 내가 그들에게 주었사오니 이는 우리가 하나가 된 것 같이 그들도 하나가 되게 하려 함이니이다 곧 내가 그들 안에 있고 아버지께서 내 안에 계시어 그들로 온전함을 이루어 하나가 되게 하려 함은 아버지께서 나를 보내신 것과 또 나를 사랑하심 같이 그들도 사랑하신 것을 세상으로 알게 하려 함이로소이다"(요 17:22-23)

이것이 포도나무의 삶입니다. 그곳에서 포도나무 가지가 영광을 받으며 그 열매들이 예수님의 지상의 삶에서 나타났던 열매와 같이 되는 것입니다.

이제 우리는 그분이 "내가 아버지께로 가기 때문에 너희는 이보다 더 큰 일을 할 것이다"(요 14:12)라고 하신 말이 무엇을 의미하는지 이해합니다.

예수님은 육체적인 것에 제한을 받으셨습니다.

그분은 아픈 사람을 고치고, 군중을 먹이고, 죽은 자를 살리고, 물을 포도주로 만드셨지만, 어떤 사람도 재창조하실 수는 없었습니다.

그분이 죄를 없애기까지, 그분이 공의의 요구를 만족시킬 때까지, 사탄을 정복할 때까지, 죽음에서 일어나실 때까지, 자기 피를 하늘의 지성소에 가지고 가실 때까지, 지극히 높으신 분의 오른편에 앉으실 때까지 어느 누구에게도 영원한 생명을 줄 수 없었습니다.

06
부활이 우리에게 주는 것

여기 바울 서신들로부터 나온 풍성한 복된 진리 중에 몇 가지가 있습니다.

그리스도인의 매일의 삶에 그분의 부활은 어떤 의미가 있습니까?

요한복음 19:31-37은 우리에게 그분의 죽음, 그분의 옆구리의 창 자국, 그 상처로부터 쏟아진 물과 피를 말하고 있습니다.

그분이 심장 파열로 돌아가셨다는 것을 아주 쉽게 말하고 있습니다.

그분의 심장 안에서 일어난 파열로 말미암은 피는 그분의 심장이 있는 공간으로 흘러들었고, 그분의 몸은 차가워졌고, 피는 분리가 되어서 흰 액체가 아래에 고였습니다.

로마 군인의 창이 몸을 찔렀을 때, 적혈구는 위로 올라가 엉겨 있어서, 흰 액체가 쏟아졌습니다.

이어서 엉겨있던 핏덩어리가 그분의 옆구리를 따라 땅으로 흘러내렸습니다. 예수님은 죽었습니다.

"아리마대 사람 요셉은 예수의 제자이나 유대인이 두려워 그것을 숨기더니 이 일 후에 빌라도에게 예수의 시체를 가져가기를 구하매 빌라도가 허락하는지라 이에 가서 예수의 시체를 가져가니라 일찍이 예수께 밤에 찾아왔던 니고데모도 몰약과 침향 섞은 것을 백 리트라쯤 가지고 온지라 이에 예수의 시체를 가져다가 유대인의 장례법대로 그 향품과 함께 세마포로 쌌더라"(요 19:38-40)

여기 영감을 주는 장면이 있습니다.

요셉과 니고데모는 예수님이 죽으신 후에 드러내 놓고 그들의 우정을 나타냈습니다.

"예수께서 십자가에 못 박히신 곳에 동산이 있고 동산 안에 아직 사람을 장사한 일이 없는 새 무덤이 있는지라 이 날은 유대인의 준비일이요 또 무덤이 가까운 고로 예수를 거기 두니라"(요 19:41-42)

요한복음 20:1-10은 우리에게 그분의 부활 장면을 보여줍니다.

"안식 후 첫날 일찍이 아직 어두울 때에 막달라 마리아가 무덤에 와서 돌이 무덤에서 옮겨진 것을 보고 시몬 베드로와 예수께서 사랑하시던 그 다른 제자에게 달려가서 말하되 사람들이 주님을 무덤에서 가져다가 어디 두었는지 우리가 알지 못하겠다 하니 베드로와 그 다른 제자가 나가서 무덤으로 갈새 둘이 같이 달음질하더니 그 다른 제자가 베드로보다 더 빨리 달려가서 먼저 무덤에 이르러 구부려 세마포 놓인 것을 보았으나 들어가지는 아니하였더니 시몬 베드로는 따라

와서 무덤에 들어가 보니 세마포가 놓였고 또 머리를 쌌던 수건은 세마포와 함께 놓이지 않고 딴 곳에 쌌던 대로 놓여 있더라 그 때에야 무덤에 먼저 갔던 그 다른 제자도 들어가 보고 믿더라 (그들은 성경에 그가 죽은 자 가운데서 다시 살아나야 하리라 하신 말씀을 아직 알지 못하더라) 이에 두 제자가 자기들의 집으로 돌아가니라"

마리아에게 이것은 얼마나 충격적이었을까요.

그녀는 기름을 바르는 일을 마치려고 무덤에 왔다가 돌이 굴려져 있는 것을 보았습니다.

그녀는 머뭇거리지 않고 무덤 안을 들여다본 후, 베드로와 요한이 있는 방으로 달려갔습니다.

그들을 보자마자 그녀는 "그들이 나의 주님을 가져갔어요. 주님을 어디에다 두었는지 알 수 없어요."라고 외쳤습니다.

누가 감히 무덤을 훼손했겠습니까?

어떤 민족도 히브리인들처럼 죽은 자에 대한 경외감을 가지는 민족이 없습니다.

로마인들은 그를 벗기고, 매질하고, 십자가에 못을 박고, 머리에는 모욕하는 관을 씌웠습니다. 이것이 전부가 아니었습니다.

그들이 감히 무덤을 훼손했을까요?

베드로와 요한은 기다리지 않고 무덤으로 달려갔습니다.

요한이 베드로보다 먼저 도착했습니다.

그는 몸을 구부려 무덤 안을 들여다보고서 자기가 본 것에 놀랐습니다.

베드로가 도착했습니다. 그는 요한처럼 좋은 기분이 아니었습니다. 그는 머리를 숙이고 무덤 안으로 들어갔고, 요한도 따라 들어갔습니다.

묘사한 언어를 보십시오. "그가 무덤 안으로 들어가 보니, 삼베가 놓여 있었고, 예수의 머리를 싸맸던 수건은, 그 삼베와 함께 놓여 있지 않고, 한 곳에 따로 개켜 있었다"(6-7절)

예수님께서 수의 밖으로 나왔을 때 그분은 서두르지 않으셨습니다. 그분은 자신의 머리를 싸맸던 수건을 집어서 개킨 후에 무덤의 한 구석에 따로 두셨습니다.

주님의 이 행동을 생각할 때, 나의 영의 의식 깊은 곳에 이르는 무언가가 있었습니다.

그분은 사람처럼 행동하지 않으셨습니다. 그렇지 않습니까?
이런 승리의 시간에 오직 하나님만이 이렇게 행동하실 것입니다.
"그 때에야 무덤에 먼저 갔던 그 다른 제자도 들어가 보고 믿더라"(8절)

요한은 무덤에서 무엇을 보았기에 예수님이 부활하셨다고 믿게 되었을까요?

"(그들은 성경에 그가 죽은 자 가운데서 다시 살아나야 하리라 하신 말씀을 아직 알지 못하더라)"(9절)

유대인의 장례 풍습을 따라 예수님의 몸은 기름이 발려져 있었습니다.

모든 부잣집에는 어떻게 기름을 바르는지 아는 종이 있었습니다.

그들은 몰약과 알로에를 섞어 만든 기름 100파운드 정도와 한 덩어리의 세마포를 가지고 있었습니다.

그들은 세마포를 가로로 여러 개 잘라서, 상처 난 손가락을 붕대로 감듯이 이 혼합한 기름을 발라 예수의 몸을 감쌌습니다.

손가락도 하나씩 감싼 후에 손과 팔도 싸서, 마침내 몸 전체를 마치 이집트 사람들의 미라처럼 감쌌습니다.

이렇게 한 다음 그들은 기름을 바른 몸을 무덤에 넣어 두었고 로마인들이 무덤 입구를 막았습니다.

예수님의 몸은 살아 계실 때 180~200파운드 정도 무게가 나갔을 것이고, 십자가형을 받으면서 대략 20파운드 정도 줄었을 것입니다.

기름을 바르기 위해 사용한 세마포를 제외하고 몰약과 알로에를 섞은 기름은 약 100파운드 정도 되었을 것입니다. 이제 예수의 몸은 280파운드 정도 되었을 것입니다.

기름을 바르는 과정을 마쳤을 때 그분의 몸은 얼굴을 제외한 온몸이 완전히 천으로 감싸여져 있었습니다.

만일 예수님께서 심장 파열이나 옆구리를 찌른 창의 상처로 죽지 않았더라도, 그분은 사흘 낮과 사흘 밤의 기름을 바르는 과정을 통해서라도 죽을 수밖에 없었을 것입니다.

이런 과정에서 살아남을 사람은 아무도 없습니다.

기름이 발린 천은 그분이 그 굴 안에 있었던 72시간 동안에 굳어져서 곧 단단해졌습니다.

그 천은 찢어지거나 갈라지지 않았습니다. 그분은 얼굴이 있던 그

좁은 구멍을 통해 그 무덤에 있던 옷에서 빠져나왔습니다.

당신은 베드로와 요한이 어떻게 했다고 생각합니까?

그들이 무덤을 떠나자마자 그들은 거리를 달려가면서 외쳤습니다. "그분이 살아나셨다! 그분이 살아나셨다!"

그들은 감정이 너무나 복받쳐서 이 사실을 선포하지 않을 수 없었습니다.

부활은 그 도시에 크나큰 소동을 가져왔습니다. 오순절 날 그리스도를 영접한 사람들은 삼천 명이나 되었습니다. 이 모든 것은 역사적으로 증명된 사실이며, 그의 부활은 절대적으로 확실했습니다.

모든 유대 나라가 부활을 알았습니다. 그들은 기초까지 흔들렸습니다.

고린도전서 15:1-8은 그분이 승천하실 때 오백 명이 그분을 지켜보았다고 말합니다.

초대 교회는 예수께서 죽음에서 살아나신 것을 증명하라고 하지 않았습니다. 그분의 부활은 스스로 입증된 명백한 사실이었습니다.

예루살렘에서는 아무도 부활에 대해 의문을 가지는 사람이 없었습니다. 부활이 일어났을 때 그들은 거기 있었습니다.

그들은 무덤과 빈 수의를 보았습니다.

수천 명의 유대인들이 빈 무덤에 가서 가슴을 치며 옷을 찢으며 서 있었습니다.

그들은 예수께서 살아나셨다는 것을 알았습니다.

이제 이 사실은 오늘날 우리에게 어떤 의미가 있습니까?

요한계시록 1:17-18에서 이제 부활하신 주님께서 하시는 말씀을 들어 보십시오. "내가 볼 때에 그의 발 앞에 엎드러져 죽은 자 같이 되매 그가 오른손을 내게 얹고 이르시되 두려워하지 말라 나는 처음이요 마지막이니 곧 살아 있는 자라 내가 전에 죽었었노라 볼지어다 이제 세세토록 살아 있어 사망과 음부의 열쇠를 가졌노니"(계 1:17-18)

사탄은 정복되었습니다.

예수님께서 사망과 지옥의 열쇠를 그 손으로 높이 들어 보이며 어둠의 영역에서 빠져나오셨을 때 영의 세계에서는 얼마나 큰 전율이 일어났을까요?

그분은 사탄의 권세의 더러운 영을 벗겨 버리셨습니다.

그분은 사탄의 군대 앞에서 사탄을 패배시키셨습니다.

저주받은 곳에서 영적인 지진이 일어났습니다.

히브리서 2:14은 우리에게 말합니다. "자녀들은 혈과 육에 속하였으매 그도 또한 같은 모양으로 혈과 육을 함께 지니심은 죽음을 통하여 죽음의 세력을 잡은 자 곧 마귀를 멸하시며"

로더햄 번역은 이렇게 번역하고 있습니다. "마귀의 사망을 다루는 권세를 무력화하셨다." 두 번역 모두 분명합니다.

예수께서 죽음에서 살아나시기 전에 사탄을 정복하시고 에덴동산에서 사람에게서 빼앗아 갔던 그 권세를 빼앗아 버렸습니다.

사탄을 패배시킨 승리의 이야기는 골로새서 2:15에서 충분히 묘사되어 있습니다. "통치자들과 권세들을 무력화하여 드러내어 구경거리로 삼으시고 십자가로 그들을 이기셨느니라"(골 2:15)

난외주에는 "권세와 능력을 그에게서 벗겨 버렸다"고 번역할 수 있다고 했습니다.

예수께서 공의의 요구를 만족시키시고, 의가 되시고, 새로운 피조물이 되실 때까지 그분이 그 아래에서 어떤 고통을 당했는지는 하나님만 아십니다.

그분에 대한 사탄의 지배는 끝났습니다. 그분은 지옥의 군대를 추방하셨습니다.

그분은 사탄의 죽음을 다루는 능력을 분쇄하셨습니다.

그분은 사탄의 권세를 벗겨 버리시고 그를 무력화하고 깨뜨렸습니다. 그러고 나서 그분은 살아나셔서 "만세"하고 외치셨습니다. 속량의 새벽이 밝았기 때문입니다!

속량은 사실입니다. 사탄은 패배했습니다.

이제 우리는 다시 한번 더 골로새서 1:13을 인용할 수 있습니다. 나는 당신이 이 말씀과 익숙해지기 바랍니다. 둘 더하기 둘은 넷이라고 알듯이 명확히 알기를 바랍니다.

"그가 우리를 흑암의 권세에서 건져내사 그의 사랑의 아들의 나라로 옮기셨으니"(골 1:13)

이 순간은 인류 역사에서 가장 위대한 순간입니다.

예수님께서 놀란 제자들 앞에 서서 "만세!"하고 외친 순간은 영원토록 기억될 순간이었습니다.

천사들은 보좌 앞에서 틀림없이 울었을 것입니다.

위대한 아버지 하나님께는 어떤 의미가 있었겠습니까?

인류, 그의 사랑의 소망이요 모든 창조의 이유였던 그들을 값을 주고 되사게 된 것입니다. 인류가 속량 되었고, 공의의 요구가 만족되었습니다.

보좌는 결코 공격받을 수 없었습니다. 하나님은 합법적으로 사람을 속량했습니다.

하나님께서 공의로우시며 합법적인 근거로 불의한 자들을 의롭다 하셨음을 인류에게 증명하시기 위해서 예수께서 하신 영웅적인 전쟁은 영원토록 기억될 것입니다. 왜냐하면 하나님의 독생자께서 자신의 피로 그들을 속량하셨기 때문입니다.

이제 하나님은 합법적으로 사람에게 영원한 생명을 주실 수 있습니다.

요한복음 5:24과 요한복음 6:47을 사람들은 경험할 수 있게 되었습니다. "내가 진실로 진실로 너희에게 이르노니 내 말을 듣고 또 나 보내신 이를 믿는 자는 영생을 얻었고 심판에 이르지 아니하나니 사망에서 생명으로 옮겼느니라"(요 5:24)

당신이 이것을 심령 안에 간직했는지 궁금합니다!

주님이 겪으셨던 심판은 우리에게 없을 것입니다. 십자가 형벌도 가시관도 없을 것입니다.

예수 그리스도를 자기의 구원자로 맞이한 사람은 지옥에서 고통받지 않을 것입니다. 그분을 모시는 것은 너무나 쉽습니다.

이 말씀을 들어 보십시오. 요한복음 6:47은 "믿는 자는 영생을 가졌나니"라고 말합니다. 하나님이 하신 말씀에 근거하여 행동하는 자는,

그가 행하는 순간 영생을 가지게 되는 것입니다.

그리스도 밖에 있는 사람은, 하나님의 본성과 영생을 받지 않고서는 예수님의 주되심을 고백할 수도 없고, 그리스도께서 자신의 죄를 위해서 죽으시고 부활하셔서 자기를 의롭게 하셨다는 것을 안다고 선언할 수도 없습니다.

속량에 관해서 모든 기적 중에 가장 큰 기적이 무엇이냐고 당신은 물을 것입니다.

아버지와 아들이 함께 하신 일이기 때문에 주님의 부활은 가장 큰 기적이 아닙니다.

그러나 가장 큰 기적은 한 사람이 마귀의 자식에서 하나님의 자녀가 되는 것, 즉 영생을 받아들이는 것입니다.

영적으로 죽은 사람이 사탄의 영역에서 빠져 나와서 생명의 영역(하나님의 사랑의 아들의 나라 안)으로 들어가는 것은 기적 중의 기적입니다.

감각지식만 가진 사람에게는 감각으로 알 수 없는 어떤 것이기 때문에 부활은 가장 위대한 기적입니다.

그러나 새로운 탄생은 보이지 않는 기적입니다. 부활은 영적 영역의 일입니다. 사람의 혼 즉 추리하는 기능은 거듭날 수 없습니다. 그들은 그들의 영과 독립되어 하나님의 본성을 받아들일 수 없습니다.

그의 영은 재창조된 그의 한 부분입니다.

고린도후서 5:17-21은 예수께서 자기의 피를 가지고 지성소에 들어가신 후에 아버지의 오른편에 앉으셨을 때 실재가 되었습니다.

이제 사람은 그리스도를 영접하고 한순간에 새로운 피조물이 됩니다.

그의 삶의 옛것들은 지나갔습니다. 보십시오. 모든 것이 새롭게 되었습니다. 이 모든 것들은 예수 그리스도를 통하여 사람을 자신과 화목하게 하신 하나님에게서 온 것입니다.

새로운 창조야말로 얼마나 놀라운 기적입니까!

우리의 현대 문명의 바로 그 찌꺼기로부터 한 사람을 끌어내어서 한순간에 죄인을 하나님의 아들로 재창조하는 것을 생각해 보십시오.

이뿐만 아니라 21절도 보십시오. 여기서 하나님은 이렇게 속삭이십니다. "죄를 알지도 못하신 그를 내가 죄로 만든 것은 내가 너를 그리스도 안에서 나의 의가 되게 하려고 한 것이다."

이것은 당신이 그리스도를 당신의 구원자와 주님으로 고백하는 그 순간, 당신이 그리스도 안에서 하나님의 의가 되는 그 순간, 아버지께서 당신에게 하시는 말씀입니다.

이 말씀만으로 여러 세대를 전율케 할 정도이므로 여기서 멈출 수 있지만 우리는 아직 속량의 정점에 이르지 않았습니다.

"너희를 불러 그의 아들 예수 그리스도 우리 주와 더불어 교제하게 하시는 하나님은 미쁘시도다"(고전 1:9)

위대하시고 영원한 하나님 아버지, 우주의 창조주께서 나를 부르시고 당신을 부르셔서 그의 아들과 교제할 수 있게 하시고, 아들과 동일시할 수 있게 하시고, 아들과 하나가 되게 하셨다는 말의 실재에 나의 심령을 적응시키는 데는 시간이 좀 걸렸습니다.

여기 아름다운 아버지와 어머니가 있습니다. 그들은 너무나 조심스럽게 기른 사랑스러운 아들이 하나 있습니다. 그들이 시내 빈민가에 가서 전혀 모르는 아이와 그들의 아들이 교제하도록 하는 것을 상상할 수 있습니까? 물론 그럴 수 없을 것입니다.

그러나 여기 기적이 있습니다.

사람이 그의 아들을 자기의 구원자로 영접하고 그의 주되심을 고백하면 그 순간 그 사람에게 절대적으로 새로운 피조물이 되게 하는 무엇인가를 줄 수 있다는 것을 아버지는 아십니다.

그는 예수님과 똑같은 등급이 될 것입니다.

그는 실제로 하나님의 자녀가 될 것입니다.

그를 사탄과 연결시켰던 이전의 영적인 본성은 더 이상 존재하지 않을 것이며, 새로운 본성, 곧 하나님 자신의 본성이 그에게 전이될 것입니다.

예수님께서 세상에 계실 때와 똑같이 그는 실제로 하나님의 아들이며, 독생자가 그의 의가 되었으므로, 그는 독생자처럼 의롭습니다.

당신은 기적적인 것들에 대하여 말할지 모르지만, 나는 당신에게 이 새로운 탄생의 기적이야말로 모든 창조 가운데 가장 뛰어나다고 말합니다.

자기 형제의 피로 젖은 마귀의 자식의 손을 그분의 손으로 잡으시고 그 사람의 본성을 바꾸셨다! 그의 옛 본성을 없애버리고 새 본성을 주고, 그에게 아들의 자리를 내어 주고, 아들의 권리와 특권을 주고, 아버지의 가슴과 가족 안에 있는 아들의 바로 그 자리를 준 것입니다.

이것이 은혜입니다. 이것이 풀어 놓은 사랑입니다.

이것이 바울의 그림입니다.

이것이 정점입니다. 이제 당신은 고린도후서 2:14-16으로 돌아갈 준비가 되었습니다. "항상 우리를 그리스도 안에서 이기게 하시고 우리로 말미암아 각처에서 그리스도를 아는 냄새를 나타내시는 하나님께 감사하노라 우리는 구원 받는 자들에게나 망하는 자들에게나 하나님 앞에서 그리스도의 향기니 이 사람에게는 사망으로부터 사망에 이르는 냄새요 저 사람에게는 생명으로부터 생명에 이르는 냄새라 누가 이 일을 감당하리요"

이 구절에 대해서 코니베어 번역본의 한 문장을 살펴보기 원합니다.

"그러나 하나님께 감사한 것은 그분은 그리스도의 적들에 대한 그분의 승리를 축하하기 위해서, 그분의 승리의 행렬 안에서 여기저기로 나를 인도하십니다. 나를 통하여 온 세상으로 그분의 지식을 전하고, 향기로운 향료의 향기를 전하십니다. 왜냐하면 그리스도는 내가 하나님께 올려 드리는 향기이기 때문입니다."

이 비유는 승리한 장군의 개선 행진으로부터 나온 것입니다. 하나님은 그분의 원수들을 이긴 것을 축하하고 계십니다. (복음의 큰 반대자였던) 바울은 이 개선 행진의 행렬을 따르고 있는 하나의 포로이지만, (동시에 비유의 특징이 바뀌었으므로) 이제 향을 들고 다니는 사람이며, 행렬이 움직임에 따라 (이런 경우에 늘 행해지는 일이듯이) 향료를 뿌리는 자입니다.

이 행렬이 수도에 도착하면 정복된 적들 중에 몇 명은 죽임을 당하게 되는데, 그들에게 향료의 냄새는 "죽음에 이르는 죽음의 냄새"요, 죽지 않고 살아남은 자들에게는 "생명에 이르는 생명의 냄새"입니다.

이 말씀의 의미를 파악하는 것은 매우 어렵습니다.

이제 우리는 주인과 왕으로서 다스리고 있습니다.

다시 한번 나는 당신에게 여기에 완전히 적절한 로마서 5:17 말씀을 주기 원합니다.

"한 사람의 범죄로 말미암아 사망이 그 한 사람을 통하여 왕 노릇 하였은즉 더욱 은혜와 의의 선물을 넘치게 받는 자들은 한 분 예수 그리스도를 통하여 생명 안에서 왕 노릇 하리로다"(롬 5:17)

우리는 생명의 영역 안에서 왕으로서 군림하고 있습니다.

우리는 주인이 되었습니다. 우리는 정복자입니다.

부활은 우리에게 무슨 의미가 있습니까?

부활의 의미는 그분께서 우리를 종살이에서 보좌로 데리고 가셨다는 것을 뜻합니다.

우리는 패배하고, 정복당하고, 종으로 묶여 있었습니다.

우리는 자유롭게 되었으며, 나머지 인류를 위해서 예수 이름으로 속박하고 있는 것을 깨뜨리는 사람들이 되었습니다.

두려움의 포로가 되어 있는 우리를 그분이 주인으로 만들어 주셨습니다.

07
그 안에서 우리가 가지고 있는 것

많은 믿는 사람들이 자신이 그리스도 안에 있으며 이것이 진리인 것처럼 말하고 행동하기를 두려워합니다.

아버지께서는 그리스도 안에 있는 우리가 누구인지를 말씀 안에서 선언하셨습니다.

사랑이 이미 그들에게 준 것을 얻으려고 애쓰는 믿는 사람들을 우리는 볼 수 있습니다.

우리는 그분 안에서 우리가 누구이며 무엇을 가지고 있는지를 알아야 합니다.

우리는 첫번째로 우리가 그리스도 안에서 가진 것을 알아야 합니다(골 1:13).

코니베어 번역본에서 일인칭을 사용했듯이 나도 일인칭으로 말하겠습니다. "어둠의 권세에서 나를 구원하여서 그의 사랑의 아들의 나라로 옮겨 주셨습니다. 그분 안에서 나는 속량과 죄 제거함을 받았습니다."

우리의 속량은 사탄의 통치로부터 속량된 것입니다. 그리스도께서 죽음에서 살아나신 후 우주의 최고 법정에 자기 자신의 피를 내어놓았을 때, 그 피는 받아들여졌고, 우리의 속량은 완성되었습니다.

그러고 나서 그분은 높은 곳에 계신 위엄의 오른편에 앉으셨습니다.

그분이 앉으셨을 때, 사탄은 패배하였습니다. 공의가 요구하는 모든 것들은 성취되었습니다.

하나님은 사람에게 영생을 주실 수 있는 법적인 권리를 가지셨으나, 완전한 속량이 이루어지기까지는 사람에게 영생을 주실 수 없었습니다.

그러므로 로마서 3:21-26은 성령께서 보여주신 복된 실재에 대한 설명입니다.

"이제는 율법 외에 하나님의 한 의가 나타났으니 율법과 선지자들에게 증거를 받은 것이라 곧 예수 그리스도를 믿음으로 말미암아 모든 믿는 자에게 미치는 하나님의 의니 차별이 없느니라 모든 사람이 죄를 범하였으매 하나님의 영광에 이르지 못하더니 그리스도 예수 안에 있는 속량으로 말미암아 하나님의 은혜로 값없이 의롭다 하심을 얻은 자 되었느니라 이 예수를 하나님이 그의 피로써 믿음으로 말미암는 화목제물로 세우셨으니 이는 하나님께서 길이 참으시는 중에 전에 지은 죄를 간과하심으로 자기의 의로우심을 나타내려 하심이니 곧 이 때에 자기의 의로우심을 나타내사 자기도 의로우시며 또한 예수 믿는 자를 의롭다 하려 하심이라"

사람의 기본적인 필요는 의라는 것을 당신은 이해하고 있습니다. 의는 아버지의 임재 안에 어떤 죄책감이나 열등감 없이 설 수 있는 능력입니다. 그러므로 그는 하나님께서 새로운 의의 근원을 드러내어 보여주고 있다고 선언했습니다. 이 의의 근원은 율법과 선지자들에 의해 증거된 것으로서, "예수 그리스도 안에 있는 믿음에 근거한 하나님의 의"입니다.

이상한 것은 이 의는 예수를 믿는 단순한 믿음, 즉 하나님께서 그의 아들에 관해 하신 말씀을 믿는 행동에 근거하는 믿음이라는 것입니다.

로마서 3:24에서 그는 이렇게 말했습니다. "그리스도 예수 안에 있는 속량으로 말미암아 하나님의 은혜로 값없이 의롭다 하심을 얻은 자 되었느니라"

믿음과 그의 피를 근거로 우리의 죄를 대신하게 하신, 그리스도 안에서 하나님께서 하신 속량을 통하여, 그분의 은혜로 값없이 의롭게 되었다는 것을 이제 우리는 이해할 수 있습니다.

1500년 동안 이스라엘의 죄를 간과해 오셨기 때문에 하나님은 이렇게 하여 그분의 의로우심을 나타내셨습니다.

이제 예수님께서 그 형벌을 받도록 요구되었습니다.

예수님께서 그 형벌을 받고 값을 지불하셔서, 해마다 대속죄일에 대제사장을 통해 받았던 약속들이 이루어지게 되었습니다.

예수님께서 그 모든 약속 어음들을 현금화하셔서 첫 언약 아래서 피로 가려졌었던 모든 사람을 속량하셨습니다.

히브리서 9:12을 읽어 봅시다. "염소와 송아지의 피로 하지 아니하고 오직 자기의 피로 영원한 속죄를 이루사 단번에 성소에 들어가셨느니라"

이 속량은 영원한 속량이라는 사실에 주의하십시오.

그리스도께서 자기 피를 가지고 지성소에 들어가셨을 때, 우주의 최고법정이 이를 받아들임으로써 속량은 완성되었습니다.

"염소와 황소의 피와 및 암송아지의 재를 부정한 자에게 뿌려 그 육체를 정결하게 하여 거룩하게 하거든 하물며 영원하신 성령으로 말미암아 흠 없는 자기를 하나님께 드린 그리스도의 피가 어찌 너희 양심을 죽은 행실에서 깨끗하게 하고 살아 계신 하나님을 섬기게 하지 못하겠느냐"(히 9:13-14)

황소와 염소의 피는 육체만을 정결하게 한다는 것을 알아차렸습니까?

육체를 정결하게 한다는 것은 감각을 말하는 것입니다. 심령을 깨끗하게 하지도 않고, 새로운 피조물로 만들지도 못합니다.

이제 15절을 보십시오. "이로 말미암아 그는 새 언약의 중보자시니 이는 첫 언약 때에 범한 죄에서 속량하려고 죽으사 부르심을 입은 자로 하여금 영원한 기업의 약속을 얻게 하려 하심이라"

이제 그가 로마서 3장에서 한 말을 이해할 수 있을 것입니다.

그분은 해마다 피로 가려졌던 첫 언약 아래 살던 사람들의 죄를 위해 죽으심으로 그들도 이 속량 안에서 그들의 기업을 차지할 수 있도록 하셨습니다.

이처럼 그리스도 안에 있는 속량은 앞으로는 우리에게까지 미쳤을 뿐만 아니라, 뒤로는 황소와 염소의 피를 믿었던 첫 언약 아래 있던 모든 사람들에게까지 미쳤습니다.

히브리서 9:26은 이제 우리에게 분명해졌습니다. "이제 자기를 단번에 제물로 드려 죄를 없이 하시려고 세상 끝에 나타나셨느니라."

그분은 죄 문제를 해결하셨습니다.

이제 문제는 죄인의 문제입니다.

하나님께서 죄인을 너무나 사랑하셔서 독생자를 주심으로써 죄인의 문제를 끝냈으므로 죄인은 영생에 대한 법적인 권리를 가지게 되었습니다.

그러므로 속량은 이루어진 사실이고, 이제 사람이 합법적으로 영생을 받을 수 있습니다.

"그런즉 누구든지 그리스도 안에 있으면 새로운 피조물이라 이전 것은 지나갔으니 보라 새것이 되었도다"(고후 5:17)

이 새로운 창조 안에서 그리스도를 영접한 사람은 영생을 받는다는 것을 주의해서 보십시오.

원수의 본성인 영적 죽음은 그에게서 쫓겨나 그 사람 안에 있지 않고, 새로운 본성이 그에게 주어졌습니다. 그의 영은 재창조되었습니다.

그의 혼, 즉 마음은 새롭게 될 필요가 있습니다. (이 문제는 다른 장에서 다룰 것입니다.)

마음과 영은 서로 교통해야 하는데, 이는 오직 말씀을 통하여 마음이 새롭게 되어야만 가능합니다.

믿는 사람이 이 사실을 아는 것은 매우 중요합니다.

"만일 우리가 그의 죽으심과 같은 모양으로 연합한 자가 되었으면 또한 그의 부활과 같은 모양으로 연합한 자도 되리라"(롬 6:5)

여기서 시제를 주의해 보십시오. 그와 함께 지금 못 박혀 있는 것이 아니라 과거에 못 박혔습니다.

똑같은 진리가 갈라디아서 2:20에도 나타나 있습니다. "내가 그리스도와 함께 십자가에 못 박혔나니 그런즉 이제는 내가 사는 것이 아니요 오직 내 안에 그리스도께서 사시는 것이라 이제 내가 육체 가운데 사는 것은 나를 사랑하사 나를 위하여 자기 자신을 버리신 하나님의 아들을 믿는 믿음 안에서 사는 것이라"

우리가 그리스도와 함께 하나가 되어 십자가 위에서 못 박힌 것은 속량 계획의 법적인 면에 속한 것입니다.

그분의 속량 사역에서 우리를 대신해서 그분이 행하신 모든 것은 법적인 면에 근거가 있습니다. (법적인 것은 항상 과거 시제입니다.)

그분은 우리의 허물 때문에 내어준 바 되었습니다.

그분은 우리의 죄를 위해서 죽으셨습니다.

그분은 우리를 의롭다 하시기 위해서 살아나셨습니다. 이 모든 것은 과거 시제입니다.

이제 로마서 6:6을 봅시다. "우리가 알거니와 우리의 옛 사람이 예수와 함께 십자가에 못 박힌 것은 죄의 몸이 죽어 다시는 우리가 죄에게 종노릇 하지 아니하려 함이니"

우리는 그리스도와 함께 죽었습니다. 우리는 그분과 함께 일으켜졌습니다.

그러므로 영적 죽음에 참여했던 죄의 본성을 가진 옛 사람은 그리스도와 함께 죽었습니다.

우리가 예수 그리스도를 우리의 주님으로 받아들이고 우리의 주님으로 고백할 때, 우리는 새로운 피조물이 되며, 실제로 옛 사람은 존재하지 않고 그리스도 안에서 새로운 사람이 그의 자리를 대신 차지합니다.

이것은 많은 사람들에게 매우 어려운 문제였습니다. 그들은 이렇게 말합니다. "로마서 7장에서 바울이 경험한 것에 비추어 볼 때 어떻게 이것이 진리일 수 있습니까?"

로마서 7:7-24은 율법 아래 있는 유대인으로서 바울의 경험입니다. 이것은 새로운 피조물의 경험이 아닙니다.

바울은 14절에서 이렇게 말했습니다. "우리가 율법은 신령한 줄 알거니와 나는 육신에 속하여 죄 아래에 팔렸도다"

율법은 그리스도 안에서 성취되었습니다. 오늘날은 아무도 율법 아래에 있지 않습니다.

유대인은 자신이 그리스도와 함께 죽었으며 그의 옛 율법과 첫 언약은 모두 그리스도 안에서 더 이상 존재하지 않는다는 사실을 몰랐던 것입니다.

유대인은 오늘날도 이 사실을 모르고 있지만, 그래도 이것은 진리입니다.

율법은 그리스도까지만 유대인들의 개인 교사였습니다. 율법은 어떤 번역자들이 주장하는 것처럼 우리를 그리스도께로 인도하는 개인

교사가 아닙니다. 그리스어 본문은 율법은 그리스도까지라고 결정적으로 보여주고 있습니다. 그리스도께서 죽음에서 살아나셔서 지극히 높은 위엄의 오른편에 앉으셨을 때, 아브라함의 언약과 모세의 율법은 기능을 멈추었습니다.

오늘날은 아무도 모세의 율법 아래 있지 않습니다. 그들은 율법 아래로 들어갈 수도 없습니다.

오늘날 많은 사람들이 그러하듯이 노력은 하겠지만 헛된 일입니다.

우리는 그리스도께서 머리가 되는 새로운 언약에 속해 있으며, 새로운 법이 그리스도 예수 안에서 새로운 피조물을 다스립니다.

그러므로 요한일서 5:12-13이 복된 실재가 됩니다. "아들이 있는 자에게는 생명이 있고 하나님의 아들이 없는 자에게는 생명이 없느니라 내가 하나님의 아들의 이름을 믿는 너희에게 이것을 쓰는 것은 너희로 하여금 너희에게 영생이 있음을 알게 하려 함이라"

믿는 자는 영생을 가졌습니다.

그는 사망에서 나와 생명 안으로, 사탄의 영역에서 나와 그리스도의 영역 안으로 들어갔습니다.

사탄이 다스리는 영적 죽음의 영역에서 나와서 예수 그리스도가 다스리는 영원한 생명의 영역으로 들어갔습니다.

요한일서 4:4말씀을 보십시오. "자녀들아 너희는 하나님께 속하였고We are of God"

우리는 하나님께 속하였습니다We are of God. 새번역은 '우리는 하나님에게서 난 사람들입니다' 로 번역하였음.(역자주) 이 말씀은 예수님께서 니고데모에게 하신 "너희는 거듭나야만 한다. 육으로 난 것은 육이요 영으로 난 것은 영이니 내가 네게 거듭나야 하겠다 하는 말을 놀랍게 여기지 말라"(요 3:6-7)는 말씀과 완전히 일치합니다.

새로운 창조는 위로부터 태어나는 것입니다.

그들은 하나님으로부터 왔습니다.

그들이 예수를 그들의 삶의 주님으로 모실 때 이 새로운 본성은 바로 아버지의 심령으로부터 흘러나왔습니다.

"찬송하리로다 하나님 곧 우리 주 예수 그리스도의 아버지께서 그리스도 안에서 하늘에 속한 모든 신령한 복을 우리에게 주시되"(엡 1:3)

우리가 예수 그리스도를 우리의 구원자로 영접하였을 때, 로마서 8:32이 실제로 실재가 됩니다. "자기 아들을 아끼지 아니하시고 우리 모든 사람을 위하여 내주신 이가 어찌 그 아들과 함께 모든 것을 우리에게 주시지 아니하겠느냐"

다른 구절에서 당신은 하나님께서 우리를 모든 영적인 복으로 복 주셨다는 것을 알게 될 것입니다.

그리스도께서 속량적 사역을 통하여 행하신 모든 것은 새로운 피조물에게 속한 것입니다.

당신은 이를 위해 기도하거나 구하거나 믿으려고 할 필요가 없습니다. 왜냐하면 이미 당신의 것이기 때문입니다.

빌립보서 4:6-7은 그리스도 안에서 우리의 기업에 관한 또 다른 관점을 보여 줍니다. "아무 것도 염려하지 말고 다만 모든 일에 기도와 간구로, 너희 구할 것을 감사함으로 하나님께 아뢰라" 그러면 기적이 일어납니다. "그리하면 모든 지각에 뛰어난 하나님의 평강이 그리스도 예수 안에서 너희 마음과 생각을 지키시리라"

우리가 우리의 속량이 아버지께 어떤 의미가 있는지를 알게 되고, 하나님께서 우리에게 어떤 의미가 되게 하셨는지 그분의 의도를 알게 될 때, 우리는 걱정과 두려움과 의심의 영역에서 빠져나옵니다.

"내가 궁핍하므로 말하는 것이 아니니라 어떠한 형편에든지 나는 자족하기를 배웠노니"(빌 4:11)

어떻게 우리는 환경으로부터 영향을 받지 않을 수 있을까요? 빌립보서 4:13은 이렇게 말하고 있습니다. "내게 능력 주시는 자 안에서 내가 모든 것을 할 수 있느니라"

아버지의 마음에서 이 속량은 새로운 창조를 의미한다는 것을 알게 되었을 것입니다.

속량은 아들로서의 모든 특권과 함께 아들이 됨을 의미합니다.

속량은 우리가 아버지의 가족이 되었으며, 우리가 아버지와 사랑 안에서 행하는 한 아무것도 간섭할 수 없는 가족의 권리와 특권을 가지고 있다는 것을 의미합니다.

두 번째 사실은 그리스도 안에서 우리는 어떤 존재인가입니다.

여기서 복습을 조금 할 필요가 있습니다.

우리는 속량 받은 사람입니다. 우리에 대한 사탄의 지배는 끝났습니다. 사탄은 더 이상 우리를 다스리지 않습니다.

우리는 속량 받았을 뿐만 아니라, 우리가 하나님의 가족이 되던 그 순간 사탄을 다스리는 자 Satan's master가 되었습니다.

하나님께서는 우리에게 예수의 이름을 사용할 수 있는 합법적인 권리를 주셨습니다. 마태복음 28:19-20은 이렇게 선언합니다. "그러므로 너희는 가서 모든 민족을 제자로 삼아 아버지와 아들과 성령의 이름으로 침례를 베풀고 내가 너희에게 분부한 모든 것을 가르쳐 지키게 하라 볼지어다 내가 세상 끝날까지 너희와 항상 함께 있으리라 하시니라"

그분이 어떻게 우리와 함께 하십니까? 그분은 그분의 이름 안에, 그분의 말씀 안에, 성령님의 인격 안에 우리와 함께 하십니다.

마가복음 16:17-18은 말씀했습니다. "믿는 자들에게는 이런 표적이 따르리니 곧 그들이 내 이름으로 귀신을 쫓아내며 새 방언을 말하며 뱀을 집어 올리며 무슨 독을 마실지라도 해를 받지 아니하며 병든 사람에게 손을 얹은즉 나으리라 하시더라"

그리고 20절은 말씀했습니다. "제자들이 나가 두루 전파할 새 주께서 함께 역사하사 그 따르는 표적으로 말씀을 확실히 증언하시니라"

보다시피 그분은 원수가 마음대로 하도록 우리를 내버려 두지 않으셨습니다.

그리스도 안에서 가장 어린 아기일지라도 예수의 이름에 대한 법적인 권리를 가지고 있습니다.

뿐만 아니라, 그는 성령님의 내주하는 임재에 대한 권리를 가지고 있습니다.

이것이 내 심령에 어떤 의미를 가지는지를 나는 당신에게 결코 말로 할 수 없습니다.

요한일서 4:4은 이렇게 말했습니다. "너희 안에 계신 이가 세상에 있는 자보다 크심이라"

성령님이 들어오시면 무엇을 하시겠습니까? 그분은 우리를 모든 진리 즉 실재 가운데로 인도하실 것입니다(요 16:13).

그분은 예수님의 것을 가지고 열어 우리의 심령에 보여주실 것입니다.

그분은 바로 하나님의 능력을 우리에게 전이시킬 것입니다.

예수님께서 가시기 전에 제자들에게 위로부터 능력으로 입혀질 때까지 예루살렘을 떠나지 말고 기다리라고 하신 것을 기억하십시오.

여기서 능력이란 단어는 힘을 말합니다.

성령님께서 하나님의 능력을 가지고 그들 안으로 들어가서, 그들을 환경을 지배하는 자와 상황을 지배하는 자와 나라를 지배하는 자들로 만들 것입니다.

그러므로 그분은 이렇게 말씀하실 수 있었습니다. "두려워하지 말라 내가 너와 함께 함이라 놀라지 말라 나는 네 하나님이 됨이라 내가 너를 굳세게 하리라 참으로 너를 도와주리라 참으로 나의 의로운 오른손으로 너를 붙들리라"(사 41:10).

이 말씀은 오늘 우리의 것입니다. 이것은 새로운 피조물에 대한 그림입니다.

그분은 우리에게 영생을 주시고 위대하고 강한 성령님께서 우리 몸 안에 살게 하실 뿐만 아니라, 우리를 그리스도 안에서 하나님의 의로 만드셨습니다.

예수께서 이 땅에 사셨을 때의 삶은 감각 지식의 사람들에게는 놀라운 것이었습니다.

의는 예수님께서 모든 상황을 절대적으로 다스리게 하였습니다. 모든 사람들은 죄의식이 있었고, 예수님은 죄의식이 없으셨기 때문에 그분은 모든 사람을 다스리셨습니다.

셰익스피어는 "죄는 우리 모두를 겁쟁이가 되게 한다"고 말했습니다. 그는 죄의 뿌리를 건드렸습니다.

사람이 새로운 피조물이 되면 그는 예수께서 가졌던 것과 똑같은 의를 받습니다.

예수님이 그 사람의 의가 되십니다(고전 1:30).

이 의는 그를 귀신들의 지배자, 환경의 지배자로 만듭니다.

그는 사탄을 두려워하지 않으며, 사탄이 할 수 있는 일이나 해온 일에 대해서도 두려워하지 않습니다.

초대 교회는 새로운 창조가 실제가 되도록 살았습니다. 그들은 하나님의 의를 실제로 보여주었습니다.

초기 그리스도인들은 그들에게 의가 주어졌을 뿐만 아니라, 그리스도 안에서 의로 만들어졌습니다. 그들이 아버지의 의로운 본성을 받았을 때, 그 본성이 그들을 의롭게 만들었습니다.

그들이 아버지의 사랑의 본성을 받았을 때, 그들은 사랑의 아들들로 만들어졌습니다. 그래서 그들은 온갖 핍박을 받으면서도 여전히 핍박하는 자들을 사랑하였습니다.

예수님은 유다를 사랑했으며 자신의 손과 발에 못을 박는 사람들을 사랑했습니다.

바울은 자신을 매질하고 돌로 치는 사람들을 사랑했습니다.

스데반은 죽으면서 이렇게 말했습니다. "아버지, 저들을 용서해 주십시오. 그들은 그들이 무슨 짓을 하고 있는지 모르고 있습니다."

이것은 세상이 알지 못하는 새로운 종류의 사랑이었습니다.

하나님은 사랑입니다.

새로운 피조물은 아버지의 사랑의 본성을 가지고 있습니다.

여기 우리가 간과해서는 안 되는 또 다른 특별한 특징이 있습니다.

우리는 단지 한 분 하나님, 거룩한 하나님, 사랑하시는 하나님으로 알고 있었지만, 그분을 믿음의 하나님이라고는 생각해 본 적이 없었습니다.

이것은 눈에 띄는 하나님의 특징입니다.

하나님은 우주를 믿음으로 창조하셨습니다.

창조 때 존재하게 된 모든 것들은 믿음으로 존재하게 되었습니다. 그분은 "빛이 있으라"고 말씀하셨고 그렇게 되었습니다.

하나님은 믿음의 하나님입니다.

이것을 읽는 모든 사람들은 자신이 처음 그리스도인 되었을 때를 되돌아보게 될 것입니다.

처음 거듭났을 때 그는 사랑으로 가득합니다. 그는 믿음에서 난 열정으로 가득합니다.

만일 그 사람이 바른 가르침을 받기만 한다면, 그는 그 공동체를 뒤흔들어 놓을 믿음의 삶으로 바로 걸어 들어갔을 것입니다.

이와 같이 우리는 하나님의 믿음과 본성을 나누어 가진 자들이 됩니다.

이 말씀은 로마서 12:3을 설명하고 있습니다. "하나님께서 각 사람에게 나누어 주신 믿음의 분량대로"

모든 사람은 새롭게 태어날 때 일정한 믿음의 분량을 가지고 있습니다. 이 믿음은 그가 사용할 때 증가할 수 있습니다.

그런데 현대의 가르침, 즉 감각 지식의 가르침은 우리가 새로운 탄생으로 받은 믿음을 파괴해 버립니다.

우리는 에베소서 2:10을 잊어서는 안 됩니다. "우리는 그가 만드신 바 그리스도 예수 안에서 선한 일을 위하여 지으심을 받은 자니 이 일은 하나님이 전에 예비하사 우리로 그 가운데서 행하게 하려 하심이니라"(엡 2:10)

우리가 하나님의 새로운 피조물인 것과 그분이 믿음의 창시자요 완성자인 것과 똑같이, 그분이 이런 새 창조의 창시자요 완성자라는 것을 우리가 끊임없이 기억한다면 우리의 삶은 승리하게 될 것입니다.

그분은 자신의 대속적인 사역의 고통 가운데 우리를 낳으셨습니다. 우리는 이렇게 태어났습니다.

우리는 하나님의 아들과 딸이 되었습니다.

예수님이 우리의 모범이 되셨습니다.

예수님은 믿으려고 애쓰지 않으셨습니다. 그분은 아버지의 말씀대로 행동하셨습니다.

그분은 믿음을 찾지 않으셨습니다.

그분은 아버지께서 그분에게 하라고 하신 것을 하셨다고 말씀하셨습니다.

우리는 구원받지 못한 사람에게 무엇을 얻으라고 촉구합니다. 우리는 그들에게 말씀대로 행동하도록 촉구해야 합니다.

예수님이 그들에게 속했으므로, 그들이 해야 할 일은 그분이 자신의 주되심을 고백하는 것이며, 고백하는 순간 그들은 영생을 받습니다.

믿는다는 것은 말씀대로 행동하는 것입니다.

믿는 자는 말씀대로 행동한 사람입니다.

믿지 않는 자는 아직 행동하지 않은 사람입니다.

한 사람은 소유한 자이며, 다른 사람은 자신의 것으로 주장하지 않은 것을 단지 찾고 있는 사람입니다.

나는 당신이 심령으로 그분이 당신을 어떤 자라고 말씀하셨는지 그대로 자신을 알기를 바랍니다.

하나님은 그분이 당신 안에서 행하신 것과 그분이 당신을 어떤 존재로 만드셨는지를 당신이 고백하고 행동하기를 바라십니다.

이것이 그분을 영광스럽게 하고 당신의 믿음을 강하게 할 것입니다.

우리가 누구인지를 부정하고 사탄이 우리의 몸과 마음에서 어떤 일을 하고 있는지를 말하는 것은 그리스도 안에서 우리가 어떤 자인지를 부인하는 것입니다.

이제 모든 것이 가능합니다. 왜냐하면 우리는 하나님의 자녀들이기 때문입니다. 우리는 그분과 하나가 되었습니다.

08
속량의 법적인 면과 실제적인 면들

   이 두 가지 단계의 계시를 의식할 때까지 그 사람의 가르침은 희미한 점이 있고 그의 생각과 삶에는 일관성이 부족할 것입니다.
   속량의 법적인 측면은 하나님께서 그리스도 안에서 우리를 위해서 하신 것입니다. 이것은 과거의 일입니다.
   로마서 4:25은 좋은 예입니다. "예수는 우리가 범죄한 것 때문에 내줌이 되고 또한 우리를 의롭다 하시기 위하여 살아나셨느니라"(롬 4:25)
   여기 다른 예가 있습니다. "내가 받은 것을 먼저 너희에게 전하였노니 이는 성경대로 그리스도께서 우리 죄를 위하여 죽으시고 장사 지낸 바 되셨다가 성경대로 사흘 만에 다시 살아나사"(고전 15:3-4)
   이 두 성경 구절은 하나님께서 속량 사역을 통해서 우리를 위해서 하신 일을 완벽하게 그려주고 있습니다.

실제적인 것도 설명될 수 있습니다. "그러므로 이제 그리스도 예수 안에 있는 자에게는 결코 정죄함이 없나니"(롬 8:1)

"그 아들 안에서 우리가 속량 곧 죄 사함을 얻었도다"(골 1:14)

실제적인 것은 지금 우리가 실제로 가지고 있는 것이며, 성령님께서 오늘 우리 안에서 하시는 일입니다.

어떤 사람이 단지 속량의 법적인 것만 가지고 있다면 이 지식은 그를 차갑고 죽은 형식주의로 인도할 것입니다.

그것은 실재가 없는 교리를 만들어내게 되고, 감각 지식이 지배하게 합니다.

실제적인 가르침만으로는 말씀을 벗어난 경험만을 확대하여 우리를 광신주의로 이끌게 될 것입니다.

실제적인 면이 이해될 때 우리는 그리스도 안에서 우리에게 속한 것이 무엇인지 알게 됩니다.

우리는 아들의 권리를 알고 있습니다. 우리는 우리의 자리를 차지하는 법을 배웁니다. 우리는 우리의 특권을 누리게 되어 실제적인 면들이 이제는 실재가 됩니다.

합법적으로 우리의 것이 된 모든 것들은 우리 안에 있는 말씀을 통한 영의 사역으로 말미암아 실제적인 것이 됩니다.

법적인 면에 대해 조금 공부하는 것이 도움이 될 것 같습니다.

"하나님이 죄를 알지도 못하신 이를 우리를 대신하여 죄로 삼으신 것은 우리로 하여금 그 안에서 하나님의 의가 되게 하려 하심이라"(고후 5:21)

이것이 하나님께서 그리스도 안에서 하신 것입니다.

그분은 우리의 죄들을 그리스도 위에 얹으셨습니다.

그분은 매 맞고 하나님으로부터 벌을 받고 괴롭힘을 당하였습니다. "그가 찔림은 우리의 허물 때문이요 그가 상함은 우리의 죄악 때문이라 그가 징계를 받으므로 우리는 평화를 누리고 그가 채찍에 맞으므로 우리는 나음을 받았도다 우리는 다 양 같아서 그릇 행하여 각기 제 길로 갔거늘 여호와께서는 우리 모두의 죄악을 그에게 담당시키셨도다"(사 53:5-6)

우리의 죄들을 예수님께 얹으셨을 뿐만 아니라 예수님을 죄로 만드셨습니다.

로마서 3:21-26은 속량 계획의 법적인 면을 설명하는 아마도 가장 위대한 문장일 것입니다. "이제는 율법 외에 하나님의 한 의가 나타났으니 율법과 선지자들에게 증거를 받은 것이라 곧 예수 그리스도를 믿음으로 말미암아 모든 믿는 자에게 미치는 하나님의 의니 차별이 없느니라 모든 사람이 죄를 범하였으매 하나님의 영광에 이르지 못하더니"

여기 24절에서 실제적인 것을 조금 다룹니다. "그리스도 예수 안에 있는 속량으로 말미암아 하나님의 은혜로 값없이 의롭다 하심을 얻은 자 되었느니라"

25절에서는 다시 법적인 면으로 되돌아갑니다. "화목 제물로 세우셨으니" 다른 말로 하면, 대제사장에 의해 그 피가 뿌려진 긍휼의 자리 a mercy seat입니다. "이 예수를 하나님이 그의 피로써 믿음으로 말미암는 화목제물로 세우셨으니 이는 하나님께서 길이 참으시는 중에 전에 지은 죄를 간과하심으로 자기의 의로우심을 나타내려 하심이니"

여기서 우리는 실제적인 것을 조금 볼 수 있습니다. "자기도 의로우시며 또한 자기를 믿는 자를 의롭다 하려 하심이라."

이와 같이 성령은 우리가 현재 의로운 것을 그분의 위대한 대속 사역을 통해서 성취된 일에 근거를 두고 있습니다.

디도서 2:14는 법적인 면을 보여주는 또 하나의 성경구절입니다. "그가 우리를 대신하여 자신을 주심은 모든 불법에서 우리를 속량하시고 우리를 깨끗하게 하사 선한 일을 열심히 하는 자기 백성이 되게 하려 하심이라"

몇 가지 실제적인 사실들

너무나 값진 실제적인 성경구절 중에 하나가 바로 고린도후서 5:17-18입니다. "그런즉 누구든지 그리스도 안에 있으면 새로운 피조물이라 이전 것은 지나갔으니 보라 새 것이 되었도다 모든 것이 하나님께로서 났으며 그가 그리스도로 말미암아 우리를 자기와 화목하게 하시고 또 우리에게 화목하게 하는 직분을 주셨으니"

그리스도에 의해 이루어진 대속적 제사His Substitutionary Sacrifice를 통해, 우리를 위해서 행하신 모든 것은 믿는 자 개인에게 속해 있다는 것을 인정하는 것은 매우 중요합니다.

에베소서 1:17-23은 우리의 위대한 속량 장의 일부인데 이는 법적이고 실제적입니다.

그분은 자신이 우리를 위해서 하신 일을 계시하십니다.

그분은 아버지의 바로 그 본성과 생명을 우리의 영 안에 세우는 과정을 계시하십니다.

그는 믿는 우리에게 베푸신 능력의 지극히 크심이 어떠한 것을 알기를 원한다고 말했습니다.

그 능력은 바로 이 능력입니다. "그의 능력이 그리스도 안에서 역사하사 죽은 자들 가운데서 다시 살리시고 하늘에서 자기의 오른편에 앉히사 모든 통치와 권세와 능력과 주권과 이 세상뿐 아니라 오는 세상에 일컫는 모든 이름 위에 뛰어나게 하시고 또 만물을 그의 발아래에 복종하게 하시고 그를 만물 위에 교회의 머리로 삼으셨느니라 교회는 그의 몸이니 만물 안에서 만물을 충만하게 하시는 이의 충만함이니라"(엡 1:20-23)

우리는 여기 그분이 죽음으로부터 살아나기 전에 어둠의 세력들을 완전히 정복하신, 그분의 위대한 대속 사역의 법적인 배경을 가지고 있습니다.

골로새서 2:15에서 말하고 있는 것과 똑같습니다. "통치자들과 권세들을 무력화하여 드러내어 구경거리로 삼으시고 십자가로 그들을 이기셨느니라"

그리스도의 대속 사역 안에서 우리가 마치 그분과 함께 있었던 것과 같다는 복된 사실을 우리는 인정하지 못했었습니다.

갈라디아서 2:20은 "나는 못 박혀 있습니다I am crucified"라고 하지 않고, "내가 그리스도와 함께 십자가에 못 박혔나니I was crucified with Christ"라고 말합니다. 이것은 과거 시제입니다.

그분은 단지 십자가에 못 박히기만 한 것이 아닙니다. 로마서 6:8은 이렇게 말합니다. "만일 우리가 그리스도와 함께 죽었으면 또한 그와 함께 살 줄을 믿노니"

우리는 그분과 함께 십자가에 못 박혔을 뿐만 아니라 그분과 함께 죽었습니다.

골로새서 2:12에서 우리는 그분과 함께 장사 되었습니다.

고린도후서 5:21에서 우리는 그분과 함께 의롭게 되었습니다.

골로새서 2:13에서 우리는 그분과 함께 살아났습니다.

에베소서 2:6에서 그분은 우리를 그분과 함께 일으켜 그리스도 예수 안에서 그분과 함께 하늘에 앉히셨습니다.

이런 성경 구절 안에서 우리는 우리 자신을 그분과 완전히 동일시하는 그리스도의 대속 사역 전체를 보여주는 살아있는 그림을 봅니다.

이 일은 우리를 위해서 하신 일입니다.

이것은 우리의 속량의 법적인 배경입니다.

당신은 이렇게 말할 수 있습니다. 그렇습니다. 나는 그분과 함께 십자가에 못 박혔었습니다. 나는 그분의 부끄러움과 십자가 위에서의 깊은 고통과 하나가 되었습니다.

이뿐만 아니라, 하나님은 나의 죄를 그분에게 담당시키시고 그분을 나의 죄로 만드셔서, 나를 그분 위에 얹어 두셨습니다.

그분이 내 자리에 계셨습니다. 그분이 나 대신 행하신 것입니다.

그분을 발가벗긴 것은 나의 죄였습니다.

가시 면류관을 그의 이마 위에 씌운 것은 나의 죄 때문이었습니다.

그분의 손과 발에 못을 박게 한 것은 나의 죄였습니다.

나의 자리에서 나 대신 고통을 받으심으로써 죄와 영적 죽음의 능력과 어둠의 권세로부터 내가 몸값을 지불하고 빠져 나오도록 하신 것은 사랑이었습니다.

나는 그분과 함께 죽었다고 말할 수 있습니다. 그분이 십자가 위에서 죽으셨을 때 그분은 나의 영적 죽음에 참여한 자가 되셨으며, 나는 그분의 영적 죽음 안에서 그분과 동일시되었습니다.

나라는 사람이 마치 그 자리에 있었으며 내가 그분의 몸과 함께 떠났던 것과 마찬가지였습니다.

그분이 십자가 위에서 죽으셨을 때, 나 홀로 가야만 했던 그 장소에 그분은 나를 대신해서 나와 함께 가셨습니다.

그분은 영적으로 죽은 나의 이전 자아인 나의 죄를 나와 함께 지고 가셨습니다. 나에 대한 공의의 요구가 만족되고 나에 대한 더 이상의 고소가 없을 때까지 그분은 거기서 고통을 받으셨습니다.

나의 영적인 죽음과, 사탄과의 하나 됨은 씻겨 없어졌습니다.

그러고 나서 그분은 성령으로 의롭게 되셨습니다.

그분이 의롭게 되심은 나와 당신을 위한 것이었습니다. 그분은 나를 위해 거기에 가셨습니다.

그분은 자기 일로 그곳에 가시지 않았습니다. 그분은 나의 일로 그

곳에 가셨습니다. 그리고 그분이 의롭게 되시자마자, 그분의 영이 살아나게 되어made alive in spirit, 재창조되셨습니다He was Recreated. 이리하여 "너는 내 아들이라 오늘 내가 너를 낳았다"라고 한 사도행전 13:33의 놀라운 말씀이 실재가 되게 하셨습니다.

그 끔찍한 환경 가운데서 그분은 거듭나셨습니다.

바로 거기서 그분은 하나님의 의가 되었습니다.

이제 나는 에베소서 2:10의 "우리는 그리스도 예수 안에서 그가 창조하신 그분의 걸작품이다We are his workmanship, created in Christ Jesus"라는 말을 이해할 수 있습니다.

이것이 바로 새로운 탄생의 법적인 면입니다.

그분은 죽은 자 가운데서 처음으로 나신 분이며 몸의 머리이기 때문에, 그리스도께서 재창조되실 때 공의의 마음에서 우리도 그 아래서 재창조되었습니다Recreated.

그분은 처음으로 거듭난 분이었습니다Born Again. 그분의 탄생 안에서 그리스도의 몸 전체를 위한 법적인 일이 성취되었습니다.

그때에 그분이 대적자를 정복하셨으나 공의의 마음에서는 나도 그분과 함께 있었습니다.

그분이 사탄의 권세와 지배를 빼앗아 버렸을 때 그 승리는 당신과 나의 승리였습니다.

우리는 공의의 마음에서 거기 있었습니다.

우리는 원수의 목을 발꿈치로 밟았으며, 그의 권세를 빼앗아 버렸으며, 그를 패배시키고 깨뜨린 후에, 그리스도와 함께 일으켜졌습니다.

사탄은 정복되었습니다.

새로운 탄생은 성취되었습니다.

공의의 마음에서 새로운 창조는 효과를 발휘하게 되었으며, 이제 우리는 그리스도와 함께 일어났을 뿐만 아니라, 함께 앉혀졌습니다.

공의의 마음에서 그리스도의 몸의 각 지체들은 높은 곳, 위엄의 오른편에 앉혀졌습니다.

공의의 마음에서 우리는 그분과 철저하게 하나입니다. 우리는 그분 안에서 충만함을 받았습니다We are complete in Him.(골 2:10)

그분이 하신 모든 것은 우리를 위해서 하신 것이었습니다.

그분은 몸의 머리입니다. 몸은 머리이신 그분의 영광을 함께 공유하며 그분의 모든 승리를 함께 공유합니다. 그분과 그분의 몸은 같은 곳에 있습니다.

에베소서 1:4-6은 우리의 속량의 예고편을 우리에게 보여주고 있습니다. "곧 창세 전에 그리스도 안에서 우리를 택하사 우리로 사랑 안에서 그 앞에 거룩하고 흠이 없게 하시려고 그 기쁘신 뜻대로 우리를 예정하사 예수 그리스도로 말미암아 자기의 아들들이 되게 하셨으니 이는 그가 사랑하시는 자 안에서 우리에게 거저 주시는바 그의 은혜의 영광을 찬송하게 하려는 것이라"(엡 1:4-6)

그 다음 구절은 실제적인 면으로 돌아갑니다. "우리는 그리스도 안에서 그의 은혜의 풍성함을 따라 그의 피로 말미암아 속량 곧 죄 사함을 받았느니라 이는 그가 모든 지혜와 총명을 우리에게 넘치게 하사"(엡 1:7-8)

이제 우리는 그리스도와 함께 실제로 하나가 된 것에 대한 배경을 볼 수 있습니다.

이제 우리는 그분이 "너희 안에서 행하시는 이는 하나님이시니 자기의 기쁘신 뜻을 위하여 너희에게 소원을 두고 행하게 하시나니(For it is God who is at work within you, willing and working his own pleasure)"라고 말씀하신 뜻을 이해할 수 있습니다.

우리는 골로새서 1:28-29을 이해할 수 있습니다. "우리가 그를 전파하여 각 사람을 권하고 모든 지혜로 각 사람을 가르침은 각 사람을 그리스도 안에서 완전한 자로 세우려 함이니 이를 위하여 나도 내 속에서 능력으로 역사하시는 이의 역사를 따라 힘을 다하여 수고하노라"

그리스도 안에서 바울의 꿈은 모든 믿는 자를 "티나 주름이나 또 그와 같은 것들이 없이" 완전한 자로 세우는 것이었습니다.(엡 5:27)

얼마나 멋진 꿈이었을까요!

이제 우리는 에베소서 3:16-20의 말씀을 이해할 수 있습니다. "그의 영광의 풍성함을 따라 그의 성령으로 말미암아 너희 속사람을 능력으로 강건하게 하시오며 믿음으로 말미암아 그리스도께서 너희 마음에 계시게 하시옵고 너희가 사랑 가운데서 뿌리가 박히고 터가 굳어져서 능히 모든 성도와 함께 지식에 넘치는 그리스도의 사랑을 알고 그 너비와 길이와 높이와 깊이가 어떠함을 깨달아 하나님의 모든 충만하신 것으로 너희에게 충만하게 하시기를 구하노라 우리 가운데서 역사하시는 능력대로 우리가 구하거나 생각하는 모든 것에 더 넘치도록 능히 하실 이에게"

이 속 사람은 새로운 피조물a New Creation이 되었습니다. 그는 아버지의 생명과 본성을 받았으며 이제 말씀을 통하여 성령님은 이 "심령에 숨은 사람hidden man of the heart" 안으로 예수님께서 땅 위에 사실 때 사셨던 것처럼 살 수 있는 능력을 세우고 있습니다is building into.

우리는 사랑을 따라 살아야 하며 사랑 안에서 행해야 한다는 것을 기억하고 있습니다.

사랑은 결코 실패하지 않으며, 사랑은 악한 것을 생각하지 않고, 항상 좋은 것을 생각하며, 모든 사람에 대하여 아름다운 생각만을 한다는 것을 우리는 기억합니다.

사랑은 어떤 적대감도 가지지 않습니다.

우리는 우리에게 거짓말을 한 사람에게도 예수께서 부활하신 후에 베드로를 대하셨던 것과 같이 대합니다.

예수께서 그분의 손에 못을 박았던 사람을 찾아내서 "나는 너를 위해 죽었다"고 말씀하시는 것을 상상해 보십시오.

가시로 면류관을 만들어서 그분의 이마에다 눌러 씌운 그 사람을 찾아내어, "내가 네게 영광의 면류관, 생명의 면류관, 의의 면류관을 씌워주려고 한다"고 말씀하시는 예수님을 상상해 보십시오.

"믿음으로 말미암아 그리스도를 여러분의 마음속에 머물러 계시게 하여 주시기를 빈다"고 바울은 말했습니다.

이와 같이, 그리스도와 말씀은 하나입니다.

말씀이 믿는 사람의 심령 속에 살게 되어 그 사람의 전 존재를 지배하게 되는 것이 바로 그리스도께서 지배하는 것입니다. 한 사람의 삶에서 예수의 주되심은 말씀의 주되심의 실재입니다. 말씀이 그의 모든 생각을 지배하는 절대적인 우위를 얻는 것입니다.

예수님의 주되심과 말씀의 주되심은 실제로 이 새로운 사랑인 아가페의 주되심입니다.

이런 삶은 얼마나 아름다울까요!

이 "속 사람", 이 "심령에 숨은 사람"(벧전 3:4)이 아버지의 사랑의 본성의 다스림을 받게 될 때, 그는 무의식적으로 예수님의 자리를 차지하고 있는 것입니다.

이와 같이 우리는 아가페 안에 뿌리를 내리고 터를 잡습니다.

우리는 이것을 교리로 여기지 않습니다.

이것은 정신적인 개념이 아닙니다. 이것은 실제입니다It is actual.

아버지께서는 무의식적으로 사랑으로 행하는 그분의 본성으로 우리를 가득 채우셨습니다.

우리는 감각 지식으로는 이해를 초월하는 그리스도의 사랑의 본성을 이해하는 능력을 받았습니다. 마침내 우리를 향한 아버지의 꿈이 이루어졌습니다. 우리는 하나님의 충만하심으로 충만하게 되었습니다.

고린도후서 5:4 말씀, "죽을 것이 생명에게 삼켜지도록 우리 위에 덧입게 된 것"처럼 사랑의 본성이 우리를 삼켜 버렸습니다.

그 생명은 아버지의 본성인 조에Zoe입니다. 아버지의 본성은 사랑입니다. 우리는 사랑 안에 삼켜졌고 잠겼으며 압도당했습니다.

이제 우리는 에베소서 3:20을 이해할 수 있습니다. "우리 가운데서 역사하시는 능력대로 우리가 구하거나 생각하는 모든 것에 더 넘치도록 능히 하실 이에게"

베일에 가려졌던 아버지의 능력이 벗겨졌습니다.

보이게 되었을 뿐만 아니라, 전능하신 사랑의 손이 우리를 꽉 움켜쥔 것입니다. 나의 전 내적 존재는 감각 지식의 궤도에서 이탈하여 계시 지식 즉 계시의 실재의 궤도로 진입하였습니다.

이제 나는 예수께서 이렇게 말씀하신 의미를 알게 되었습니다. "그러나 진리의 성령이 오시면 그가 너희를 모든 진리 가운데로 인도하시리니 그가 스스로 말하지 않고 오직 들은 것을 말하며 장래 일을 너희에게 알리시리라 그가 내 영광을 나타내리니 내 것을 가지고 너희에게 알리시겠음이라"(요 16:13-14) 새로운 피조물에 관한 것들, 그리스도 안에서 하나님께서 선언하신 하나님 아버지의 바로 그 본성을 계시해 주십니다.

첫째로, "그는 나를 영광되게 할 것이다. 그가 나의 것을 받아서, 너희에게 알려 주실 것이기 때문이다."

이것이 우리 안에 있는 부활 생명입니다. 이것이 말씀을 통하여 우리 안에서 일하시는 성령님입니다. 이 모든 것은 우리를 위해서 구매하신 것이며, 우리의 일상생활을 위해 법적으로 우리의 것입니다.

아버지께서는 우리를 위해 꿈을 가지고 계셨습니다.

내가 보여 주었던 새로운 창조에 대한 작은 예고편에서 그분은 우리를 향한 그분의 격렬한 사랑의 암시를 우리에게 주셨으며, 그분이 우리를 그분 자신 안으로 어떻게 세울 것인가를 보여주셨습니다.

우리가 그분의 꿈과 일치해서, 그분이 의아해하는 제자들에게 "이는 내 사랑하는 아들이요 내가 그를 기뻐하노라"고 말씀하셨던 것과 같이 말씀하실 수 있을 때까지, 그분은 자신의 의와 거룩함과 진리 혹은 실재를 우리 안으로 세워 주실 것입니다.

그러면 그분은 이렇게 말씀하실 것입니다. "이들이 내가 사랑하는 아들들이다. 그들에게서 나의 심령은 완전한 안식과 만족을 찾았다."

09
 ## 그분과 함께 공유한다는 것

우리는 다른 어떤 번역본보다도 웨이Way의 번역에서 우리를 위한 그리스도의 사역의 가장 풍성한 관점을 얻을 수 있습니다.

웨이 번역본은 갈라디아서 2:20을 이렇게 말합니다. "그렇습니다. 나는 메시아의 십자가 죽음을 공유했습니다. 나는 실제로 살고 있지만, 살고 있는 것은 내가 아니라, 내 안에 있는 그분의 생명인 메시아입니다(Yes, I have shared Messiah's crucifixion. I am living indeed, but it is not I that live; it is Messiah whose life is in me)."

우리에게 보여진 실재를 심령으로 받아들이기는 매우 어렵습니다.

"그렇습니다. 나는 그분의 십자가 죽음을 공유했습니다."

이것은 우리를 그리스도와 동일시하는 법적인 면입니다.

그분은 그분의 성육신 안에서 우리와 공유되셨습니다. 그분은 우리와 하나가 되었습니다.

그분은 우리에게 자신이 가진 왕으로서의 영광을 주시고 잃어버려진 인류인 우리와 고통 가운데 하나가 되셨습니다.

그분은 그분의 대속 안에서 우리와 하나였습니다.

그분은 우리와 공유하셨습니다. 그분은 우리의 죄, 연약함, 질병을 공유하셨습니다. 그분이 이것들을 자신에게 가져가셨습니다.

이 공유는 너무나 실제적입니다. 우리의 수준에 내려오셔서, 우리와 동일시하시기 위해서 "죄를 알지도 못하신 분이 죄가 되셨습니다."

그분은 죄를 그분의 것으로 여기셨을 뿐만 아니라, 대제사장이 이스라엘의 죄를 염소 위에 얹듯이 우리의 죄를 그분 위에 얹으심으로써, 실제로 죄가 되셨습니다.

신이 죄가 된다는 사실을 우리가 이해하기는 너무 어렵지만, 그분은 그렇게 하셨습니다. 그분은 영적으로 죽으셨습니다.

"우리를 하나님께로 데리고 가려고 하는 불의한 자들을 위한 의"인 새로운 창조 안에서 우리는 그분과 공유합니다.

그분은 머리이며 우리는 몸입니다.

그분은 자신을 우리에게 전이하셨고, 자신을 우리에게 전이하셨을 때, 그분은 우리의 옛 자아의 자리에 새로운 자아를 주셨습니다.

이전의 타락하고 죄의 지배를 받던 자아는 제거되고 그리스도의 형상 안에서 만들어진 자아가 우리의 새로운 자아가 되었습니다.

이제 당신은 그분이 얼마나 철저하게 우리와 공유하셨는지, 그분이 얼마나 우리와 하나가 되셨는지 알게 되었습니다.

그러나 골로새서 3:1에서 그분은 이렇게 말씀하십니다. "그러므로 너희가 그리스도와 함께 다시 살리심을 받았으면 위의 것을 찾으라 거기는 그리스도께서 하나님 우편에 앉아 계시느니라"

"우리의 생각이 땅 위에서 기지 않고 위에 있는 것들에 머물게 하십시오. 당신은 땅 위의 것들에 대하여 죽었으며, 당신의 실제 삶은 메시아와 하나가 됨으로써, 이제 하나님의 존재 안에 숨겨져 있습니다." (웨이 번역본)

여기서 우리는 이 연합의 완전함, 그분과 철저한 하나 됨의 한 장면을 봅니다.

무엇이 이보다 더 실재적입니까? "나는 포도나무요 너희는 가지라" (요 15:5)

여기서 그분은 우리가 그분의 열매를 맺는 부분이라는 것을 보여줍니다.

우리는 그분의 사랑을 나타내는 부분입니다.

그분은 우리를 통해서 인류를 축복하고 접촉합니다.

그분은 우리를 통해서 잃어버려진 사람에게 영원한 생명을 가져다 줍니다.

우리는 그분의 부활을 공유하고 있습니다.

심령이 흥분되어 있습니다.

우리가 그분의 부활을 공유하고 있다면, 사탄을 이기신 그분의 승리를 공유하는 것이며, 죄를 이기신 그분의 승리를 공유하는 것입니다.

우리는 그분과 함께 일으켜졌습니다.

우리는 적을 이긴 그분의 승리를 공유합니다.

그러므로 그분이 사탄을 이기고 무력화하여, 그의 정사와 권세들을 벗겨 버리고, 어둠의 영역의 사탄의 군대 앞에서 사탄을 구경거리로 만드셨을 때, 그분과 공유하는 자로서 우리가 그 위대한 승리의 한 부분이었다는 것, 즉 우리도 사탄을 다스리는 자가 되어서 그리스도 안에서 우리가 그를 정복했다는 것을 사탄은 알고 있습니다.

메시아가 앉혀진 하나님의 오른편, 그 높은 곳의 모든 것들을 우리가 공유하고 있음을 알아차렸습니까?

우리는 그분과 함께 앉혀졌습니다.

에베소서 2:5-6에서 우리는 그분과 함께 일으켜졌습니다. 우리는 그분과 함께 일으켜졌을 뿐만 아니라 그분과 함께 앉혀졌습니다.

에베소서 말씀을 웨이의 번역본으로 읽어 보겠습니다.

"하나님께서 우리의 메시아를 살리셨던 똑같은 새로운 생명으로 우리를 전율하게 하셨습니다. 값을 치르지 않고 오직 은혜로 여러분은 구원을 얻었습니다. 그리고 그분과 함께 우리를 죽음에서 일으키시고, 높은 하늘에서 우리를 그분과 함께 왕좌에 앉히셨습니다."

"Thrilled us with the same new life wherewith He quickened our Messiah. - By free grace alone have ye obtained salvation - and with Him He raised us from the dead, and with Him throned us in the high heavens."(Way's Translation)

"우리를 왕좌에 앉히다throned us"라는 표현은 우리가 왕좌 위에 지금 그분과 함께 하나가 되어 앉혀져 있다는 뜻입니다.

그분은 몸의 머리이며, 우리는 그 몸의 지체들members입니다. 머리가 있는 곳에 몸이 있습니다.

머리에 속한 권세는 몸에 속한 것입니다.

이제 우리는 마태복음 28:18을 이해할 수 있습니다. "예수께서 나아와 말씀하여 이르시되 하늘과 땅의 모든 권세를 내게 주셨으니"

이제 당신은 왜 그분이 "자신으로부터 정사와 권세들을 벗어버릴 수 있었는지"를 이해할 수 있습니다.

당신은 어떻게 그분이 "그들을 구경거리로 삼으실 수 있었는지"를 이해할 수 있습니다.

그분은 아버지의 능력과 모든 것을 할 수 있는 능력의 주인입니다 the Master.

우리는 이를 공유하고 있습니다.

그분은 우리가 합법적으로 그분의 이름을 사용할 수 있게 하셨습니다. 그 이름 안에는 그분의 부활 이후에 아버지께서 그분에게 주셨던 모든 권세가 담겨 있습니다. 그 이름이 우리의 것이며, 우리는 그 이름을 사용할 법적인 권리를 가지고 있습니다.

오, 나는 우리의 심령이 이를 받아들일 수 있었으면 좋겠습니다. 그렇게 되면 우리의 패배와 실패의 날들은 끝나게 될 것입니다.

로마서 6:2은 그리스도와 우리의 연합에 대하여 많은 빛을 비춰 줍니다.

"그럴 수 없느니라 죄에 대하여 죽은 우리가 어찌 그 가운데 더 살리요 무릇 그리스도 예수와 합하여 침례를 받은 우리는 그의 죽으심과 합하여 침례를 받은 줄을 알지 못하느냐 그러므로 우리가 그의 죽으심과 합하여 침례를 받음으로 그와 함께 장사되었나니 이는 아버지의 영광으로 말미암아 그리스도를 죽은 자 가운데서 살리심과 같이 우리로 또한 새 생명 가운데서 행하게 하려 함이라 만일 우리가 그의 죽으심과 같은 모양으로 연합한 자가 되었으면 또한 그의 부활과 같은 모양으로 연합한 자도 되리라 우리가 알거니와 우리의 옛 사람이 예수와 함께 십자가에 못 박힌 것은 죄의 몸이 죽어 다시는 우리가 죄에게 종노릇 하지 아니하려 함이니"(롬 6:2-6)

우리가 그분의 죽음 안에서 그리스도와 공유하게 되었다는 생생한 장면을 살펴보십시오.

우리는 그분의 부활 안에서 그분과 공유하였으며, 지금 아버지의 오른편에서 그분과 함께 공유하고 있습니다.

다른 각도에서 본다면, 그분은 그 포도나무의 가지들로서 우리의 사역 안에서 우리와 공유하고 계십니다.

우리는 그분의 증거입니다testimony.

우리는 지금 그분의 고백입니다confession.

우리는 세상을 향하여 그리스도 안에서 우리가 누구인지를 담대히 말하고 있습니다.

우리는 그리스도 안에서 우리의 자리를 차지하였습니다.

우리는 그분의 한 부분으로서 행동합니다.

우리는 그분이 하셨던 모든 일을 공유합니다. 그분은 우리가 어떤 존재인지에 대해서, 우리의 모든 것에 대해서 우리와 공유합니다.

이 사실은 머리와 몸 사이에 위대한 하나 됨의 실재로 이끌어 줍니다.

우리는 그분과 함께 고통을 받았으며 그 고통을 공유하였습니다.

우리는 그분이 의롭게 됨을 공유하였습니다.

우리는 그분이 저 어둠의 영역에서 살아나셨을 때 그분과 공유하였으며, 아버지께서 그분의 부활을 말하면서, "너는 내 아들이다. 오늘 내가 너를 낳았다"(행 13:33)라고 속삭이는 소리를 들었습니다.

우리는 그분의 부활을 공유하였습니다. 우리는 부활의 능력과 권세를 공유하였습니다.

그분이 모든 적들을 그분의 발아래 두셨을 때 적들은 우리의 발아래 있었습니다.

그분이 그들을 이기셨을 때 그것은 우리의 승리였습니다.

이제 우리는 땅 위에서 그분의 값진 뜻을 수행하고 있습니다.

그분은 그분의 능력, 지혜와 사랑을 우리와 공유하고 있습니다.

우리는 이를 로마서 6:6에서 보았습니다. 우리는 그분의 부활 안에서 공유하였습니다. 에베소서 2:5-6에서 우리는 그분의 생명을 공유하고 있으며, 우리는 그분의 보좌를 공유하고 있습니다.

로마서 6:8에서 우리는 분명히 봅니다. 우리는 그분의 새 생명, 새로운 부활 생명, 예수께서 가지셨던 것과 똑같은 놀라운 생명을 공유합니다.

골로새서 2:13(웨이 번역본)은 말합니다. "침례 예식을 통해서 우리는 그분의 무덤에 그분과 함께 놓였었고, 그 예식 안에서 우리도 예수를 죽음에서 일으키셨을 때 시작된 혼을 깨우는 하나님의 능력에 대한 우리의 믿음을 통하여 그분의 부활을 공유하고 있습니다."

"그리고 너희도 역시 - 너희의 허물과 너희 육신적인 본성의 더러움으로 납골당 안에 죽어 있던 - 하나님께서 똑같은 예수의 새 생명으로 전율하게 하셨다."

철저한 하나 됨, 즉 그리스도 안에서 우리의 절대적인 연합을 보실 수 있겠습니까?

오늘 자신이 하나님의 신성한 본성에 참여하고 있음을 보실 수 있겠습니까? 당신의 영에 있는 하나님의 내적 생명에 자신을 내어드리고, 자신의 마음이 실제로 그리스도의 마음을 드러낸다는 말씀을 읽고 마음이 새로워질 때, 당신은 천천히 그러나 착실하게 이성적인 추론하는 기능보다 우위에 있게 될 것입니다.

당신은 그리스도의 마음을 가지게 될 것입니다.

아버지의 마음에는 당신이 은혜의 보좌를 공유하고 있다는 사실을 한순간도 잊지 마십시오. 당신이 한 부분을 차지하고 있습니다.

에베소서 2:6을 웨이가 번역한 것 그대로입니다. "우리는 그분의 보좌를 공유한다 We share His throne."

왜 그럴까요? 우리의 머리가 보좌에 있기 때문입니다. 우리의 주님이 거기 계시기 때문입니다. 놀랍지 않습니까?

바울과 요한과 나머지 제자들이 보좌 주변에 모여서 여기 아래 있는 우리들에 대해 어떤 느낌을 가지고 있을지 나는 때때로 궁금해집니다.

부활 안에 살아 계신 그리스도에 관하여 바울이 우리에게 준 계시의 부요함을 우리가 이해할 수 있기를 열망하는 그의 모습을 나는 상상해 봅니다.

어떻게 우리가 그분과 함께 다스리는지를 알고 싶지 않습니까?

그분의 대속사역을 통하여 십자가에서부터 보좌에 이르기까지 우리는 그분과 함께하였습니다.

우리는 그분과 함께 십자가에 못 박혔고, 그분과 함께 죽었고, 그분과 함께 고통을 받았고, 그분과 함께 의롭게 되었으며, 그분과 함께 살아났고, 이제는 그분과 함께 앉아 있습니다.

당신은 와이마우스의 번역본을 보고 싶을 것입니다. "한 사람의 범죄로 말미암아 사망이 그 한 사람을 통하여 왕 노릇 하였은즉 더욱 은혜와 의의 선물을 넘치게 받는 자들은 한 분 예수 그리스도를 통하여 생명 안에서 왕 노릇 하리로다"(롬 5:17)

"For if, through the transgression of the one individual, Death made use of the one individual to seize the sovereignty, all the more shall those who receive God's overflowing grace and gift of righteousness reign as kings in Life through the one individual, Jesus Christ."

이것은 이 땅에서 우리의 삶의 정점입니다.

이 넘쳐나는 은혜는 성령으로 말미암아 우리의 심령에 부은 바 된 아버지의 사랑의 본성이 넘치는 것입니다.

의의 선물은 우리에게 아버지 앞에 설 수 있는 법적인 자격을 줍니다.

넘쳐나는 은혜는 아버지의 본성과 생명, 아버지의 존재와 본체가 우리의 영 안으로 들어오는 것입니다. 우리에게 들어온 아버지의 본성은 우리를 의롭게 만들어 주시고, 우리를 예수님같이, 아버지같이 만들어 주시며, 철저하게 우리가 그분과 하나가 되도록 만들어 주십니다.

이제 우리는 우리 주 예수 그리스도를 통하여 새 생명의 영역에서 왕으로서 다스립니다.

우리는 적의 종들로서 종살이했었습니다. 이제 우리는 기뻐하는 예수님의 사랑의 종들입니다.

우리는 하나님의 상속자요 그리스도와 함께 하는 공동 상속자입니다. 우리는 그리스도 안에서 우리가 누구인지 아는 새로운 지식 안으로 들어가고 있습니다.

죄의식은 과거에 우리의 믿음을 빼앗아 갔고, 자존감을 빼앗아 갔으며, 아들 됨의 기쁨을 빼앗아 갔습니다.

이제 우리는 죄의식이란 것은 단지 적이 위장한 것에 지나지 않는다는 것을 알고 있습니다.

우리는 그리스도 안에서 완전한 자로 서 있지만 그것을 몰랐었습니다.

우리는 그리스도 안에서 하나님의 의였지만 그것을 몰랐었습니다.

사탄은 우리가 무지 가운데 있게 함으로써 우리를 어두움과 연약함 안에 머물게 했습니다.

그러나 휘장은 찢어졌습니다. 안으로 빛이 비쳤습니다.

이전에 우리가 가졌던 빛은 어둠이었지만 이제 이 빛은 생명의 빛입니다. "나를 따르는 자는 어둠에 걷지 아니하리라."

우리는 어둠 속에서 걸었지만 이제는 그분이 우리의 생명의 빛이 되셨습니다.

그분이 우리의 생명입니다. 그분이 우리의 빛입니다.

우리는 눈이 가려졌다가 빛을 보게 된 사람들과 같이 되어서 실제로 있는 그대로를 보게 되었습니다.

이전에 우리는 더듬으면서 희망을 품었습니다. 이제 우리는 희망의 영역에서 빠져나와서 확신의 영역으로 들어갔습니다.

바로 실재의 영역입니다.

우리는 우리가 누구이며 어떤 존재인지를 알고 있습니다. 은혜가 우리에게 베풀어 준 것이 무엇인지 우리는 알고 있습니다.

우리는 그리스도께서 세상에 가져오신 이 놀라운 생명의 빛 가운데 걷고 있습니다.

10
생명의 법

새 언약의 법은 옛 언약의 법과 완전히 대조됩니다.

첫 언약은 "죄와 사망의 법"이라고 합니다.

새 언약의 법은 "생명의 성령의 법"이라고 합니다.

한 법은 사람을 속박 안에 두고, 다른 법은 죄와 사망의 법으로부터 그들을 자유롭게 해 줍니다.

첫 율법을 죄와 사망의 법이라고 한 것은 두려운 제목입니다.

죄와 사망은 모두 적으로부터 말미암은 것이며, 옛 언약은 적의 다스림을 받고 사탄의 본성을 지니며 사탄의 영역에 사는 사람들에게 주어진 것입니다.

율법은 새로운 창조의 사람들에게는 결코 주어진 적이 없습니다.

거듭난 사람은 십계명의 어떤 부분과도 관계가 없습니다.

십계명은 그리스도 안에서 모두 성취되었으며 무효가 되었습니다.

그리스도께서 먼저 아브라함과 맺은 언약을 성취하신 후에 그 언약과 관계된 모든 것은 무효화 되고 끝났으며 첫 언약의 증서와 함께 닫혔습니다.

그 후에 예수께서 새 언약을 시작하셨습니다.

첫 언약은 황소와 염소의 피로 인봉 되었습니다.

두 번째 언약은 예수의 피로 인봉 되었습니다.

새 언약 아래 있는 새로운 피조물에게는 새로운 법이 주어졌습니다. 예수께서 주신 것입니다.

"새 계명을 너희에게 주노니 서로 사랑하라 내가 너희를 사랑한 것 같이 너희도 서로 사랑하라 너희가 서로 사랑하면 이로써 모든 사람이 너희가 내 제자인 줄 알리라"(요 13:34-35)

바울의 서신들은 이 새로운 법에 대한 계시와 설명입니다.

레위기, 민수기, 신명기가 첫 언약의 법을 설명하는 것처럼, 바울의 서신들은 새 언약의 법을 설명해줍니다.

사랑의 법 The Love Law

고린도전서 13장은 이 새로운 사랑의 법이 무엇이며, 사랑이 무슨 일을 하는지, 그리고 무슨 일을 하지 않는지에 대한 계시입니다.

바울의 다른 서신들에서 이 새로운 법이 새로운 피조물의 일상생활을 통하여 어떻게 나타나는지를 우리는 볼 수 있습니다.

새 언약의 법은 그리스도 밖의 사람들을 위해서 계획된 것이 아니라는 사실을 우리가 이해하는 것은 매우 중요합니다.

자연인은 예수께서 주신 새 계명에 순종할 수 없습니다.

새로운 피조물을 지배하는 유일한 계명은 예수께서 우리를 사랑하셨던 것 같이 서로 사랑하라는 것입니다.

이 새 계명은 다른 계명들을 완전히 불필요하게 만들었습니다. 사랑으로 행하는 사람은 결코 어떤 잘못도 하지 않을 것입니다.

사랑이 옛 언약의 성취인 것처럼, 사랑은 새 언약의 성취이기도 합니다.

어떤 사람이 물었습니다. "왜 모세의 율법을 죄와 사망의 법이라고 부릅니까?" 왜냐하면 율법은 영적으로 죽은 사람을 다스리게 되어 있기 때문입니다.

생명의 성령의 법은 재창조된 사람을 다스리게 되어 있습니다. 이 법은 사랑의 영입니다.

이것은 바로 그리스도의 심장의 법입니다.

영적으로 죽은 사람을 다스리는 법은 모세의 율법입니다.

모세의 율법은 성취되었고 아브라함의 언약과 함께 무효가 되었기 때문에 오늘날은 어떤 사람도 모세의 율법 아래 사는 것은 불가능합니다.

그리스도 예수 안에 있는 "생명의 성령의 법"은 새로운 피조물이 된 유대인을 "죄와 사망의 법"으로부터 해방시켰습니다.

"그러면 율법이 하나님의 약속들과 반대되는 것이냐 결코 그럴 수

없느니라 만일 능히 살게 하는 율법을 주셨더라면 의가 반드시 율법으로 말미암았으리라"(갈 3:21)

이 말씀은 충격적입니다. 나에게 영원한 생명을 줄 수 있는 율법이 있었다면 의가 그 법이었을 것입니다.

"그러나 성경이 모든 것을 죄 아래에 가두었으니 이는 예수 그리스도를 믿음으로 말미암는 약속을 믿는 자들에게 주려 함이라"(갈 3:22)

다음 구절을 보십시오. "믿음이 오기 전에 우리는 율법 아래에 매인 바 되고 계시될 믿음의 때까지 갇혔느니라 이같이 율법이 우리를 그리스도께로 인도하는 초등교사가 되어 우리로 하여금 믿음으로 말미암아 의롭다 함을 얻게 하려 함이라"(갈 3:23-24)

"우리를 그리스도께로 데리고 가는 가정교사"라고 한 이전의 어떤 번역본은 옳은 번역이 아닙니다.

율법은 그리스도께로 아무도 데리고 갈 수 없습니다.

율법은 "죄와 사망의 법"이었습니다.

성령님만이 사람을 그리스도께로 데리고 갈 수 있습니다.

다음 구절을 보십시오. "믿음이 온 후로는 우리가 초등교사 아래에 있지 아니하도다 너희가 다 믿음으로 말미암아 그리스도 예수 안에서 하나님의 아들이 되었으니"(갈 3:25-26)

나는 당신이 다음 문장을 자세히 살펴보기 바랍니다. "누구든지 그리스도와 합하기 위하여 침례를 받은 자는 그리스도로 옷 입었느니라 너희는 유대인이나 헬라인이나 종이나 자유인이나 남자나 여자나 다 그리스도 예수 안에서 하나이니라"(갈 3:27-28)

이제 당신은 바울이 자신의 사역을 말하면서 자신을 영혼 구원자라고 하는 고린도전서 9:19-20의 말씀을 이해할 수 있을 것입니다. "내가 모든 사람에게서 자유로우나 스스로 모든 사람에게 종이 된 것은 더 많은 사람을 얻고자 함이라 유대인들에게 내가 유대인과 같이 된 것은 유대인들을 얻고자 함이요 율법 아래에 있는 자들에게는 내가 율법 아래에 있지 아니하나 율법 아래에 있는 자 같이 된 것은 율법 아래에 있는 자들을 얻고자 함이요"

(이 글은 예루살렘 성전과 모든 유대인의 지배구조가 디도에 의해 파괴되기 전에 기록되었습니다)

이방인들이 새로운 피조물이 되는 순간 그들은 더 이상 이방인이 아니라는 것을 분명히 이해해야만 합니다.

고린도전서 10:32에서 우리는 인류를 세 개의 종족으로 분류한 것을 봅니다. "유대인에게나 헬라인에게나 하나님의 교회에나 거치는 자가 되지 말고"

하나님의 교회 안에서는 유대인과 이방인의 구별이 없습니다. 우리는 모두 그리스도 안에서 하나입니다.

이방인은 새로운 피조물이 됨으로써 이방인이 되기를 그쳤고 유대인은 유대인이 되기를 그쳤습니다.

여기 매우 중요한 것이 있습니다.

모세의 율법 아래 살려고 애쓰는 사람들은 내가 당신에게 준 갈라디아서 3:21 즉 율법은 사람에게 영원한 생명을 줄 수 없다는 이 사실을 배워야만 합니다.

율법은 사람에게 의를 줄 수 없습니다.

율법이 줄 수 있었다면 그리스도는 죽으실 필요가 없었을 것이며, 모든 사람이 모세의 율법과 십계명을 지키기만 하면 살 수 있고 의롭게 될 수 있었을 것입니다. 그러나 율법은 그럴 수 없었습니다.

율법을 지키려고 애쓰는 사람은 살아 있지도 않고 의롭지도 않기 때문에 해마다 황소와 염소의 피로 덮여야만 했었습니다.

그 피는 새로운 피조물에게 주어지게 된 하나님의 생명의 모형으로써 생명을 나타내는 것입니다.

모세의 율법은 영적으로 죽은 사람들에게 주어진 것입니다.

율법은 자연인을 다스리도록 한 것이었습니다.

아버지께서는 그리스도 안에서 새로운 피조물에게 아버지를 사랑하라고 명령하지 않으셨다는 것을 알아차렸습니까? 왜 그러셨을까요?

그 안에는 하나님의 사랑의 본성이 있어서 그는 하나님을 사랑할 수밖에 없기 때문입니다.

그는 사랑으로부터 태어났습니다He is born of Love.

십계명에서 그 어떤 계명도 하나님의 자녀에게는 적합하지 않습니다.

"예수께서 우리를 사랑하신 것 같이 우리도 서로 사랑하는 것" 이것만이 새로운 피조물을 위한 유일한 법입니다.

하나님께서는 어떤 방법으로도 사람에게 말씀하실 수 없었으므로 모세의 율법은 하나님께서 천사를 통해 이스라엘에게 주신 것이었습니다.

하나님께서 모세와 얼굴을 맞대고 말씀하셨던 출애굽기 33장에는 이에 대한 암시가 있습니다. 그러나 이것은 인류 역사에서 하나님께서 사람에게 말씀하셨던 유일한 경우입니다.

그러므로 그리스도 안에 있는 생명의 법과 첫 언약 안에 있는 사망의 법 사이에는 거대한 차이가 있다는 것을 우리는 알 수 있습니다.

로마서 8:2, 3-11은 우리에게 이렇게 말씀하고 있습니다. "이는 그리스도 예수 안에 있는 생명의 성령의 법이 죄와 사망의 법에서 너를 해방하였음이라"

이방인들은 아무도 "죄와 사망의 법" 아래 있었던 적이 없기 때문에 이 말씀은 이방인들에게는 적용할 수 없습니다.

이어서 3-4절에서는 율법의 중요성을 보여주고 있습니다. "율법이 육신으로 말미암아 연약하여 할 수 없는 그것을 하나님은 하시나니 곧 죄로 말미암아 자기 아들을 죄 있는 육신의 모양으로 보내어 육신에 죄를 정하사 육신을 따르지 않고 그 영을 따라 행하는 우리에게 율법의 요구가 이루어지게 하려 하심이니라"

여기서 "육신flesh"이라고 번역한 그리스어 "싸르크스Sarx"는 언제나 "감각들senses"라고 번역되었어야만 합니다. 그래야 더 분명해집니다.

5절을 보십시오. "감각을 따르는 자는 감각의 일을, 영을 따르는 자는 영의 일을 생각하나니" 왜냐하면 감각은 육체적인 몸의 자녀들이기 때문입니다.

감각은 보고, 듣고, 맛보고, 냄새 맡고, 느끼는 자연인의 생명의 후손들이기 때문입니다.

감각은 우리가 그리스도 밖에서 가지고 있는 모든 지식을 뇌에 전합니다.

그러므로 감각을 따르는 자연인은 감각에 순종하는 것이 익숙하기 때문에 감각의 지배를 받습니다.

영을 따르는 사람들은 영의 일에 순종하는 것이 익숙합니다.

여기서 "영spirit"은 재창조된 사람의 영을 의미합니다.

그러므로 이렇게 읽을 수 있습니다. "감각을 따르는 사람들은 감각이 제안하는 것들을 할 것입니다. 그러나 재창조된 영을 따르는 사람은 그 본성 안에 하나님의 본성과 생명을 가지고 있는 재창조된 영의 일들을 할 것입니다."

다음 구절입니다. "왜냐하면 감각의 마음은 영적인 죽음의 지배 아래 있지만, 재창조된 마음은 평안과 안식과 조용함을 가져오는 조에Zoe, 즉 하나님의 생명의 지배 아래 있기 때문입니다."

7절은 이렇습니다. "육신의 생각은 하나님과 원수가 되나니 이는 하나님의 법에 굴복하지 아니할 뿐 아니라 할 수도 없음이라"

그것이 십계명이든지 새 언약의 법이든지 관계가 없습니다.

"왜냐하면 감각의 영역에서 살고 있는 사람들은 하나님을 기쁘시게 할 수 없기 때문입니다."

9절을 보십시오. "그러나 여러분들은 감각의 다스림을 받지 않고, 영(즉 여러분들의 재창조된 영)의 다스림을 받고 있습니다. 그렇다면 여러분들 안에는 하나님의 영(즉 성령)이 거하십니다. 그러나 누구든지 그리스도의 영이 없으면 그는 그리스도의 사람이 아닙니다."

이는 성령을 뜻하는 것이 아닙니다. 더 좋은 번역은 이것입니다. "누구든지 그리스도와 같은 영Christlike spirit, 즉 재창조된 영이 없으면 그는 그리스도의 사람이 아닙니다."

많은 주석가들이 우리에게 잘못된 개념을 전해 주었습니다. 그들은 성령을 가지고 있지 않은 사람은 그리스도인이 아니라고 말했는데 이것은 진리가 아닙니다.

사람은 하나님의 자녀가 되어 영원한 생명을 받고도, 아직도 성령을 받지 않았을 수도 있습니다. 왜냐하면 누가복음 11:13은 이렇게 말씀하고 있기 때문입니다. "하물며 너희 하늘 아버지께서 구하는 자에게 성령을 주시지 않겠느냐"

아들들만이 성령을 요구할 것입니다. "그들이 내려가서 그들을 위하여 성령 받기를 기도하니 이는 아직 한 사람에게도 성령 내리신 일이 없고 오직 주 예수의 이름으로 침례만 받을 뿐이더라"(행 8:15-16)

그들은 영원한 생명을 받았습니다.

그러고 나서 제자들이 그들에게 손을 얹었으며 그들은 성령을 받았습니다.

바울이 에베소에 왔을 때에(행 19:1-7), 그들에게 "너희가 믿을 때에 성령을 받았느냐?"고 물었습니다.

여기서 의미하는 바는 단순합니다. 모든 믿는 자들이 모두 성령을 가지고 있지는 않다는 것입니다. 성령을 받으면 다른 종류의 그리스도인이 됩니다. 왜냐하면 성령을 받게 되면, 그는 말씀을 깨우칠 수 있고, 그 말씀은 그 안에서 자기의 주변 사람들에게 축복이 되게 하는,

하나님과 같은 영성을 세워줄 수 있기 때문입니다.

로마서 8:10로 다시 돌아갑시다. "또 그리스도께서 너희 안에 계시면 몸은 죄로 말미암아 죽은 것이나 영은 의로 말미암아 살아 있는 것이니라"

그리스도께서 당신 안에 들어가신 이후, 감각은 당신에 대한 지배를 멈추게 됩니다. 왜냐하면 당신이 새로운 피조물이 되었을 때, 감각도 당신의 주인이 되기를 멈추었기 때문입니다.

당신의 영은 영원한 생명을 받았으며 하나님의 의가 되었습니다.

죄는 이제 당신의 감각을 더 이상 지배할 수 없습니다.

"예수를 죽은 자 가운데서 살리신 이의 영이 너희 안에 거하시면 그리스도 예수를 죽은 자 가운데서 살리신 이가 너희 안에 거하시는 그의 영으로 말미암아 너희 죽을 몸도 살리시리라"(롬 8:11)

하나님은 그 사람의 영에 영원한 생명을 주셨으며 그를 새로운 피조물로 만들었습니다.

이제 예수께서 하신 약속 "나는 너희가 생명을 얻게 하고 더 풍성히 얻게 하려고 왔다"가 실재가 되고 있습니다.

성령이 사람의 몸에 들어와서 죽을 수밖에 없는 몸 안으로 하나님의 생명의 풍성함을 부어 넣으므로 그의 몸에 건강을 가져다주고 힘과 생기를 넣어 주고 있습니다.

이 사실을 주의하십시오. 십계명이 영적으로 살아있는 사람을 지배할 수 없는 것과 마찬가지로 새로운 법은 영적으로 죽은 사람을 지배할 수 없습니다.

첫 번째 법은 옛 창조에 속한 것이었습니다.

새 법은 새 창조에 속한 것입니다.

이 새로운 사랑의 법은 우리의 일상생활, 우리의 사업, 우리의 가정을 지배하게 되어 있습니다.

교회를 지배하게 되어 있습니다.

우리의 사회생활을 지배하게 되어 있습니다.

모세의 율법이 새로운 피조물에게는 자연스럽지도 않고 비정상적인 것과 마찬가지로 이 새로운 법은 자연인에게는 불가능할 것입니다.

그러므로 우리는 십계명이 자연인을 위한 것이란 것을 분명히 알고 있습니다.

사랑의 법이 새로운 사랑의 피조물을 지배하게 되어 있습니다.

마치 미국 시민이 일본의 법을 받아들여 그 법대로 살려고 하는 것처럼, 첫 언약 아래서 하나님이 유대인을 소유하였듯이 오늘날 이방인들이 십계명을 받아들여 하나님께서 자신들을 소유하도록 하는 것은 모순된 일일 것입니다.

이것이 사실입니다. 첫 언약은 그 모든 계명들과 함께 이스라엘 사람들 외에는 어떤 나라에도 주어진 적이 없었습니다.

이스라엘만 가지고 있던 것입니다. 오늘날 이방인이 자신을 그리스도인이라 부르면서 아브라함의 언약이나 모세의 율법 아래 살려고 하는 것은 아마도 가장 우스꽝스러운 일일 것입니다.

영적으로 죽은 사람만이 이런 노력을 할 것입니다.

11
새로워진 마음

새롭게 된 마음의 필요성에 관한 가르침이 이렇게 많은 적이 없었습니다.

우리는 거듭나는 것, 회심하는 것의 필요성을 강조해 왔으나, 회심자들을 회심한 상태 그대로 내버려 두었습니다.

크나큰 열정과 기쁨이 새로운 탄생에 따라오지만, 말씀을 실천하여 마음을 새롭게 함으로써 잘 돌봐주고 먹이지 않으면 기쁨은 사라질 것입니다.

당신이 거듭났을 때 당신의 영은 재창조되었습니다.

당신의 영은 아버지의 본성과 생명을 받았지만, 당신의 영을 사로잡고 있는 마음은 옛 사람과 다름이 없습니다.

당신의 영이 영원한 생명을 받았을 때 마음은 강한 충격을 받지만, 그것이 전부입니다.

마음이 가지고 있는 모든 지식은 감각으로부터 온 것이며 감각은 새롭게 된 적이 없었다는 것을 당신은 알고 있습니다.

감각은 육체에 있는 몸의 한 부분입니다.

감각은 복종시키고 통제될 수 있지만, 새롭게 될 수는 없습니다.

영은 재창조되었지만, 마음 즉 오감으로부터 지식을 받아들이는 우리의 뇌를 우리는 말씀에 복종시켜야 합니다.

마음은 말씀을 묵상함으로써 깨끗하게 정화될 수 있다고 나는 믿습니다.

그리스도의 피와 같이 우리를 깨끗하게 한다는 것이 아니라 불필요하거나 지혜롭지 못한 것들을 많이 떨쳐 버린다는 뜻입니다.

그 자체로는 해로운 것이 아닐지 몰라도 불필요한 것입니다. 이런 것은 시간을 빼앗습니다.

말씀을 먹고 말씀을 묵상하며 말씀대로 실천하며 살면 마음은 천천히 그러나 확실하게 재창조된 영과 교제 안으로 들어오게 됩니다.

"그러므로 형제들아 내가 하나님의 모든 자비하심으로 너희를 권하노니 너희 몸을 하나님이 기뻐하시는 거룩한 산 제물로 드리라 이는 너희가 드릴 영적 예배니라 너희는 이 세대를 본받지 말고 오직 마음을 새롭게 함으로 변화를 받아 하나님의 선하시고 기뻐하시고 온전하신 뜻이 무엇인지 분별하도록 하라"(롬 12:1-2)

이제 주의해서 살펴보십시오. 바울은 당신에게 오감을 가지고 있는 당신의 몸을 드리라고 요구하고 있습니다.

보고, 듣고, 느끼고, 맛보고, 냄새 맡는 부분은 몸의 가장 중요한 부분입니다.

　뇌가 알고 있는 모든 것은 뇌에 준 모든 자극들, 바로 이 다섯 가지 오감을 통해서 얻은 것입니다.

　당신의 오감의 본부를 주님께 내어 드리기를 바란다고 바울은 말하고 있습니다.

　당신의 몸을 있는 모습 그대로 제단 위에 올려놓기를 바랍니다.

　유대인들이 죽인 제물을 제단 위에 올려놓듯이, 당신은 헌신하는 의미로, 말씀의 주되심에 내어 주는 의미로, 당신의 살아 있는 몸을 제단 위에 올려놓아야 합니다.

　그리고 그는 두 번째 절에서 이렇게 말합니다. "너희는 이 세대를 본받지 말고 오직 마음을 새롭게 함으로 변화를 받아 하나님의 선하시고 기뻐하시고 온전하신 뜻이 무엇인지 분별하도록 하라"

　당신의 마음은 이 세상 것들을 따라 형성되었습니다.

　세상의 이상적인 것들이 아마도 당신의 이상이었을 것입니다.

　이제 당신의 마음은 말씀을 통하여 당신의 재창조된 영의 다스림 아래로 들어와야 합니다.

　당신의 마음은 당신의 재창조된 영을 통하여, 말씀의 주되심, 예수님의 주되심과 사랑의 주되심, 이렇게 삼중의 주되심을 인정해야만 합니다.

　사랑을 허락하여 당신의 일부가 되게 하고, 말씀을 허락하여 철저하게 다스리게 하고, 예수님의 사랑의 주되심을 인정하는 것을 당신의 마음이 받아들이기에는 어려울 수 있습니다.

나는 이것이 얼마나 어려운지 알고 있지만, 반드시 그렇게 해야만 합니다. 그렇지 않으면 믿는 자는 옳음과 그름의 경계선에서 살게 되며, 이것이 틀린 것인지 저것이 틀린 것인지 결코 알지 못합니다.

그는 친구들에게 "이렇게 하는 것이 잘못인가? 내가 꼭 그렇게 해야만 해?"라고 묻게 될 것입니다.

그 이유는 그의 마음이 새롭게 된 적이 없고, 영적인 어둠이 반쯤 걸쳐진 경계선에 그가 살고 있기 때문입니다.

그러나 그의 마음이 새롭게 된다면 그는 아버지의 뜻을 알게 될 것입니다. 그는 말씀의 빛 가운데 걷게 될 것입니다.

그는 아버지의 선하시고, 기뻐하시고, 온전하신 삼중의 뜻을 알게 될 것입니다.

그는 아버지의 가장 높은 뜻을 추구하게 될 것입니다.

그는 "선하시고 기뻐하신 뜻"에 만족하지 못하고, 온전한 뜻 즉 아버지를 매우 기쁘시게 하는 뜻을 원하게 될 것입니다.

요한복음 8:29에서 예수님은 말씀하셨습니다. "나는 언제나 아버지께서 기뻐하시는 일을 한다."

새 언약의 사람은 이런 종류의 삶을 갈망합니다.

때때로 아버지를 기꺼이 만족시키는 사람이 되려고 그의 영은 그 안에서 실제로 고뇌하며 손을 뻗습니다.

골로새서 3:5-10에서 그는 감각들이 내부에서 작용하는 것과 감각들이 마음을 통제하는 것에 관하여 보여주고 있습니다. 주의해서 읽어 보십시오.

"이것들로 말미암아 하나님의 진노가 불순종의 자식들에게 임하느니라"(6절)

그는 감각의 다스림을 받는 자연적인 마음의 불결함을 보여주고 있습니다.

9절에서는 당신에게 말씀하고 있습니다. 나는 여러분이 더 이상 서로 거짓말하지 않기를 바랍니다. 왜냐하면 여러분은 옛 사람과 그 행위를 벗어 버렸기 때문입니다.

알다시피 당신은 새로운 피조물이며, 자기를 창조하신 이의 형상을 따라 지식에까지 새롭게 된 새 사람을 입었습니다(10절).

이것은 새로 회심한 사람에게 우선적으로 주는 메시지입니다.

믿은 지 오래된 사람들은 이미 그렇게 했습니다.

새 사람이 자신의 생각하는 기능과 완전한 조화를 이루게 되기를 그는 원합니다.

이는 그의 마음이 새롭게 되고, 그리스도 안에서 자신의 위치를 인정하게 되어야만 가능합니다.

이렇게 말한 것을 보았을 것입니다. "새 사람을 입으십시오. 이 새 사람은 자기를 창조하신 분의 형상을 따라 끊임없이 새로워져서, 참 지식에 이르게 됩니다."(새번역, 10절)

이것은 계시 지식이 될 것입니다.

이렇게 되는 것은 당신의 책임과 당신의 능력이라는 것을 알게 될 것입니다.

믿음이 작은 사람은 거의 다 그의 마음이 아직 새롭게 되지 않은 사람입니다.

만일 당신이 사랑으로 행하지 않는 믿는 사람을 만난다면, 그의 마음은 아직 새롭게 되지 않았을 것입니다.

단순히 성경을 공부한다고 사람의 마음이 새롭게 될 수는 없습니다.

그 말씀대로 살아야만 합니다. 말씀이 그의 마음의 일부가 되어야 합니다.

성경을 가르치는 많은 교사들은 이런 것을 본 적이 없어서 그들의 감각이 그들의 마음을 지배하고 있습니다.

이 말은 그들의 감각이 그들의 가르침을 지배하고 있다는 뜻입니다. 그들의 재창조된 영은 그들의 삶에서 차지한 자리가 거의 없습니다.

"그러므로 우리가 낙심하지 아니하노니 우리의 겉 사람은 낡아지나 우리의 속 사람은 날로 새로워지도다"(고후 4:16)

속 사람은 말씀을 먹고 있는 당신의 영이며 끊임없이 새롭게 되어야만 합니다. 당신의 마음도 역시 말씀을 먹어야 합니다.

말씀을 묵상해야만 합니다.

여호수아 1:8에서 여호와께서 밤낮으로 말씀을 묵상해야 하며, 그 말씀에 기록되어 있는 모든 것을 따라서 행하면, 자신의 길을 형통하게 만들며 좋은 성공을 하게 될 것이라고 한 것을 당신은 기억하고 있습니다.

여호수아를 위해 하나님이 주신 똑같은 규칙이 그리스도의 마음을 가진 새로운 피조물을 다스려야 합니다.

우리에게 도움이 되는 다른 성경구절은 에베소서 2:10입니다.

"우리는 그가 만드신 바라 그리스도 예수 안에서 선한 일을 위하여 지으심을 받은 자니 이 일은 하나님이 전에 예비하사 우리로 그 가운데서 행하게 하려 하심이니라"

그분은 그분의 뜻 가운데 걷도록 당신을 준비하셨습니다.

그분의 능력이 당신에게 주어졌습니다.

그분의 힘은 당신 마음대로 사용할 수 있습니다.

그분께서 당신이 행하기 바라는 선한 행동들도, 그분이 당신에게 주신 능력의 영역 안에 있습니다.

그분은 당신이 아픈 사람들을 위해 기도해 주기를 기대하십니다.

당신은 말씀을 가르치고, 구원받지 못한 사람들에게 증인이 되며, 사랑으로 행하고, 말씀의 빛 가운데 행하며, 당신 주변에 있는 사람들에게 축복이 될 것입니다. 왜냐하면 당신의 마음은 이제 재창조된 영과 완전한 조화를 이루고 있기 때문입니다.

"서로 사랑하라"는 새 계명은 바로 당신의 행동의 심장이 되었습니다.

12
우리 안에서
자신을 재생산하시는 하나님

모든 아버지는 자신의 아들을 통해 자신을 재생산하기를 원합니다. 아버지 하나님의 꿈은 우리 안에서 자신을 재생산하는 것입니다.

당신은 새로운 피조물이 아버지의 본성과 생명을 받았다는 것을 알고 있습니다.

우리는 성령을 초청하였으며, 성령은 아버지로부터 이 본성을 우리에게 주었습니다. 성령은 몸에 들어와서 우리 안에 자기의 집을 만드시고, 우리가 말씀을 먹기 시작하고, 그 말씀을 행하며, 말씀대로 살 때, 그 말씀을 우리 안에 세워줍니다.

그리스도교의 특징은 우리의 일상생활에서 말씀을 통하여 주님처럼 살아가는 하나님의 능력을 우리 안에 세운다는 것입니다.

"그리스도께서 너희를 사랑하신 것 같이 너희도 사랑 가운데서

행하라 그는 우리를 위하여 자신을 버리사 향기로운 제물과 희생제물로 하나님께 드리셨느니라"(엡 5:2)

사랑의 자녀로서 우리는 그리스도께서 세상을 향하여 사랑으로 행하셨던 것처럼 사랑 안에서 행해야 합니다.

아버지께서는 세상을 너무 사랑하셔서 자기 아들을 내어 주셨습니다.

예수님은 세상을 너무 사랑하셔서 그분 자신을 주셨습니다.

이제 나도 세상을 너무나 사랑해서 나 자신을 줍니다.

나는 어떤 비판이나 핍박이 있을지라도 나의 심령이 세상을 향해 원수가 되도록 허락하지 않습니다.

나 자신이 그들에게 시간만 낭비하고 있을 뿐이라고 말하고 싶어질 때는 언제나 빌립보에 있던 바울과 실라를 생각합니다. 그들은 결박 당했고, 등이 피 흘리는 살덩어리가 될 때까지 매질을 당했습니다. 그들은 손과 발이 차꼬에 묶인 채 감옥에 갇혔습니다.

이런 육체적인 아픔과 고난 중에도 그들은 기도하고 찬양을 했습니다.

그들이 하늘을 휘저었기 때문에 아버지는 그 감옥 문을 열어 주셔야 했습니다. 지진이 나서 간수가 너무나 놀라 두려움의 고통 가운데 소리를 지르자 바울은 등에는 피를 흘리면서 그에게 복음을 전했으며, 그 간수는 예수님을 만났습니다.

그러자 그는 바울과 실라의 등을 씻어주었으며, 그 간수의 집에서 하나의 교회가 만들어졌습니다.

바울이 다른 영을 가졌었다면 이렇게 할 수 없었을 것이지만 그는 주님과 같은 영을 가졌습니다.

그는 사랑의 주되심이라는 다스림에 자신을 내어 드렸습니다.

아버지께서는 우리 안에서 자신을 재생산하기를 원하십니다.

"나의 자녀들아 너희 속에 그리스도의 형상을 이루기까지 다시 너희를 위하여 해산하는 수고를 하노니"(갈 4:19)

어떤 사람 안에 그리스도를 세우는 과정은 매우 느릴지도 모르지만 이 과정은 우리에게서 예수의 남자와 예수의 여자를 만들어 냅니다.

우리는 그리스도 예수 안에서 창조되었습니다. 우리는 그분의 피조물입니다. 우리 안에서 그리스도가 형성되기까지는 세상은 우리 안에 있는 종교 외에는 어떤 것도 볼 수 없습니다.

"너희 안에서 행하시는 이는 하나님이시니 자기의 기쁘신 뜻을 위하여 너희에게 소원을 두고 행하게 하시나니"(빌 2:13)

아버지는 그의 사랑의 생명, 그의 의, 그의 힘, 그의 지혜를 우리의 영 안에 실제로 세우고 계십니다.

수년 전에 동부에서 학교 지도자로 있을 때 전도 대회를 마치고 나면 몇몇 선생님들에게 나는 꼭 이렇게 묻곤 했었습니다.

"지난 번 저를 본 이래로 제가 좀 성장한 것 같습니까? 나의 영적 삶에서 성장한 표시가 있습니까?"

말씀에 대한 지식이 증가하지 않고, 그리스도 안에서 성장하지 않은 채 한두 달이 지나간다는 것이 나는 너무나 두려웠습니다.

"오직 우리 주 곧 구주 예수 그리스도의 은혜와 그를 아는 지식에서 자라 가라 영광이 이제와 영원한 날까지 그에게 있을지어다"
(벧후 3:18)

　은혜는 사랑의 역사입니다. 그리스어로는 "사랑의 선물들"이란 뜻입니다.

　성령은 우리가 이 사랑의 삶 안에서 자라면서, 우리의 일상생활에서 예수님의 사랑의 본성을 보여주기를 갈망합니다.

　나는 우리가 자신을 사랑의 주되심에 내어드림으로써만 그리스도께서 자신을 우리 안에 세울 수 있다고 한 치의 의심도 없이 확신합니다.

　이것은 성경에 대한 지식이 아닙니다. 나는 성경에 대한 방대한 지식을 쌓을 수 있습니다. 그러나 그것은 중요한 것이 아닙니다.

　내 안에 세워져서 나의 일부가 된 말씀만이 중요할 뿐입니다.

　당신이 바울의 계시를 공부하게 되면 각 서신들의 최종 목적은 예수님의 생명을 각 개인 안에 세우는 것이라는 것을 확신하게 될 것입니다.

　우리 안에 자신을 세우려는 그분의 계획은 놀랍습니다.

　우리가 예수님의 자리를 차지해야 합니다. 우리는 그분을 대신해서 행하는 법을 배워야 합니다.

　실제로 그분을 대신하도록 우리의 영을 의식적으로 훈련해야만 합니다.

　골로새서 1:9-12은 우리가 아버지를 실질적인 방법으로 잘 알게 되어 우리에게 속한 그분의 충만한 생명의 모든 부요에 들어갈 수 있기를 바라는 아버지의 열정을 암시해 주고 있습니다.

여기 바울의 입술을 통하여 하는 성령의 기도가 있습니다.

"이로써 우리도 듣던 날부터 너희를 위하여 기도하기를 그치지 아니하고 구하노니 너희로 하여금 모든 신령한 지혜와 총명에 하나님의 뜻을 아는 것으로 채우게 하시고"(골 1:9)

그리스어로 지식이란 단어는 "에피그노시스epignosis"입니다. 이 뜻은 온전한full 지식, 완전한complete 지식, 정확한exact 지식입니다.

우리는 이런 종류의 지식을 가져야 하는데 이 지식은 이 계시 안에 있습니다.

우리에게는 가르치는 분으로서 이 계시 지식의 영감을 주시는 성령이 있습니다.

그분은 가르치는 분의 자리를 떠난 적이 없었습니다. 그분은 여기 우리의 심령에 계시며 모든 영적 지혜와 이해에 대한 하나님의 뜻과 정확한 지식으로 우리를 채워주시기를 간절히 원하십니다.

우리의 일상생활에 이 계시 지식을 사용하는 것이 지혜입니다.

복음서 안에 있는 약속들뿐만 아니라, 사실을 진술한 문장들을 어떻게 사용하는지 아는 것이 지혜입니다.

이 메시지를 어떻게 매력적인 방법으로 알릴 수 있는지 아는 것이 지혜입니다.

우리는 아버지의 바로 그 심장을 아는 깊은 통찰력인 "모든 영적인 지혜 가운데 아버지의 뜻을 아는 지식"을 가져야 합니다.

고린도전서 2:9-10은 이에 대해 더욱 조명해 주고 있습니다. "기록된바 하나님이 자기를 사랑하는 자들을 위하여 예비하신 모든 것은 눈으로 보지 못하고 귀로 듣지 못하고 사람의 마음으로 생각하지도 못하였다 함과 같으니라 오직 하나님이 성령으로 이것을 우리에게 보이셨으니 성령은 모든 것 곧 하나님의 깊은 것까지도 통달하시느니라"

이런 것들은 성령을 통하여 이 계시 안에서 우리에게 주어졌습니다. 그렇습니다. 성령님은 모든 것들, 하나님의 깊은 것들을 통달하시고, 우리의 재창조된 영은 그분의 은혜의 풍성함을 찾는 데 성령님을 따를 수 있는 능력을 갖추었습니다.

대부분의 이런 은혜의 풍성함은 바울의 계시 안에 있습니다.

에베소서 3:8의 바울이 이렇게 말한 곳에서 엿볼 수 있습니다. "모든 성도 중에 지극히 작은 자보다 더 작은 나에게 이 은혜를 주신 것은 측량할 수 없는 그리스도의 풍성함을 이방인에게 전하게 하시고"

이 측량할 수 없는 그리스도의 풍성함은 우리의 것이지만, 진주와 같이 그것들을 우리가 찾아내야 합니다. "사람의 일을 사람의 속에 있는 영 외에 누가 알리요 이와 같이 하나님의 일도 하나님의 영 외에는 아무도 알지 못하느니라"(고전 2:11)

이제 그 다음 구절을 잘 살펴보십시오. "우리가 세상의 영을 받지 아니하고 오직 하나님으로부터 온 영을 받았으니 이는 우리로 하여금 하나님께서 우리에게 은혜로 주신 것들을 알게 하려 하심이라"(고전 2:12)

우리는 성령의 도움으로 이 정확한 진리를 파악하는 것을 배우고 있습니다.

골로새서 1:9-10의 모든 영적 지혜와 이해에 관한 그분의 뜻에 대한 이 지식은 우리로 하여금 주님을 기쁘시게 하기에 마땅한 삶을 살 수 있도록 해 줍니다.

우리는 세상에서 살고 있습니다.

우리는 우리의 삶이 이중적인 삶이라고 말할 수 있습니다. 한편으로는 아버지 앞에서, 다른 한편으로는 세상 사람들 앞에서 사는 것입니다.

사람들 앞에서 주님께 합당한 삶을 살아서, 내가 있는 곳에서는 그들이 예수님을 의식하게 되어야 합니다.

나의 방송 사역을 통하여 그리스도를 찾게 된 한 여성을 알고 있습니다. 그녀의 남편은 하나님을 믿지 않는 사람이었으며 그녀는 그와 함께 세상에서 살아가는 데 꼭 맞는 동료였지만, 이제 그녀는 그리스도를 찾게 되었습니다.

그 후 몇 주가 지난 후에 마침내 어느 날 아침 그녀의 남편은 출근하기 전에 그녀에게 이렇게 말했습니다. "여보, 내가 지난 두 주 동안 예수 그리스도와 함께 살며 잠자며 먹었다는 것을 알고 있어요?"

그녀는 똑똑한 여자였습니다. 그녀는 이렇게 대답했습니다. "즐겁게 보내셨나요?"

눈에 눈물이 가득해지면서 그가 말했습니다. "나도 당신처럼 되었으면 좋겠어요. 나도 당신의 삶에 들어온 그것을 가졌으면 좋겠어요."

이처럼 예수님이 그녀 안에 어떻게 사셨는지, 그녀 안에 있는 주님의 임재를 그는 느낄 수 있었던 것입니다.

두 젊은이가 한 가게에서 일하고 있었습니다. 그중 한 사람은 나의 수업을 듣고 있었습니다. 그의 옆에 앉아서 함께 일하던 친구가 어느 날 아침 그에게 이렇게 말했습니다. "해리, 내가 개인적인 질문을 좀 해도 되겠어? 우리 사무실에 있는 모든 사람들과 너의 삶이 다른데, 도대체 무엇 때문이야?"

그 청년이 대답했습니다. "예수님." 그 친구가 말했습니다. "오, 그건 종교야. 나는 종교를 믿지 않아." 그 청년이 말했습니다. "종교가 아니야, 살아계신 그리스도란 말이야."

내 몸에서 그리스도께서 존귀하게 되기를 바란다고 바울은 말했습니다.

그리스도께서 나의 일상생활에서 크게 되시기를 바랍니다.

빌립보서 1:20-21에서 바울은 이렇게 말했습니다. "나에게 사는 것은 그리스도이시다"

한번은 이 말씀이 몇 달 동안 내 안에서 불탄 적이 있었습니다.

주님께서 내게 이렇게 말씀하고 계셨습니다. "나는 네 안에서 존귀하게 되기를 바란다. 나는 너의 성격을 다 흡수하기 바란다. 나는 너의 꿈과 야망을 다 소유하기 바란다. 너의 삶에서 내가 첫째 자리를 차지하기 바란다."

나는 주님을 두려워했습니다. 나는 큰 소리로 말했습니다. "주님, 나는 절대로 주님께서 나를 통제하도록 허락하지 않을 것입니다. 내가 주님께 허락한다면 내가 그렇게 열망하던 일들을 나는 이룰 수 없기 때문입니다."

그 후에 나는 결코 잊을 수 없는 나의 심령의 소리를 들었습니다. "네가 자신을 사랑하는 것보다 나는 너를 더 사랑한단다. 네가 성공하고 싶어 하는 것보다 내가 더 너의 성공을 바라고 있단다. 나는 너를 성공시킬 수 있는 능력을 가지고 있단다."

"주님, 나를 거리에서 설교하는 사람이 되게는 하지 마십시오. 주님께서는 나를 슬럼가로 보내려고 하시지요. 주님 나는 슬럼가에는 가고 싶지 않습니다."

나는 다시 고민을 했지만 그분은 내게 여전히 부드러우셨습니다.

그분의 지혜는 내게 너무나 분명해졌습니다. 내가 극도로 힘들 때 그분은 자주 나를 도와주셨습니다.

내가 어려움에 빠졌을 때 그분은 나를 끌어내어 주셨습니다.

어느 날 내가 말했습니다. "주님, 주님과 함께 가겠습니다. 제가 여기 있습니다. 나의 모든 능력도 가져가십시오. 주님의 것과 함께 나의 야망도 가져가십시오. 그러나 주님의 사랑과 같은 사랑을 나에게 주십시오. 사람들이 내 안에서 주님을 보고, 주님을 느끼며, 내가 말할 때 주님의 목소리가 될 수 있도록 나를 도와주십시오. 내가 아픈 사람에게 손을 얹으면 당신의 손이 되게 해 주십시오."

그러자 나는 갈라디아서 2:20 말씀을 들었습니다. "내가 그리스도와 함께 십자가에 못 박혔나니 그런즉 이제는 내가 사는 것이 아니요 오직 내 안에 그리스도께서 사시는 것이라 이제 내가 육체 가운데 사는 것은 나를 사랑하사 나를 위하여 자기 자신을 버리신 하나님의 아들을 믿는 믿음 안에서 사는 것이라"

그때 내가 말했습니다. "주님, 이제 나는 주님을 신뢰하고 나 자신을 주님께 맡깁니다."

우리가 조용한 가운데 우리의 심령의 삶heart-life에서 그분께 "네, 그렇게 하겠습니다."라고 말하는 그 장소에 오게 될 때, 그분은 우리 안에 자신을 계시하십니다.

우리를 강요하는 것이 아닙니다.

그분은 우리를 몰아가는 분이 아닙니다.

그분은 병이나 재산을 잃어버리게 함으로써 우리를 강요하는 분이 아닙니다.

질병은 그분이 우리를 보호하실 수 있다는 것을 우리가 모르기 때문에 오는 것입니다.

우리는 우리가 끌리는 대로 살아왔었습니다.

우리는 우리 자신의 욕망을 따라 살아왔었으며, 우리의 계획들은 우리의 감각 지식으로 만들어지고 이루어졌습니다.

우리가 그렇게 지혜롭지 못하고 그 많은 어리석은 짓들을 할 때 주님이 얼마나 상처를 입으셨을까요. 그분이 어떤 분인지 에 대한 모든 것이 우리에게 주어졌으나, 때때로 우리는 가슴 아프고 실망뿐인 길을 선택합니다. 그러나 그분의 지혜는 우리가 찾기를 기다리고 있고, 그분의 능력이 우리를 기다리고 있으니, 우리에게는 거의 제한이 없습니다.

이것이 우리 안에 그리스도께서 형성되고 있는 것입니다. 이 비밀이 새로운 창조의 천재성입니다.

"그런즉 누구든지 그리스도 안에 있으면 새로운 피조물이라"

새로운 피조물이 되는 것까지는 완전하지만, 이 새로운 피조물 안에 그분 자신을 더 충만하게 세우기를 원하시기 때문에, 말씀 안에서 우리에게 드러난 그리스도의 것들을 가지고, 성령께서 우리 안에 이것들을 세우십니다.

우리는 그분의 지상의 삶에서 예수님께서 보여 주셨던 강함과 용기를 사모합니다.

어떤 어려운 상황에서든지 그리스도께서 보여주셨던 그 능력에 우리는 감격합니다.

그분의 지혜, 부드러움, 견디심에 감탄합니다. 이제 성령은 예수 안에서 우리가 사모하는 모든 것들을 가지고 우리 안에 그것들을 세우기 원하십니다.

무슨 뜻인지 알 수 있습니까? 우리를 성공적인 사람으로 만들어서 우리에게 속한 부요한 것들을 누릴 수 있도록 하는 것이 아버지의 야망입니다.

당신이 이전에 알고 있었는지 모르지만 요한복음 16:23-24의 기도에 관한 말씀 가운데 예수님은 이렇게 말씀하셨습니다.

"그 날에는 너희가 아무 것도 내게 묻지 아니하리라 내가 진실로 진실로 너희에게 이르노니 너희가 무엇이든지 아버지께 구하는 것을 내 이름으로 주시리라 지금까지는 너희가 내 이름으로 아무 것도 구하지 아니하였으나 구하라 그리하면 받으리니 너희 기쁨이 충만하리라"

기쁨joy은 재창조된 영 안에 들어오는 것입니다.

자연인은 기쁨joy을 가지고 있지 않습니다.

요한복음 15:11에서 예수님이 하시는 말씀을 다시 들어 보십시오. "내가 이것을 너희에게 이름은 내 기쁨이 너희 안에 있어 너희 기쁨을 충만하게 하려 함이라"

예수님의 기쁨이 내 안에 충만해지는 것, 이것이 기적입니다.

내가 그분을 기쁘게 할 뿐만 아니라 그분이 내게 그분의 기쁨을 전이 하십니다.

복음을 거절할 수 없게 만드는 무엇인가가 이제 나의 심령을 채웁니다. 말할 때 나의 얼굴은 빛이 나고, 나의 목소리는 하늘의 멜로디로 가득 찹니다.

그분이 우리 안에 자신을 세우실 때 우리는 그분과 함께 동역하며, 그분의 생명을 소유하고, 그분의 사랑을 소유합니다. 그렇습니다. 그분 자신을 소유하는 것입니다.

그러면 그리스도께서 우리 안에 형성되십니다.

이제는 더 이상 내가 아니라 그리스도께서 사십니다. 영적으로 깊이 성장한 사람들은 말씀이 그 사람을 완전히 통제하는 사람들입니다.

요한복음 15:7-8이 이에 대해서 좀 더 빛을 비춰줍니다. "너희가 내 안에 거하고 내 말이 너희 안에 거하면"

모든 성도는 그리스도 안에 있지만, 그분의 말씀이 모든 성도에게 거하지는 않습니다.

그분의 말씀이 내 안에 거하게 하는 것, 말씀이 절대적 우위에 있는 것, 말씀이 나의 생각과 내 삶의 모든 단계에서 나를 지배하게 하는 것은 무엇을 의미합니까?

예레미야가 말했듯이, 우리는 하나님의 말씀을 먹습니다. 이제 나는 먹고 있습니다. 나는 그 말씀 안에 살고 있습니다. 나는 말씀을 실천합니다. 나는 야고보가 말한 "말씀을 행하는 자"입니다.

예수님은 말씀을 행하는 사람은 땅을 깊이 파고 자기 집을 반석 위에 지은 사람과 같다고 하셨습니다. 그렇기 때문에 그의 집은 어떤 바람이 몰아쳐도 견딜 수 있습니다.

뿐만 아니라 그분은 이렇게 말씀하셨습니다. "너희가 내 안에 머물러 있고, 내 말이 너희 안에 머물러 있으며, 너희가 무엇을 구하든지 다 아버지께서 너희를 위하여 만들어 줄 것이다" 즉 존재하도록 한다는 말입니다.

오, 이제 나는 알겠습니다. 나는 그분과 함께 일합니다.

5절에서 주님은 이렇게 말씀하셨습니다. "나는 포도나무요, 너희는 가지다" 이제 나는 이해할 수 있습니다.

나뭇가지로서 나는 그분의 열매를 맺을 것입니다. 나는 그분과 함께 일합니다. 그분과 나는 함께 작용하며, 서로를 동일시합니다.

그분은 땅 위에서 자신의 능력으로 힘을 불어 넣어주고 다시 행동할 수 있는 한 장소를 발견한 것입니다.

이는 마치 어떤 부자가 사업을 시작할 수 있는 지적이고 젊은 청년을 찾아낸 것과 같고, 그 청년은 이 부자의 돈을 사용할 수 있는 능력을 갖춘 것과 같습니다.

이제 그분과 나는 함께 수고하며 아버지는 내가 많은 열매를 맺으므로 말미암아 영광스럽게 되시고, 나는 나의 삶으로 그분의 제자 됨을 증명합니다.

나는 은혜 안에서 성장하고 있으며, "정확한 하나님의 지식, 즉 모든 영적 지혜와 이해 안에서, 주님을 매우 기쁘시게 하기에 합당한 삶을 살 수 있도록" 성장하고 있습니다.

이제 나는 모든 선한 일에 열매를 맺으며, 아버지를 완전히 알게 되는 그 정확한 지식이 증가하고 있습니다.

예수님의 삶에서는 항상 확실한 느낌, 즉 확신이 있었다는 것을 당신은 알고 있었을 것입니다. 망설임이라고는 없었습니다.

그분은 멈춰 서서 "이제 내가 지혜를 가질 수 있도록 기도해 주렴"이라고 말씀하신 적이 없습니다. 그분은 지혜를 가지고 계셨습니다.

우리의 삶 속으로 똑같은 조용한 확실함, 우리가 아버지의 뜻을 아는 확신이 들어왔습니다. 우리는 확신 속에 살아갑니다.

우리 안에서 역사하시는 그분의 능력으로 우리는 열매를 맺습니다. 이는 그분의 영광의 능력으로 말미암은 것이며, 이는 우리에게 기쁨과 함께 변함없고 오래 참을 수 있게 해 줍니다.

"우리로 하여금 빛 가운데서 성도의 기업의 부분을 얻기에 합당하게 하신 아버지께 감사하게 하시기를 원하노라"(골 1:12)

그분이 우리 안에서 그분의 삶을 살게 함으로써, 우리가 그리스도 안에 있는 우리의 기업의 부분을 누리기 시작하는 것이 아버지의 깊은 갈망의 최고 절정입니다.

그분이 우리를 위해 행하신 것과 우리 안에서 행하신 것에서 우리는 배당금을 받고 있습니다.

우리는 그분의 은혜의 풍성함을 누리게 되었습니다.

13
하나님을 우리 안에서 제한함

바울을 통하여 성령은 이렇게 말씀하십니다. "하나님은 여러분 안에서 활동하셔서, 여러분으로 하여금 하나님을 기쁘게 해 드릴 것을 염원하게 하시고 실천하게 하시는 분입니다"(빌 2:13, 새번역). (For it is God who is at work within you, willing and working his own good pleasure(Literal).

우리 안에 그분이 계시다는 것을 날마다 스스로 생각나게 하고, 그분은 우리 안에 그리스도를 세우기 위해 거기 계시며, 살아있는 말씀이 우리 안에 세워지도록 하신다는 사실을 인식하는 것, 곧 하나님이 우리 안에 계시다는 사고방식God-inside-minded을 가지고 살아가는 것이 어떤 사람들에게는 얼마나 어려운 일인지요.

조적공이 벽돌을 하나씩 쌓아서 집을 짓듯이 성령님은 진리를 하나씩 우리 안에 쌓으심으로써 우리가 예수님의 사고방식Jesus-minded을 가지며, 사랑이 주관하는 자Love-controlled가 되며, 아버지를 기쁘시게 하는 자Father-pleaser가 되게 하십시오.

요한복음 8:29에서 예수님은 이렇게 말씀하셨습니다. "나를 보내신 분이 나와 함께 하신다. 그분은 나를 혼자 버려두지 않으셨다. 그것은, 내가 언제나 아버지께서 기뻐하시는 일을 하기 때문이다."

오랫동안 이 말씀은 내 심령의 슬로건이었습니다.

나는 주님을 행복하게 하려고 애썼습니다.

주님은 우리를 위하여 완전하고 위대한 대속을 하셨습니다. 미완성된 것은 하나도 없습니다.

우리가 이 일을 받아들이고 하나님께서 우리 안에서 일하시도록 허락한다면, 우리는 아버지 앞에서 그분을 아주 기쁘시게 해 드리는 자가 될 것입니다.

그분의 본성이 우리에게 주어졌기 때문만이 아니라, 그분이 성령을 통하여 하나님 가족의 새로운 습관인 새로운 피조물의 새로운 언어를 우리 안에 넣어 주셨기 때문입니다.

우리는 절대로 의심, 두려움, 아픔과 부족함을 말하지 않습니다.

우리는 이런 말들을 거의 잊어버렸습니다.

우리는 그리스도와 하나인 사람의 언어인 정복자의 새로운 언어를 가지고 있습니다.

이 언어는 포도나무 가지의 언어입니다.

포도나무의 생명이 우리 안에서 잘 자라서 우리는 예수의 남자Jesus men와 예수의 여자Jesus women가 됩니다.

시애틀에 있는 우리 교회에서는 예수의 남자와 예수의 여자라고 부릅니다.

예수의 남자와 예수의 여자들은 세상으로 나가서 세상을 어루만져 주고, 축복하고, 그들 안에 있는 그리스도의 생명으로 비추어 줍니다.

예수의 사람들Jesus Folks이라는 한 새로운 종족이 일어날 것이며, 온 땅에 확산될 것입니다.

그들은 행동하는 사랑이 될 것입니다.

그들은 말씀 안에 살며 말씀은 그들 안에 살 것입니다.

그들은 그 주인의 일을 할 것입니다.

예수님께서는 몸을 치유하시고 대부분 감각 영역에서 섬기셨지만, 이 예수의 사람들은 대부분 영적인 영역에서 섬길 것입니다.

"하나님께서는 여러분에게 온갖 은혜가 넘치게 하실 수 있습니다. 그러하므로 여러분은 모든 일에 언제나, 쓸 것을 넉넉하게 가지게 되어서, 온갖 선한 일을 얼마든지 할 수 있습니다."(고후 9:8, 새번역)

우리 안에서, 우리를 통하여 은혜가 넘치게 하실 수 있고, 그분의 공급으로 말미암아 우리 모든 일에, 모든 것이 넉넉하고 완전하게 하실 수 있는 하나님의 능력을 깨닫는데 우리는 왜 이렇게 느릴까요.

그분이 우리의 충분함입니다. 그분이 우리의 능력입니다. 그분이 우리 삶의 힘입니다.

우리는 감각적인 추론을 무시하고 던져 버려, 우리의 재창조된 영에 주도권을 줌으로써 말씀이 첫 번째 자리를 차지하게 하였습니다.

여기 10-11절 말씀을 주의해 보십시오. "심는 사람에게 심을 씨와

먹을 양식을 공급하여 주시는 하나님께서, 여러분에게도 씨를 마련하여 주시고, 그것을 여러 갑절로 늘려 주시고, 여러분의 의의 열매를 증가시켜 주실 것입니다. 하나님께서 여러분을 모든 일에 부요하게 하시므로, 여러분이 후하게 헌금을 하게 될 것입니다. 우리가 여러분의 헌금을 전달하면, 많은 사람이 하나님께 감사를 드리게 될 것입니다."
(고후 9:10, 새번역)

우리는 지금까지 의의 열매에 대해서는 거의 관심이 없었습니다.

나는 이 말이 무슨 뜻인지 묻는 사람들을 많이 만났습니다.

(의의 열매란 예수님의 대중 사역 가운데서 볼 수 있는 똑같은 종류의 열매를 의미합니다.)

알다시피, 의란 아버지의 임재 안에서 아무 죄의식, 정죄, 열등감 없이 설 수 있는 능력을 의미합니다.

의는 사탄 앞에서나 사탄이 하는 일 앞에서 그 어떤 망설임이나 두려움이나 열등감 없이 대면할 수 있는 능력을 말합니다.

실제로 의는 당신이 사탄보다 우세한 자가 된 것을 의미합니다.

당신은 이제 열등의식이 아니라 우등의식을 가지고 있습니다.

당신은 자신 안에 있는 하나님의 능력을 인정하게 되었습니다.

마침내 당신은 그분을 인정하는 자리에 이르게 되었습니다.

그분이 당신 안에 계시며, 당신이 성공적으로 완성할 수 있도록 당신의 일을 계획합니다.

우리는 에베소서 1:19-23을 잊어서는 안 됩니다. 여러분이 이 구절에 완전히 친숙하여 늘 위로와 힘의 근원이 되도록 하기를 바랍니다.

"또한 믿는 사람들인 우리에게 강한 힘으로 활동하시는 하나님의 능력이 얼마나 엄청나게 큰지를, 여러분이 알기 바랍니다."

그 능력을 아무리 크게 말해도 과장이 될 수 없습니다.

하나님이 당신 안에서 일하고 있다는 것입니다.

예수를 죽음에서 일으키신 그분입니다.

당신을 재창조하신 분입니다.

당신은 하나님의 모든 능력을 가진 영이기 때문에, 어떤 영역에서도 적을 두려워하지 않습니다.

그분이 만물을 그의 발아래 복종시키셨고, 교회의 유익을 위해서 그분을 만물 위에 머리로 주셨다는 것을 당신은 알고 있습니다.

이 분이 당신 안에서 일하시는 분이라는 것을 기억하십시오.

에베소서 3:20(새번역)을 봅시다. "우리 가운데서 일하시는 능력을 따라, 우리가 구하거나 생각하는 것 이상으로 더욱 넘치게 주실 수 있는 분에게"

당신이 이 말씀을 이해하고 날마다 실천한다면, 당신은 이미 도달했다는 것을 알 수 있을 것입니다.

마침내 당신은 그 포도나무의 귀한 지체가 되었습니다. 당신은 그분의 영광을 위해 실제로 열매를 맺고 있습니다.

나는 메모장에 이렇게 써 놓았습니다. "내 안에 계신 하나님을 의식하게 되었기 때문에 모든 지혜를 가진 분이 지금 내 안에 계신다는 것을 나는 알고 있다(Becoming God-inside-minded, knowing that the All wise One is in me, now)."

모든 능력의 하나님이 지금 내 안에 계십니다.

모든 사랑의 하나님이 지금 내 안에 계십니다.

하나님과 나는 하나로 연결되어서 나는 하나님과 함께 일하고 있습니다.

우리는 생각과 행동에서 하나가 되어가고 있습니다.

그분과 나는 은혜의 위대한 꿈을 이루기 위해 함께 수고하고 있습니다.

모든 은혜의 하나님이 내 안에 살고 계시므로 나는 반복해서 이렇게 말합니다. "하나님, 나의 아버지께서, 성령님이란 인격체로, 살아 있는 말씀을 통하여 내 안에 살고 계신다."

그분이 나의 힘과 능력이 되셨으므로 이제 나는 그 안에서 모든 것을 할 수 있습니다.

한계가 없는 분이 내 안에 계십니다.

사랑이신 하나님이 내 안에 살고 계십니다.

마침내 나는 하나님을 마음에 품게 되었습니다.

요한일서 4:4(새번역)은 성경 말씀만이 아니라 살아있는 실재입니다. "자녀 된 이 여러분, 여러분은 하나님에게서 난 사람들이며, 여러분은 그 거짓 예언자들을 이겼습니다. 여러분 안에 계신 분이 세상에 있는 자보다 크시기 때문입니다."

풍성한 삶의 하나님이 내 안에 계십니다.

그분은 더 이상 나를 책망하시지 않고 내 안에서 그분의 모든 강력한 사역의 실재 가운데로 나를 인도하시는 분입니다.

"그분과 함께 수고한다"고 하셨을 때 그분이 무엇을 의미하셨는지 이제 나는 이해할 수 있습니다.

그분이 고린도전서 3:9에서 "우리는 하나님의 동역자요, 여러분은 하나님의 밭이며, 하나님의 건물입니다"라고 하셨을 때 무엇을 의미하셨는지 나는 이해할 수 있습니다.

이제 나는 "동역자"가 된다는 것이 무슨 뜻인지 압니다.

나는 하나님이 경작하시는 밭이 된다는 것이 무슨 뜻인지 압니다.

나의 심령과 나의 삶은 그분이 사랑의 씨앗을 심은 흙이고, 이제 그 씨앗들은 내 안에서 자라고 있습니다.

나는 하나님의 꿈과 계획의 일부분입니다.

그분과 실제적이고 친밀한 교제를 한다는 것이 무엇을 의미하는지 나는 이해하게 되었습니다.

14
우리 자신에 대해 우리가 담대히 고백하는 것

그리스도 안에서 우리가 실제로 누구인지, 즉 예수님을 우리의 삶의 주님으로 모시고 있다는 것이 무엇을 의미하는지를 스스로 생각하고, 속으로 의식하는 것을 우리는 아마도 충분히 중요하게 여기지 않았을 것입니다.

우리는 바울이나 요한의 편지에서 이에 관하여 말하는 바를 읽고 있습니다.

요한은 이렇게 말했습니다. "하나님으로부터 난 자는 세상을 이깁니다."

우리는 이 말씀을 우리 자신에게 적용시킨 적이 없습니다.

우리는 진지하게, "요한이 지금 나에 관해서 말씀하고 있구나"라고 하거나 혹은 "바울이 나를 묘사하고 있구나"라고 말한 적이 없습니다.

바울의 계시는 가족 사진첩과 같다는 것을 알고 있습니까? 우리는 이 앨범을 펼쳐서 먼저 우리가 아기였을 때 찍은 사진을 봅니다.

한 장 넘겨서 다른 사진을 봅니다.

첫 번째 사진을 찍은 지 몇 달이 지나서 나는 사진 아래에 누군가 이렇게 써 놓은 것을 봅니다. "시간으로 보면, 여러분은 이미 교사가 되었어야 할 터인데, 다시금 하나님의 말씀의 초보적 원리를 남들에게서 배워야 할 처지에 놓여 있습니다. 여러분은 단단한 음식물이 아니라, 젖을 필요로 하는 사람이 되었습니다."(히 5:12, 새번역)

그리고 나는 더 많이 알아차립니다. 그분은 내가 의의 유익을 누리지 못했다는 사실에 관심을 갖게 하십니다.

실제로는 하나님의 신성에 참여한 자임에도 불구하고 나는 단지 자연인a mere man으로서 살아왔습니다.

지난 몇 달 동안 내가 그리스도인이란 것을 인정하기를 두려워하면서 살아왔던 것을 나는 기억했습니다.

나는 나의 자리를 차지하지 않았습니다.

나의 고백은 매우 불확실하고 막연했었습니다. 왜 그랬을까요?

왜냐하면 나는 스스로 하나님께 인정받도록 말씀을 공부하지 않았기 때문이었습니다.

나는 말씀대로 살지 않았습니다.

나는 말씀을 실천하지 않았으므로, 말씀이 내가 누구라고 하는 그런 사람이라고 감히 고백하지 못했습니다.

말씀은 내가 속량 받았다고 말합니다. "그 안에서 나는 속량 받았다."

그러나 나는 속량 받은 느낌이 없습니다. 사탄이 나를 지배하고 있습니다.

나는 내 주변에 있는 사람들과 거의 똑같이 살고 있습니다.

나는 그들이 가는 곳에 갑니다.

나는 그들이 하는 말과 대화를 듣습니다.

교회에 갔을 때 목사님들이 내 심령을 꿰뚫어 보는 말씀을 하고 강단 앞으로 나오라고 하면 나는 거의 앞으로 나갑니다.

나는 눈물을 조금 흘린 후 더 잘하지 못한 것에 대해서 매우 죄송스럽게 생각하지만 교회 밖으로 나오면 이전과 같은 삶으로 돌아갑니다.

물론, 나는 내가 영생을 가지고 있음을 알고 있습니다.

나는 아주 오래전에 어느 날 밤 하나님께서 내게 영생을 주셨던 것과 그후 몇 달간은 천국에서 살았던 것을 기억하고 있습니다. 나는 놀라운 승리를 경험하고 몇 사람을 그리스도께로 인도했었습니다.

그리고 나서 무슨 일이 일어났는지 어둠이 내 삶을 덮었으며 그 후로 나는 빛 가운데 걸어본 적이 없었습니다. 나는 어떻게 해야 할지 몰랐습니다.

예전에 가졌던 그 기쁨으로 돌아가는 법을 알았더라면 얼마나 좋았을까요.

그때 누군가 내게 이렇게 속삭여 주었습니다. 자네는 요한일서 1:9을 읽어보지 않았는가? "우리가 우리 죄를 자백하면…"

나는 이렇게 대답했습니다. "물론 그 말씀을 알고 있습니다. 나는 그 말씀대로 자백하고 또 자백했지만 자유함이 없었습니다."

똑같은 목소리가 다시 이렇게 속삭였습니다. "다시 한 번 더 읽어 봐라. '우리가 우리 죄를 자백하면.' 너는 자백하였니?" "네." "그다음에는 뭐라고 쓰여 있지?" "하나님은 신실하시고 의로우신 분이셔서, 우리 죄를 용서하시고, 모든 불의에서 우리를 깨끗하게 해주실 것입니다."

"네가 그분의 용서를 구했다면, 너에게도 그의 말씀대로 하실 만큼 그분은 신실하고 의로우신 분이라고 생각하지 않느냐?"

나는 잠시 기다렸다가 그 말씀을 다시 한 번 들여다보고 나서 다시 한 번 더 읽어 보았습니다. "우리의 죄를 용서하실 만큼 신실하시고 의로우시므로" 내 가슴이 기뻐 뛰었습니다. 왜냐고요? 그분이 나를 용서해 주셨으니까요! 잃어버린 교제가 회복되었습니다.

이제 나는 알고 있습니다. 그분이 빛 가운데 계신 것 같이 나도 빛 가운데 걸을 수 있었는데 나는 몇 달 동안 어둠 속에서 살았습니다. 나는 형제들과 교제할 수 있었고 하늘과 교제할 수 있었던 것을 몰랐었습니다.

그러나 이제는 알고 있습니다. 세상 앞에서 나는 빛 가운데 걷고 있다고 고백합니다.

하나님은 나의 아버지시며 나는 그분의 자녀이고 그분의 가족이라고 고백합니다.

나를 지배하던 사탄의 다스림은 깨뜨려졌으며, 나는 내 안에 하나님의 아들의 바로 그 본성과 생명을 가지고 있습니다.

나는 하나님의 본성에 참여한 자입니다I am a partaker of the Divine Nature.

나는 사망에서 생명으로 옮겨졌습니다.

나는 내가 하나님의 아들임을 알고 있으며, 아들이면 상속자이고, 예수 그리스도와 함께 하는 상속자라는 것을 알고 있습니다.

이것이 진리라면 나는 주님과 똑같이 아버지 앞에 서 있습니다. 왜냐하면 그분이 나의 후원자가 되셨기 때문입니다. 그분은 나의 구원자이며 주님이십니다.

나는 이제 알고 있습니다. 그분이 나를 그의 의가 되게 하셨으며, 내가 그분을 영접한 후 처음 며칠 동안 즐겁게 보냈던 그때와 마찬가지로 나는 지금 아버지의 임재 안에 설 수 있습니다.

나는 그분이 나의 몸에 들어오셔서 내 몸을 그분의 집으로 삼으시도록 요구할 권리를 가지고 있습니다.

나는 그분이 이렇게 하신 말씀을 기억합니다.

"누구든지 나를 사랑하는 사람은 내 말을 지킬 것이다. 그리하면 내 아버지께서 그 사람을 사랑하실 것이요, 내 아버지와 나는 그 사람에게로 가서 그 사람과 함께 살 것이다."(요 14:23, 새번역)

그분이 내게 오셔서 내 안에 산다는 말인지 나는 의아했습니다.

그분이 내 몸 안에 사셔서 내가 가는 곳에 그분이 나와 함께 하신다면 얼마나 좋은 일입니까! 그분은 내 안에 계실 테니까요.

이사야 41:10이 실제가 됩니다. "내가 너와 함께 있으니, 두려워하지 말아라. 내가 너의 하나님이니, 떨지 말아라. 내가 너를 강하게 하겠다. 내가 너를 도와주고, 내 승리의 오른팔로 너를 붙들어 주겠다."

이것은 나의 것입니다. 전부 나의 것입니다. 나는 세상을 향하여 담대하게 고백합니다.

놀라운 일이 아닙니까?

로마서 8:11(새번역)은 마침내 실재가 되었습니다. "예수를 죽은 사람들 가운데서 살리신 분의 영이 여러분 안에 살아 계시면, 그리스도를 죽은 사람들 가운데서 살리신 분께서, 여러분 안에 계신 자기의 영으로 여러분의 죽을 몸도 살리실 것입니다."

그렇습니다. 당신의 몸을 살리십니다. 아프다면 고치십니다. 약하다면 강하게 만드십니다. 당신의 영 안에 승리자의 의식the consciousness of a victor, 이긴 자의 느낌the sense of overcomer을 쏟아 부으십니다.

그러면 히브리서 13:20-21(새번역)은 살아 있는 실재가 됩니다. "영원한 언약의 피를 흘려서 양들의 위대한 목자가 되신 우리 주 예수를 죽은 사람들 가운데서 이끌어내신 평화의 하나님이 여러분을 온갖 좋은 일에 어울리게 다듬질해 주셔서 자기의 뜻을 행하게 해 주시기를 빕니다. 또 하나님께서 예수 그리스도로 말미암아 우리 가운데 자기가 기뻐하시는 바를 이루시기를 빕니다. 예수 그리스도께 영광이 영원 무궁히 있기를 빕니다. 아멘."

자신이 그리스도 안에서 누구인지를 담대히 고백할 때 당신의 심령에는 이것이 생생하게 실재가 됩니다. 더욱 실제적이려면 모든 것을 대면할 때 이렇게 고백하십시오.

15
회개란 무엇을 뜻하는가

현대 설교에서 회개의 문제는 심각합니다.

회개의 의미는 오순절 날 베드로가 사용한 의미에 나타납니다. "베드로가 대답하였다"(행 2:38, 새번역). 회개하십시오. 그리고 여러분 각 사람은 예수 그리스도의 이름으로 침례를 받고, 죄 용서를 받으십시오. 그리하면 성령을 선물로 받을 것입니다."

그리스어로는 "원리나 행하는 것을 바꿈," "정신적으로 태도를 바꿈," "마음의 변화," "사람의 생각이나 행동하는 방법의 변화,"를 의미합니다. 말씀을 공부하는 동안에 이 정의들을 마음에 분명하게 간직하십시오.

우리는 먼저 자연인의 실제적 상태에 주의할 필요가 있습니다.

자연인의 실제 상태 The Real Conditions of Natural Man

"그러나 자연에 속한 사람은 하나님의 영에 속한 일들을 받아들이지 아니합니다. 그런 사람에게는 이런 일들이 어리석은 일이며, 그는 이런 일들을 이해할 수 없습니다. 이런 일들은 영적으로만 분별되기 때문입니다."(고전 2:14, 새번역)

왜 자연인은 하나님의 일들을 이해할 수 없습니까?

에베소서 2:1-3(새번역)은 이렇게 말합니다. "여러분도 전에는 허물과 죄로 죽었던 사람들입니다. 그 때에 여러분은 허물과 죄 가운데서, 이 세상의 풍조를 따라 살고, 공중의 권세를 잡은 통치자, 곧 지금 불순종의 자식들 가운데서 작용하는 영을 따라 살았습니다. 우리도 모두 전에는, 그들 가운데에서 육신의 정욕대로 살고, 육신과 마음이 원하는 대로 행했으며, 나머지 사람들과 마찬가지로 날 때부터 진노의 자식이었습니다."

앞으로 공부하면서 우리는 더욱 잘 알게 될 것입니다. 먼저 우리는 여기서 자연인은 죄와 허물로 죽어 있다는 것을 발견하였습니다. 이 말은 무슨 의미일까요?

요한복음 5:24에서 도움을 얻을 수 있습니다. "내가 진정으로 진정으로 너희에게 말한다. 내 말을 듣고 또 나를 보내신 분을 믿는 사람은, 영원한 생명을 가지고 있고 심판을 받지 않는다. 그는 죽음에서 생명으로 옮겨갔다."

여기서 죽음이란 무엇을 의미하고 있을까요?

말씀에는 육체적 죽음과 영적 죽음 두 가지가 언급되어 있습니다.

영적 생명이 아버지의 본성인 것과 똑같이 영적 죽음은 사탄의 본성입니다.

요일 3:14-15(새번역)은 이에 대해 더 분명하게 보여주고 있습니다. "우리가 이미 죽음에서 생명으로 옮겨갔다는 것을 우리는 압니다. 이것을 아는 것은 우리가 형제자매를 사랑하기 때문입니다. 사랑하지 않는 사람은 죽음에 머물러 있습니다. 자기 형제자매를 미워하는 사람은 누구나 살인하는 사람입니다. 살인하는 사람은 누구나 그 속에 영원한 생명이 머물러 있지 않다는 것을 여러분은 압니다."

여기서는 삶과 죽음을 대조하고 있습니다. 생명은 아버지의 본성이며, 죽음은 원수의 본성입니다. 왜냐하면 자연인은 영적으로 죽은 자이기 때문입니다.

자연인은 에덴동산에서 그에게 주어졌던 사탄의 본성에 참여한 자이며, 그 후에 영적 죽음은 사람을 지배해 왔습니다.

생생한 대조를 보기 원한다면 로마서 5:17(새번역)을 찾아보십시오. "아담 한 사람의 범죄 때문에 그 한 사람으로 말미암아 죽음이 왕노릇 하게 되었다면, 넘치는 은혜와 의의 선물을 받는 사람들은, 예수 그리스도 한 분으로 말미암아, 생명 안에서 왕노릇 하게 되리라는 것은 더욱 더 확실합니다."

영적 죽음은 그 동산에서 인류 위에 군림함으로써 인류는 영적 죽음의 지배 아래 종으로서 섬겼습니다.

바울은 우리에게 로마서 5:12-21(새번역)에서 영적 죽음의 전체

드라마의 베일을 벗겨주고 있습니다. "그것은, 죄가 죽음으로 사람을 지배한 것과 같이, 은혜가 의를 통하여 사람을 지배하여, 우리 주 예수 그리스도로 말미암아 얻는 영원한 생명에 이르게 하려는 것입니다."

십 사절을 보십시오. "그러나 아담 시대로부터 모세 시대에 이르기까지는 아담의 범죄와 같은 죄를 짓지 않은 사람들까지도 죽음의 지배를 받았습니다. 아담은 장차 오실 분의 모형이었습니다."

이것은 무슨 말입니까? 육체적 죽음이 모든 사람을 지배했습니까? 아닙니다. 영적 죽음이 지배했습니다.

영적 죽음의 지배는 모세가 올 때까지 어떤 간섭도 없이 지배했습니다.

모세는 무엇을 주었습니까? 모세는 우리에게 황소와 양들의 피 안에 있는 속죄atonement를 주었습니다.

속죄는 덮는다는 뜻입니다.

그는 동물의 생명을 보호하는 옷과 같은 가죽으로 영적으로 죽은 이스라엘을 영적으로 가려 주었습니다. 이 피의 옷이 율법을 범한 것과 제사제도를 가려 주었습니다.

이스라엘이 이 첫 언약 안에서 행하는 동안에는 영적 죽음은 통치할 수 없었지만, 예수님이 오셨을 때, 그 전쟁은 삶과 죽음의 전쟁이었습니다. 육체적인 생명과 육체적인 죽음이 아니라 예수님이 가져오신 새로운 종류의 생명이 영적인 죽음과 전투를 벌였습니다.

요한복음 10:10(새번역)을 이렇게 말합니다. "도둑은 다만 훔치고 죽이고 파괴하려고 오는 것뿐이다. 나는, 양들이 생명을 얻고 또 더 넘치게 얻게 하려고 왔다."

여기서 생명이라고 번역된 그리스어는 "조에Zoe"인데, 영적 죽음이 사탄의 실체substance, 사탄의 존재 자체being를 뜻하듯이, 이 생명은 하나님의 본성, 하나님의 실체substance, 하나님의 존재 자체being를 뜻합니다.

영생으로부터 그리스도인의 삶을 장식하는 모든 아름다운 은혜들이 흘러 나왔습니다.

그 동산의 죄의 도모, 영적 죽음으로부터 저질러진 모든 죄들이 자라 나왔습니다.

인간은 영적으로 사탄과 하나가 되었습니다.

유대인들에게 예수님께서 하신 말씀 중에서 가장 끔찍한 말씀은 요한복음 8:44-45(새번역)에 기록되어 있습니다. "너희는 너희 아비인 악마에게서 났으며, 또 그 아비의 욕망대로 하려고 한다. 그는 처음부터 살인자였다. 또 그는 진리 편에 있지 않다. 그것은 그 속에 진리가 없기 때문이다. 그가 거짓말을 할 때에는 본성에서 그렇게 하는 것이다. 그는 거짓말쟁이이며, 거짓의 아비이기 때문이다. 그런데 내가 진리를 말하기 때문에, 너희는 나를 믿지 않는다."

이는 준엄한 성경 말씀입니다.

사탄은 살인자요 거짓말쟁이였습니다. 그는 본성이 살인자입니다.

사탄의 존재와 본질은 우리가 사람이신 예수님에게서 보는 것의 정반대입니다.

예수님은 진리입니다. 그분은 생명입니다. 그분은 사랑입니다.

사탄은 영적으로 죽은 자입니다. 그는 증오하는 자, 죄를 짓는 자입니다. 사탄은 모든 나쁜 것입니다.

예수님은 모든 좋은 것입니다.

요한일서 3:10(새번역)은 이 불행한 드라마에서 한 걸음 더 나아갑니다. "하나님의 자녀와 악마의 자녀가 여기에서 환히 드러납니다. 곧 의를 행하지 않는 사람과 자기 형제자매를 사랑하지 않는 사람은 누구나 하나님에게서 난 사람이 아닙니다."

여기 하나님의 가족과 마귀의 가족이라 대조되는 두 가족이 있습니다.

에베소서 2:11-12(새번역)은 우리에게 자연인의 가장 슬픈 상태를 보여주고 있습니다. 성령님은 바울을 통하여 이렇게 말씀하십니다. "그러므로 여러분은 지난날에 육신으로는 이방 사람이었다는 사실을 명심하십시오. 손으로 육체에 행한 할례를 받은 사람이라고 뽐내는 이른바 할례자들에게 여러분은 무할례자들이라고 불리며 따돌림을 당했습니다." 즉 유대인들은 이방인들을 무할례자들이라고 불렀습니다. 왜 그랬을까요?

첫 언약에 의하면 할례 받은 사람은 언약에 대한 권리와 특권이 있지만 이방인들 즉 무할례자들은 언약 밖에 있었습니다.

유대인들은 불결하다고 생각했기 때문에 이방인들과 한 상에서 식사하지 않았습니다. 다음 구절이 이를 설명하고 있습니다.

"그 때에 여러분은 그리스도와 상관이 없었고, 이스라엘 공동체에서 제외되어서, 약속의 언약과 무관한 외인으로서, 세상에서 아무 소망이 없이, 하나님도 없이 살았습니다."(엡 2:12, 새번역)

하나님의 모든 복은 그리스도 안에 싸여 있습니다.

이방인들은 그리스도로부터 분리되어 있습니다.

두 번째 사실은 이방인들은 이스라엘 공동체로부터도 분리되어 있다는 것입니다.

언약의 백성은 하나님에 대하여 주장할 수 있는 언약을 가지고 있지만, 이방인들은 하나님과 언약의 관계도 없고 계약도 없는 나그네입니다.

이방인들은 이 세상에서 하나님도 없고 소망도 없습니다.

영적인 상태를 보십시오. 그들은 영적으로 죽은 자요, 마귀와 하나 된 자입니다.

예수님은 그들을 마귀의 자식들이라고 불렀습니다.

침례자 요한은 "독사의 자식들"이라고 했는데 사탄의 자식들이란 의미였습니다.

그는 하나님께 대하여 언약의 권리가 없습니다. 그는 여기 이 세상에서는 소망도 없고, 하나님도 없습니다.

고린도후서 4:3-4(새번역)은 이 절박한 상황을 좀 더 충분히 설명하고 있습니다. "우리의 복음이 가려 있다면, 그것은 멸망하는 자들에게 가려 있는 것입니다. 그들의 경우를 두고 말하면, 이 세상의 신이 믿지 않는 자들의 마음을 어둡게 하여서, 하나님의 형상이신 그리스도의 영광을 선포하는 복음의 빛을 보지 못하게 한 것입니다."

이 말씀은 아픔을 느끼게 하는 말씀입니다. 여기 비밀이 드러납니다.

영적으로 죽은 사람은 정신적으로는 눈이 가려져 있으며 영적으로도 눈이 가려져 있습니다.

당신이 얼마나 분명하게 이 말씀을 이해하는지 모르지만 영적으로 죽은 사람의 모든 지식은 오직 오감 즉 보고, 듣고, 맛보고, 냄새 맡고, 느끼는 것으로부터 말미암은 것입니다.

자연인은 이 외에 지식을 얻는 다른 길이 없습니다. 그의 몸은 그의 실험실입니다.

때때로 나는 이것을 육체적인 몸의 지식이라고 생각해 봅니다.

자연인이 가진 것은 이것뿐입니다.

다윈이 우리에게 진화의 가설을 제시한 것은 놀랄 일이 아닙니다.

감각 지식으로는 하나님을 발견할 수 없습니다.

감각 지식으로는 영적인 것을 이해할 수 없습니다. 감각 지식은 감각에 의해 지배되고 다스림을 받으며 영적으로 눈이 멀어 있습니다.

자연인의 상태에 대해서 더 자세히 알기 원한다면 에베소서 4:17-18 (새번역)을 보십시오. "그러므로 나는 주님 안에서 간곡히 권고합니다. 이제부터 여러분은 이방 사람들이 허망한 생각으로 살아가는 것과 같이 살아가지 마십시오. 그들은 자기들 속에 있는 무지와 자기들의 마음의 완고함 때문에 지각이 어두워지고, 하나님의 생명에서 떠나 있습니다."

자연인은 한 대학교의 총장일지라도 그는 잃어버린 바 된 자이며 하나님도 없고 소망도 없는 사람입니다.

이것이 자연인에 대한 일련의 사랑의 그림들Love's photographs입니다. 저자는 하나님을 대문자로 사랑이라고 표현하였습니다. (역자주)

(내가 지은 책 "두 가지 지식"을 읽어 보십시오.)

이제 다시 돌아가서 회개에 대해서 알아봅시다.

설교자는 이런 자연인에게 "마음과 목적을 바꾸라", "원칙과 행동을 바꾸라", "행동 양식을 바꾸라"고 요구합니다: 옛날 습관을 포기하라, 하나님의 권위에 반항하는 것을 포기하라.

문제는 그가 스스로 그렇게 할 수 있느냐는 것입니다.

부르짖거나 울거나 기도한다고 그의 본성이 바뀔까요? 그는 본질상 진노의 자녀라는 것을 이해하십시오. 그는 자신이 본성을 바꿀 수 없습니다.

그가 잠시 자기 마음을 바꿀 수는 있을지 몰라도 곧 다시 돌아갈 것입니다.

그에게 필요한 것은 새로운 본성이며 새로운 본성은 하나님으로부터 와야만 합니다.

그가 어떻게 이 본성을 받을 수 있겠습니까?

요한복음 3:16(새번역)을 봅시다. "하나님께서 세상을 이처럼 사랑하셔서 외아들을 주셨으니, 이는 그를 믿는 사람마다 멸망하지 않고 영생을 얻게 하려는 것이다."

"하나님께서 아들을 세상에 보내신 것은, 세상을 심판하시려는 것이 아니라, 아들을 통하여 세상을 구원하시려는 것이다."

자연인에게 필요한 것이 무엇입니까?

영원한 생명, 곧 하나님의 본성인데 그 자신의 노력으로는 얻을 수 없는 것입니다.

그는 자신의 본성을 바꿀 수 없습니다.

그는 자신이 배운 습관들을 포기할 수는 있겠지만 그렇다고 해서 구원을 받는 것은 아닙니다.

다시 돌아가서 한 번 더 살펴봅시다.

그는 스스로 하나님께 가까이 나아갈 수 없습니다.

그는 영적 존재이지만 소망이 없는 자입니다.

그의 본성은 하나님과 원수 관계입니다. 사탄이 그의 마음을 눈멀게 했습니다.

그의 무감각한 심령은 어두워졌습니다. 사탄은 감각을 통해 그를 다스렸습니다.

사랑의 하나님(저자는 단지 사랑-Love라고만 표시함)은 그에게 예수를 주셨습니다. 사랑은 이보다 더 많은 일을 하셨습니다.

로마서 4:4-5(새번역)을 봅시다. "일을 하는 사람에게는 품삯을 은혜로 주는 것으로 치지 않고 당연한 보수로 주는 것으로 생각합니다. 그러나 경건하지 못한 사람을 의롭다고 하시는 분을 믿는 사람은, 비록 아무 공로가 없어도, 그의 믿음이 의롭다고 인정을 받습니다."

무엇을 의미하는 말입니까?

스스로 더 좋아지게 노력하지도 않고 자신의 옛날 습관과 지난 삶을 포기하려고 하지도 않지만, 자신에게 주는 하나님의 선물을 돈 없이 값을 지불하지도 않고 받기만 하면 그는 영생을 받는다는 말입니다.

그의 옛 습관은 더 이상 존재하지 않고 그 자리에 새로운 습관이 차지합니다.

로마서 4:25(새번역)에서 예수님에 관해서 이렇게 말하고 있습니다. "예수는 우리의 범죄 때문에 죽임을 당하셨고, 우리를 의롭게 하시려고 살아나셨습니다."

무슨 말입니까? 예수님께서는 죄인에 관해서는 공의의 모든 조건이 만족될 때가지 실제로 고통을 당하셨다는 의미입니다.

그렇게 공의가 만족되었을 때, 예수님은 우리의 죄에 대한 형벌의 값을 다 치렀으므로 이제 죄인은 의롭다 여김을 받게 되었으며, 의가 되고, 영생이 그를 기다리고 있다는 것을 증명하기 위해서 살아나셨습니다.

그러므로 믿음으로 의롭다 여김을 받았으니, 다른 말로 하면 순전히 은혜에 근거하여 의롭다고 선언되었으니, 예수를 받아들이고, 그를 너의 주님으로 고백하면, 내가 네게 영생을 주고 새로운 피조물로 만들어 주겠다고 하나님은 죄인에게 말씀하십니다.

이것은 모두 은혜입니다.

내가 구원받지 못한 사람에게 그는 반드시 경건한 슬픔을 가지고 회개해야 한다고 말한다면 말도 안 되는 말을 하고 있는 것입니다.

영적으로 어린 그리스도인이 죄를 지으면 그는 자신의 삶 가운데 회개를 불러일으킬 경건한 슬픔이 필요하다고 바울을 말했습니다.

이 메시지는 오늘날 교회를 향하여 설교할 수 있는 메시지입니다.

교회는 회개할 필요가 있습니다.

구원받지 못한 사람은 예수를 자신의 구원자로 받아들이고 자신의 주님으로 고백해야 합니다.

구원받지 못한 사람은 영생과 의가 필요합니다.

에베소서 2:10(새번역)은 말합니다. "우리는 하나님의 작품입니다. 선한 일을 하게 하시려고, 하나님께서 그리스도 예수 안에서 우리를 만드셨습니다."

우리는 언제 그리스도 예수 안에서 창조되었습니까?

그분이 우리를 대신하여 죄가 되시고 살아나셨을 때입니다.

영으로 여기 아래에서 고통의 자리에서 그를 살리심으로써 아버지께서 그를 의롭게 하셨을 때 교회는 의롭게 되었습니다.

거기서 교회는 그분과 함께 영으로 살아났으며, 다른 말로 하면 아버지의 마음에 재창조되었습니다.

이제 구원받지 못한 사람도 영생과 의를 받고 하나님의 가족이 됩니다.

하나님의 가족이 구원받을 사람을 기다리고 있습니다. 다 이루어진 일입니다. 그리스도 안에서 아버지가 하신 일은 끝났습니다.

높은 곳에서 위엄the Majesty on High의 오른편에 예수께서 앉으신 것은 그분이 속량의 일을 마치셨기 때문입니다.

더 할 일이 없습니다. 속량은 해결되었고 완결된 것입니다.

이제 나는 속량을 받아들이고 나의 주님이 끝내신 일의 유익 안으로 들어갑니다.

이렇게 예수님은 구원받지 못한 사람들에게 속한 분입니다.

구원받지 못한 사람은 자기들 손에 예수님을 가지고 있습니다. 그분이 그를 위해 죽으셨습니다.

그를 위해 주님께서 죄를 없애셨습니다.

그분이 그를 위해 새로운 탄생이 가능하게 하셨지만 구원받지 못한 사람은 예수님을 받아들여야만 합니다.

로마서 10:9-10을 말합니다. "네가 만일 네 입으로 예수를 주로 시인하며 또 하나님께서 그를 죽은 자 가운데서 살리신 것을 네 마음에 믿으면 구원을 받으리라 사람이 마음으로 믿어 의에 이르고 입으로 시인하여 구원에 이르느니라"

그는 입으로 그의 구원을 고백합니다.

자세히 주의해 보십시오. 예수는 그에게 속해 있지만 그분은 그가 그리스도께서 자신의 삶의 주인 되심을 고백하기까지는 아무 소용이 없습니다.

영생은 그의 것이지만 얻지를 못합니다.

그가 그리스도를 개인의 구원자와 자신의 삶의 주님으로 고백함으로써 받아들일 때까지 아무 유익도 없습니다.

그는 그리스도 예수 안에서 새로운 피조물이 됩니다.

영생이 그의 영으로 들어오는 순간 옛 것들은 지나갑니다.

무디Moody는 회개는 "뒤돌아서는 것"을 의미한다고 선포하곤 했습니다.

죄인이 예수 그리스도를 영접하는 순간 그는 뒤돌아서기를 한 것입니다.

그는 하나님께서 그리스도 안에서 자신을 위해서 하신 일을 받아들일 때까지는 이렇게 할 수 없습니다.

구원받지 못한 사람은 예수님을 자신의 삶의 주님으로 자신의 입술로 고백할 능력을 가지고 있습니다.

그는 예수님을 자신의 구원자로 받아들이는 결단을 할 능력을 가지고 있습니다.

그가 이 고백을 할 때까지 하나님의 손은 묶여 있습니다.

그는 죄인에게 그의 죄들을 고백할 것을 요구하지 않으십니다.

이는 스스로 증명하는 사실입니다.

그는 죄인이며 하나님은 그가 예수님의 주되심을 고백하기를 요구하십니다. 그가 고백할 때, 그는 그리스도께서 자신을 대신해서 하신 대속 사역에 대한 그의 믿음을 고백하는 것입니다.

이제 당신은 에베소서 2:4-10(새번역)의 말씀을 이해할 수 있습니다. "그러나 하나님은 자비가 넘치는 분이셔서, 우리를 사랑하신 그 크신 사랑으로 말미암아 범죄로 죽은 우리를 그리스도와 함께 살려주셨습니다. 여러분은 은혜로 구원을 얻었습니다. 하나님께서 그리스도 예수 안에서 우리를 그분과 함께 살리시고, 하늘에 함께 앉게 하셨습니다. 그것은, 하나님께서 그리스도 예수 안에서 우리에게 자비로 베풀어주신 그 은혜가 얼마나 풍성한지를 장차 올 모든 세대에게 드러내 보이시기 위함입니다. 여러분은 믿음을 통하여 은혜로 구원을 얻었습니다. 이것은 여러분에게서 난 것이 아니요, 하나님의 선물입니다. 행위에서 난 것이 아닙니다. 그러므로 아무도 자랑할 수 없습니다. 우리는 하나님의 작품입니다. 선한 일을 하게 하시려고, 하나님께서 그리스도 예수 안에서 우리를 만드셨습니다. 하나님께서 이렇게 미리 준비하신 것은, 우리가 선한 일을 하며 살아가게 하시려는 것입니다."

우리는 매우 분명하고 단순하게 메시지를 전함으로써 구원받지 못한 사람이 예수님을 자신의 구원자와 주님으로 볼 수 있도록 해야 합니다.

우리는 너무나 파악하기 쉽게 메시지를 전함으로써 그가 해야 할 일은 단순히 말씀대로 행동하는 것뿐이라는 것을 알도록 해야 합니다.

믿어야 한다고 그에게 말하지 마십시오.

회개를 해야만 한다고 말함으로 그를 헷갈리게 하지 마십시오.

그가 그리스도를 자신의 구원자로 받아들이고 자신의 주님으로 고백했다면, 그것이 바로 회개입니다. 이것이 하나님이 원하는 전부입니다.

16
당신 자신의 믿음을 가지는 것

다른 사람의 믿음을 의지하는 것은 기분 좋은 일이 아닙니다. 어느 정도는 모두 다른 사람들을 의지합니다만, 삶의 중요한 문제에 있어서 하나님의 보좌에 나아가는 데 있어서는 어떤 신자도 다른 사람의 능력을 의지해서는 안 됩니다.

우리 스스로 대면할 수 있는 중요한 문제들을 가지고 다른 사람을 믿어서는 안 됩니다.

믿음은 아버지의 가족 안에서 우리의 위치를 이해하는 것으로 측정됩니다.

자녀로서 우리의 위치를 알고, 우리의 권리를 알고, 아버지의 임재 앞에 아무 죄책감이나 열등감 없이 설 수 있는 능력인 우리의 의를 알고, 예수님께서 지상에서 사실 때 가지셨던 것과 같이 우리도 아버지 앞에서 좋은 위치에 서 있다는 것을 알 때, 믿음의 문제는 해결되었습니다.

고린도전서 1:30(새번역)은 우리 매일의 삶에 있어서 유명한 구절이 되어야 합니다. "그러나 여러분은 하나님의 자녀로서 그리스도 예수 안에 있습니다. 그는 우리에게 하나님으로부터 오는 지혜가 되시며, 의와 거룩함과 구원이 되셨습니다."

우리는 의와 지혜 모두 의식할 필요가 있습니다.

고린도후서 5:21(새번역)처럼 그리스도께서 우리의 의라는 것을 알 필요가 있습니다. "하나님께서는 죄를 모르시는 분에게 우리 대신으로 죄를 씌우셨습니다. 그것은 우리가 그리스도 안에서 하나님의 의가 되게 하시려는 것입니다."

새로운 탄생으로써, 신성에 참여하는 자가 됨으로써, 그리스도 안에서 하나님의 의가 되었다는 것을 알고 있습니다.

이것은 철학도 신학도 아닌 사실입니다.

배고픔과 목마름이 사실이듯이, 우리의 의와 우리가 아버지와 어떤 관계가 되었는지는 결정적이고 분명한 실재입니다.

예수께서 우리에게 의가 되신 것과 동시에 우리에게 지혜가 되셨습니다.

의를 사용하고 그리스도 안에서 우리에게 주어진 능력을 사용하기 위해서 우리는 지혜가 절실히 필요합니다.

에베소서 4:7(새번역)은 보통 그리스도인들에 의해서 이 사실은 무시되었다는 사실을 말하고 있습니다. "그러나 하나님께서는 우리 각 사람에게, 그리스도께서 나누어 주시는 선물의 분량을 따라서, 은혜를 주셨습니다."

은혜는 능력입니다. 은혜는 이 땅에서 우리가 살아가는 데 필요한 모든 것을 의미합니다.

우리는 그리스도 안에 있는 우리의 위치의 유익을 취하고 우리의 능력을 사용하는 지혜가 부족했었습니다.

이제 예수님이 우리의 지혜가 되셨습니다.

모든 신자는 우기에 외출하기 전에 우산이나 비옷을 가지고 다녀야 하고, 방수된 신을 신고 사무실로 출근한다는 것을 알아야 하듯이 예수님이 우리의 지혜가 되었다는 것을 당연히 알아야 합니다.

아침에 인생의 어려운 문제들을 마주하기 위해 집을 나설 때 당신은 이 사실을 기억해야 합니다.

당신은 오늘의 모든 필요를 채워주는 그분의 지혜를 지금 가지고 있습니다.

당신은 여러 사람들을 만나야 합니다. 그중에 어떤 사람들은 매우 어려운 사람들이지만 당신은 사람들을 만나고 사업을 성공적으로 수행함에 있어 필요한 그분의 지혜와 능력을 가지고 있습니다.

당신은 그 사람들보다 더 나은 지혜를 가지고 있습니다. 그들은 오직 물질적인, 사람의 지혜 밖에 가진 것이 없습니다. 당신은 그분의 지혜를 가지고 있습니다.

그분이 우리의 지혜가 되셨습니다.

뿐만 아니라 당신은 그분의 의입니다.

이 의는 언제든지 당신이 하나님의 보좌에 나아갈 수 있게 해 줍니다.

예수님이 당신의 의가 되셨으므로 예수님께서 이 땅에서 사실 때 그러셨던 것과 똑같이 당신도 하나님의 임재 안에 설 수 있습니다.

그분의 지혜와 그분의 의는 당신이 모든 일을 예외 없이 성공적으로 할 수 있도록 능력을 주셨습니다.

당신이 하나님의 의가 되었을 때 당신은 실제로 상황을 다스리는 자가 됩니다.

이것은 당신을 핵심층으로 들어가게 합니다.

이것은 당신이 승리할 수 있도록 하는 아버지의 지혜와 능력이란 유익을 줍니다.

자신이 그리스도 안에서 하나님의 의라는 것을 알고, 예수님이 자신에게 지혜가 되셨다는 것을 아는 사람과는 사탄은 겨룰 수가 없습니다.

이 사람은 다스리는 자입니다 a Master man.

이 사실은 당신을 슈퍼맨의 영역에 들어가게 해 줍니다.

잠시 어떤 것을 가지고 있는지 살펴봅시다.

당신은 당신 안에 바로 그 하나님의 본성을 가지고 있습니다.

당신을 얽매었던 옛 삶은 더 이상 존재하지 않습니다.

환경과 사탄에게 지배받던 옛 자아는 더 이상 존재하지 않고, 새로운 자아, 즉 지배적인 자아, 의로운 자아, 하나님으로 충만한 자아가 그 자리를 차지하고 있습니다.

당신은 예수님의 이름을 사용할 합법적인 권리를 가지고 있습니다.

주님께서 승천하시기 전에 주님께서 마태복음 28:18에서 하신 말씀을 기억하고 있습니다. "나는 하늘과 땅의 모든 권세를 받았다."

이 권세는 그리스도의 몸인 지체들을 위한 것입니다.

예수님은 그 권세가 필요 없습니다.

예수님과 아버지는 하나이므로 아버지께서 그러하신 대로 예수님도 그러합니다.

이 권세는 교회에 주어졌습니다.

이 권세를 사용할 능력은 성령 안에서 우리에게 주어졌습니다.

우리는 이 권세를 가졌을 뿐만 아니라, 예수를 죽은 자 가운데서 살리신 강력한 성령이 우리 안에 계시며, 성령이 우리 안에 오셨을 때 성령은 그의 능력을 가지고 왔으며, 그 능력은 주님을 부활시킨 능력이며, 그리스도 안에서 일하시던 능력입니다. 이 모든 것이 그 분 안에 있습니다.

요한이 성령으로 이렇게 말한 것은 놀라운 일이 아닙니다. "여러분 안에 계신 분이 세상에 있는 자보다 크시기 때문입니다."

우리는 다스리는 사람입니다. 우리 안에는 하나님의 창조적인 능력이 있습니다.

우리가 가는 곳에는 한계가 없습니다.

이런 능력들뿐만 아니라 다른 능력들도 우리에게 있습니다.

"그의 충만한 데서 우리가 받았습니다."

우리가 가진 가장 중요한 자산은 아마도 우리가 새로운 사랑을 가지고 있다는 것일 것입니다.

예수님께서 이 사랑을 세상으로 가져오셨습니다.

우리가 재창조되었을 때 이 새로운 종류의 사랑은 우리의 본성이 되었습니다.

아버지는 사랑이시므로, 우리는 하나님의 본성에 참여한 자가 되었습니다.

사랑의 본성이 들어오자 사랑은 사람을 주인으로 만드는 요소를 가져온 것입니다.

사람이 화를 낼 때 그를 화나게 한 사람은 화를 낸 사람보다 어떤 면에서 우위에 있습니다.

화를 내게 한 사람이 화를 낸 사람보다 한 수 위가 아니라면 그는 화를 내지 않았을 것입니다.

사랑은 우리가 이런 것에 영향을 받지 않게 하여 우리를 환경의 주인이 되게 합니다.

우리가 하나님 안에서 일어난다는 것은 사랑 안에서 일어난다는 것이며, 우리가 사랑 안에서 행한다는 것은 사랑 안에서 산다는 것이며, 이는 우리를 사랑 안에서 행하지 않은 모든 사람들의 주인으로 만들어 줍니다.

그가 말하거나 행하는 기분 나쁜 일들이 우리보다 못한 사람의 말이라는 것을 우리는 알고 있습니다.

사랑은 결코 안달하며 속을 태우지 않습니다.

사랑은 결코 흐트러지지 않고 결코 화를 내지 않습니다.

사랑은 자신의 주인이며, 이 사실은 사랑을 사랑하지 않은 모든 사람의 주인으로 만들어줍니다.

이 예수님의 본성은 당신을 지배적인 인격 즉, 최고 인격의 사람으로 만들어 줍니다.

그들이 그리스도를 정복할 수 없는 것처럼 당신도 정복할 수 없습니다.

그들은 수적으로 많기 때문에 당신을 돌로 치고, 때리고, 사로잡을지 모르지만, 당신이 그들에게 잡히는 순간 당신은 그들의 주인이 됩니다. 이상해 보이지만 이는 진리입니다.

그분의 사랑의 본성은 당신을 주인이 되게 합니다.

나는 당신이 사랑을 믿는 사람이 되는 법을 배우기 바랍니다.

나는 당신이 사랑 안에서 안식하고, 사랑을 의지하고, 사랑으로부터 위대한 것을 기대하는 법을 배우기 바랍니다. 당신은 실망하지 않을 것입니다.

이 말씀을 기억하십시오. "어린 자녀들아, 너희는 하나님으로 났느니라."

요한일서 4:4과 요한복음 3:5-8에 설명합니다. "누구든지 물과 성령으로 나지 아니하면, 하나님 나라에 들어갈 수 없다. 육에서 난 것은 육이요."

이어서 다른 놀라운 말씀을 하십니다. "영에서 난 것은 영이다."

그렇다면 당신은 옛 질서에 속해 있지 않습니다. 당신은 새로운 가족, 새로운 조건에 속해 있습니다.

당신은 하나님의 본성에 참여한 자입니다.

당신은 하나님과 함께 생명의 영역에 있으며, 이 생명의 영역에서 왕으로서 군림합니다.

당신이 주인입니다. 무엇이 당신을 주인 되게 합니까?

아버지의 바로 그 본성이 당신 안에 들어왔습니다.

이 사랑이란 선물이 당신을 당신 주변의 모든 것보다 우세하게 합니다.

당신을 에워싸고 있는 힘은 자연인의 이기심에서 나오지만, 당신은 이제 하나님의 사랑의 본성을 가지고 있습니다. 이것이 당신을 우세하게 합니다.

당신은 이 사실을 믿는 것을 배워야 합니다. 그리스도 안에서 당신이 누구인지를 생각하십시오.

결코 부족함을 생각하지 말고, 당신이 받은 거대한 유산을 생각하십시오. 하나님께서 당신에게 속한 모든 것을 즐길 수 있는 능력을 당신에게 주셨다는 것을 당신은 이미 알고 있습니다.

골로새서 1:12(새번역)을 봅시다. "그리하여 성도들이 받을 상속의 몫을 차지할 자격을 여러분에게 주신 아버지께, 여러분이 빛 속에서 감사를 드리게 되기를 우리는 바랍니다."

당신은 그리스도의 모든 충만하심에 들어갈 수 있는 능력이 있습니다.

요한복음 1:16(새번역) "우리는 모두 그의 충만함에서 선물을 받되, 은혜에 은혜를 더하여 받았다." 당신이 이 능력을 사용하지 않는다면 아무 의미도 없습니다.

이 말씀은 천사들이나 천년왕국 시대를 위한 말이 아니라 지금 우리에게 하신 말씀입니다.

당신은 그분의 충만함을 가지고 있습니다. 단지 당신 안에서 아직 계발되지 않은 땅과 같을 수 있습니다.

당신은 그리스도 안에 있는 영광스러운 기업의 풍성함을 이용한 적이 없었을 뿐입니다.

당신은 언제나 고군분투하며, 무엇인가 얻으려고 하고, 무엇인가 되려고 하는 어린아이 수준에서 머물고 있을지도 모릅니다.

당신은 그 단계를 지났고, 이미 어떤자 되었으므로 되려고 애쓸 필요가 없습니다.

그분께서 그리스도 안에 있는 자로 당신을 만드셨습니다.

당신이 그리스도 안에서 창조되었다는 것을 깨달으십시오.

우리가 가진 모든 영적인 갈등은 에베소서 2:10이 모두 해결해 주어야 마땅합니다. "우리는 하나님의 작품입니다. 선한 일을 하게 하시려고, 하나님께서 그리스도 예수 안에서 우리를 만드셨습니다. 하나님께서 이렇게 미리 준비하신 것은, 우리가 선한 일을 하며 살아가게 하시려는 것입니다."

당신의 삶이나 능력에는 한계가 없습니다.

한계는 오직 당신 스스로 세우는 한계만 있을 뿐입니다. 이 새로운 피조물에서 당신이 손을 떼고, 새로운 피조물이 기능하도록 허락하여 그리스도 안에서 발전하도록 하는 순간, 즉시 당신은 세상에 탁월한 복이 됩니다.

당신은 무의식적으로 아버지와 그리스도와 교제하고 있습니다.

이 교제는 삼중적입니다. 이 교제는 빛 가운데 걷고 있는 형제들과 교제한다는 말입니다. 이 얼마나 하늘나라답습니까! 우리의 주님을 사랑하고 당신을 사랑하고 당신이 사랑하는 사람들과 함께 교제하며 살아가는 것입니다.

둘째로 이 교제는 주님인 그리스도와 함께 하는 교제입니다. 고린도전서 1:9(새번역)은 말합니다. "하나님께서는 여러분을 부르셔서 그 아들 우리 주 예수 그리스도와 친교를 가지게 하여 주셨습니다."

셋째로, 당신은 말씀과 교제합니다. 말씀은 주님의 바로 그 목소리가 됩니다.

말씀은 우리에게 말하고, 우리를 강건하게 하고, 우리를 위로해 줍니다.

골로새서 1:27 말씀을 우리는 읽습니다. "하나님께서는 이방 사람 가운데 나타난 이 비밀의 영광이 얼마나 풍성한지를 성도들에게 알리려고 하셨습니다. 이 비밀은 여러분 안에 계신 그리스도요, 곧 영광의 소망입니다."

당신 안에 바로 그분의 바로 그 능력의 풍성함을 소유하고 있습니다. 이 말씀도 보십시오. 골로새서 2:6-7(새번역) "그러므로 여러분이 그리스도 예수를 주님으로 받아들였으니, 그분 안에서 살아가십시오. 여러분은 그분 안에 뿌리를 박고, 세우심을 입어서, 가르침을 받은 대로 믿음을 굳게 하여 감사의 마음이 넘치게 하십시오."

당신은 그리스도 안에 있고 그리스도의 일부이며 그리스도는 당신의 것입니다.

당신은 무엇을 위해 애쓸 것이 없습니다.

당신은 당신의 안식에 들어갔습니다.

어떤 비상사태도 이길 수 있는 그분이 당신의 능력이 되셨습니다.

당신이 무엇이 되기 위해서 애를 쓰며 기도하며 탄식하던 적이 있었습니다.

그러나 골로새서 3:1-2(새번역)은 당신의 모습입니다. "그러므로 여러분이 그리스도와 함께 살려 주심을 받았으면, 위에 있는 것들을 추구하십시오. 거기에는 그리스도께서 하나님의 오른쪽에 앉아 계십니다. 여러분은 땅에 있는 것들을 생각하지 말고, 위에 있는 것들을 생각하십시오."

그리스도가 우리의 생명이라고 말하고 있습니다.

우리는 그분과 절대적으로 하나입니다.

그분이 우리의 한 부분이 되셨고 우리도 그분의 한 부분이 되었습니다.

우리는 요한이 요한복음 8:12에서 한 말씀의 의미를 배웠습니다. "나는 세상의 빛이다. 나를 따르는 사람은 어둠 속에 다니지 아니하고, 생명의 빛을 얻을 것이다."

빛은 지혜를 말합니다. 빛은 새로운 생명의 지혜입니다.

당신은 새로운 생명을 가졌습니다.

당신은 그분의 지혜를 가졌으며 이 지혜는 당신이 옳은 것들을 선택할 능력을 주고 바른 시간에 바른 것들을 할 수 있는 능력을 줍니다.

뿐만 아니라 지혜는 그분의 속량 사역의 모든 충만함과 모든 축복과 모든 부요함으로 들어갈 수 있는 능력을 당신에게 줍니다.

당신은 즉시 탁월해집니다. 당신은 보통 사람이 아닙니다.

당신은 고린도전서 3:21의 "모든 것이 당신의 것입니다" 이와 같은 말씀에 기뻐서 어쩔 줄 모를 겁니다. 이 계시가 바울이나 베드로나 요한이나 누구에게서 왔든지 관계없이 이 모든 것들은 당신의 것입니다.

또한 너무나 아름다운 것은 "너희는 그리스도의 것이니라"라고 한 것입니다.

보십시오. 당신은 그분께 속하였고, 그분은 당신 것이며, 당신은 그분의 것입니다(아 2:16).

남편이 아내를 차지하는 것과 똑같이 그분이 우리를 차지하십니다. 이는 사랑의 소유권입니다.

그러나 이것이 전부가 아닙니다. 고린도후서 9:8(새번역)은 우리 가슴을 전율하게 합니다. "하나님께서는 여러분에게 온갖 은혜가 넘치게 하실 수 있습니다. 그러므로 여러분은 모든 일에 언제나, 쓸 것을 넉넉하게 가지게 되어, 온갖 선한 일을 얼마든지 할 수 있습니다."

웨이Way가 번역한 것을 보셨는지요. "Ay, and God is able to lavish every gracious gift upon you, so that you, always possessing abundance of everything, may lavishly contribute to every good undertaking."

"하나님은 여러분에게 모든 은혜로운 선물을 아낌없이 부어주셔서,

모든 것을 풍성하게 가지고 있으므로, 모든 좋은 일들을 아낌없이 후원할 수 있게 하실 수 있으십니다."

코니베어Connybear는 이렇게 번역했습니다. "And, God is able to give you an overflowing measure of all good gifts, that all your wants of every kind may be supplied at all times, and you may give of your abundance to every good work."

"하나님은 여러분에게 흘러 넘치는 좋은 선물들을 주셔서, 여러분의 모든 필요들이 항상 공급되어서, 모든 좋은 일에 당신의 풍성함으로부터 줄 수 있도록 하실 수 있으십니다."

보다시피 아버지의 축복에는 편협하거나 인색한 것이라곤 전혀 없습니다. 그분의 축복은 완전한 충만함입니다.

하나님은 그리스도 안에서 모든 영적인 복으로 당신을 축복하셨습니다.

충족되지 않은 당신의 필요는 아무것도 없습니다.

아버지의 능력은 당신의 삶의 위기 때마다 당신이 사용하기를 기다리고 있습니다.

당신의 일상생활에서 그분의 사랑은 너무나 풍성하여 닳거나 낡아 없어지지도 않습니다.

단지 당신은 그분의 은혜에 실려, 그분의 사랑에 안겨, 매끄럽고 쉬운 길을 따라 걸어가기만 하면, 하나님의 바로 그 사랑과 은혜의 충만함이 당신을 가려줄 것입니다.

당신은 부요합니다. 당신은 하나님의 보살핌을 받고 있습니다.

내가 이것을 쓰는 이유는 당신이 그리스도 안에서 누구인지에 대한 그림을 보여줌으로써, 당신이 벌떡 일어나서 자신의 자리를 차지하고 당신에게 속한 부요함을 누림으로써 당신 안에 있는 그분의 능력에 자리를 내어주는 것을 당신이 배울 수 있도록 하기 위함입니다.

당신은 자신 안에 있는 하나님에 대한 확신을 가지는 것을 배우게 될 것입니다.

당신 안에서 당신을 위해 일하고 있는 강한 사람에 관하여 말하거나, 언덕길이나 시골길을 마음껏 달릴 수 있는 당신의 차를 자랑하며 말하듯, 당신은 그분에 대하여 말하는 것을 배우게 될 것입니다.

왜냐하면, 당신 안에 있는 그분은 어떤 산이나 어려움이나 어떤 복잡한 환경보다 더 크시기 때문입니다.

당신은 하나님께 하나로 묶여 있습니다.

하나님은 당신 편이십니다. 하나님은 당신의 싸움을 싸우십니다.

당신이 해야 하는 것은 그분의 말씀 안에 걷는 것 즉 그분의 말씀대로 행동하는 것뿐입니다.

이것이 당신을 향한 하나님의 뜻이며, 당신은 자신의 인생이 얼마나 달콤하고 아름답게 변하는지 놀라게 될 것입니다.

당신은 자신의 입술에 있는 살아 있는 말씀의 권세와 능력도 배우게 될 것입니다.

당신이 아픔과 질병을 향하여, "예수 이름으로 명하노니, 이 몸에서 떠나라!"라고 말하면 당신의 입술에 있는 살아있는 말씀에 아픔과 질병을 일으킨 자는 순종하게 될 것입니다.

당신의 입술에 있는 그분의 말씀은 그분이 즉시 일하시게 하며, 그분에게 사람을 도울 수 있는 그분의 능력을 나타내 보일 수 있는 기회를 줍니다.

당신의 입술에 있는 그분의 말씀은 사람들을 그리스도께 인도하여 약한 자들을 지배하는 사탄의 능력을 깨뜨릴 것입니다.

당신은 더 이상 다른 사람의 믿음이 필요하지 않습니다.

당신은 공짜로 차를 태워달라고 애원할 필요가 없는 사람들의 영역으로 들어갔으며, 오히려 다른 사람들을 차에 태워줄 수 있게 되었습니다.

당신은 괴롭힘을 당하지 않는, 상처 입지 않는, 무력하지 않은 우세한 영이 되었습니다.

당신은 부채의 영역에서 빠져나와 하나님의 자산의 영역으로 들어갔습니다.

당신은 형제의 무거운 짐을 보고 함께 짐을 져 줍니다.

당신은 이제 말로 다 할 수 없는 기쁨과 하나님의 영광을 가지고 있습니다.

17
예수님의 한계

예수님은 이 땅에 계시는 동안 첫 언약의 백성인 유대인들만 상대하셨습니다.

그분은 거듭난 적이 없는 사람들에게 둘러싸여 사셨습니다.

그분은 영생을 가진 사람을 만난 적이 없습니다.

그들은 영적으로 죽은 사람들이었습니다.

요한복음 8:44(새번역)에서 예수님은 그들을 이렇게 묘사하셨습니다. "너희는 너희 아비인 악마에게서 났으며, 또 그 아비의 욕망대로 하려고 한다."

위대한 사랑의 가슴을 가진 그분이 불쌍히 여기는 이 사람들에게 이 불행한 진리를 말한다는 것이 주님께 얼마나 어려운 일이었겠습니까!

주님은 주변 환경에 영향을 받거나 사람들의 의견에 동조하신 적이 없으셨습니다.

그분은 항상 아버지로부터 나온 말씀을 하셨습니다.

성경을 가르치는 많은 사람들이, 예수님과 함께 살았던 시대의 사람들이 마치 이미 그리스도인이 되어 영생을 가진 사람들인 것처럼 말해 온 것은 불행한 일이었습니다.

만일 예수님께서 죽으시고 다시 사시기 전 누군가 영생을 가진 사람이 있었다면 누구나 영생을 받을 수 있으므로 예수님은 고통을 받으실 필요가 없으셨을 것입니다.

영적으로 죽은 상태는 그 사람의 어떤 행위 때문이 아니라 그를 하나님으로부터 분리시키는 그의 본성 때문입니다. 그들은 모두 영적으로 죽은 자들이었습니다.

예수님과 그들은 대부분 물리적인 영역 안에서 제한을 받으셨습니다.

주님은 그들을 고치셨으며, 죽은 사람을 살리셨으며, 무리들을 먹이셨지만, 어떤 사람도 재창조하시지는 않으셨습니다.

그분은 아무에게도 영생을 주시지 않으셨습니다.

사람은 아직 속량 받지 못했으며, 죄의 형벌은 지불되지 않았습니다.

사람은 본질상 진노의 자녀입니다.

사람들은 모두 같은 종류였습니다.

이스라엘 사람들이 이방인들과 다른 점은 이스라엘 사람들은 첫 언약 아래 있었다는 것뿐이었습니다.

이스라엘 사람들은 할례를 받았고, 아브라함의 가족이었습니다.

그들은 자신들을 위해 해마다 속죄의 제사를 드리는 제사장이 있어서 그들의 죄를 일 년에 한 번씩 속죄를 드리고 속죄 염소의 머리에 그들의 죄를 얹어서 광야로 내어 보냈습니다.

그렇게 한다고 그 사람이 새로운 피조물이 되지 않았습니다.

이는 오직 그에게 새로운 창조에 대한 권리만을 주었습니다.

로마서 3:25(새번역)에서 이렇게 선언한 것을 기억하고 있지 않습니까? "하나님께서는 이 예수를 속죄 제물로 내주셨습니다. 그것은 그의 피를 믿을 때에 유효합니다. 하나님께서 이렇게 하신 것은, 사람들이 이제까지 지은 죄를 너그럽게 보아주심으로써 자기의 의를 나타내시려는 것이었습니다."

이어서 히브리서 9:15(새번역)은 이를 좀 더 충분하게 설명하고 있습니다. "그러므로 그리스도는 새 언약의 중재자이십니다. 그는 첫 번째 언약 아래에서 저지른 범죄에서 사람들을 구속하시기 위하여 죽으심으로써, 부르심을 받은 사람들로 하여금 약속된 영원한 유업을 차지하게 하셨습니다."

그리스도께서는 첫 언약 아래 있던 자들의 죄를 위해 죽으셨습니다.

해마다 속죄 제사를 드리기 위해 대제사장이 지성소에 들어갈 때 마치 매년 약속 어음을 받는 것과 마찬가지였습니다.

이 모든 약속 어음들은 예수님께서 자기 피를 가지고 하늘의 지성소에 들어가실 때 모두 현금으로 바꾸어 주셨습니다.

그리하여 첫 언약 아래 있던 모든 죄는 깨끗하게 되었으며 전혀 없었던 것처럼 씻겨졌습니다.

당신은 히브리서 10:1-4(새번역)에서 더 충분히 이해할 수 있을 것입니다. "율법은 장차 올 좋은 것들의 그림자일 뿐이요, 실체가 아니므로, 해마다 반복해서 드리는 똑같은 희생제사로써는 하나님께로 나오는 사람들을 완전하게 할 수 없습니다. 만일 완전하게 할 수 있었더라면, 제사를 드리는 사람들이 한 번 깨끗하여진 뒤에는, 더 이상 죄의식을 가지지 않을 것이고, 따라서 제사 드리는 일을 중단하지 않았겠습니까? 그러나 제사에는 해마다 죄를 회상시키는 효력은 있습니다. 황소와 염소의 피가 죄를 없애 줄 수는 없습니다."

12절, "그러나 그리스도께서는 죄를 사하시려고, 단 한 번의 영원히 유효한 제사를 드리신 뒤에 하나님 오른쪽에 앉으셨습니다."

14절, "그는 거룩하게 되는 사람들을 단 한 번의 희생 제사로 영원히 완전하게 하셨습니다."

여기에서 당신은 새 언약 아래서 죄가 가려짐을 받고, 죄를 대표적으로 떠맡은 사람에 대한 완전한 그림을 보게 됩니다.

그런데 예수님이 오셔서 가려졌던 모든 죄를 없애버리고, 대표적으로 떠 넘겨졌던 모든 죄를 제거해 버림으로써, 속죄하는 동물의 피를 신뢰했던 유대인들이 그분의 제사로 구원을 받았습니다.

다시 한번 주목하십시오. 죄를 없애고 공의의 요구가 완전히 충족되기 전까지는 어떤 사람도 자신의 죄가 제거되고 영생을 받을 수 없었습니다.

히브리서 2:17(새번역)은 이를 완전하게 설명해 주고 있습니다. "그러므로 그는 모든 점에서 형제자매들과 같아지셔야만 했습니다.

그것은, 그가 하나님 앞에서 자비롭고 성실한 대제사장이 되심으로써, 백성의 죄를 대신 갚으시기 위한 것입니다."

대제사장으로서 주님은 먼저 공의의 요구를 만족시켜야 했으며, 유대인과 이방인들에 대한 공의의 요구를 만족시켜야 했습니다.

그분이 아래로 내려가셔서 지옥에서 사탄을 정복하셨을 때, 사람의 속량이 완성되었습니다. 즉 하나님께서 그분의 피를 받으시고, 그분은 하나님의 우편에 앉으신 때입니다.

그러나 그리스도께서 아직 살아 계실 때에는 속량이 완성되지 않았으므로 누구에게도 가치가 없었습니다.

새 언약은 아직 없었습니다.

죄의 문제를 다루었다는 것을 보여줄 피를 가지고 아버지의 우편에 앉아 있는 대제사장이 없었습니다.

하나님의 우편에는 중재자가 없었습니다. 중재자가 있기까지는 어떤 사람도 하나님께 다가 갈 수 없었습니다.

"나는 길이요, 진리요, 생명이다. 나를 거치지 않고서는, 아무도 아버지께로 갈 사람이 없다."(요 14:6)

"이 예수 밖에는, 다른 아무에게도 구원은 없습니다. 사람들에게 주신 이름 가운데 우리가 의지하여 구원을 얻어야 할 이름은, 하늘 아래에 이 이름 밖에 다른 이름이 없습니다."(행 4:12)

구원자로서 예수의 이름은 아직 없었습니다.

그분의 중재자로서의 사역은 아직 없었습니다.

예수님은 그때 선지자였습니다. 그분은 아직 죄를 대신하는 대속물이 아니셨습니다. 구원자가 없었습니다.

예수님은 사람들을 감각의 영역에서만 다루셨습니다.

그분은 귀신들을 다루었습니다.

그분은 각 사람에게서 귀신들을 쫓아내셨습니다.

그분은 모두 감각의 영역에서 사람들에게 역사하는 귀신들의 능력을 깨뜨리셨습니다.

예수님께서 지상에 계실 때 영적인 마음을 가진 친구가 단 한 사람도 없었다는 것을 깨닫는 우리의 마음은 너무 씁쓸합니다.

착한 사람들이 예수님을 사랑했지만 그들의 사랑은 자연인의 사랑이었습니다.

그 사랑은 이기적이었습니다. 얼마나 이기적이었는지 그분이 죽음에서 살아나셨을 때 그들은 주님께 이렇게 말했습니다. "주님께서 왕국을 회복하실 때가 지금입니까?"

그분은 사람들이 영적으로 죽어있었기 때문에 사람들을 영적으로 도와줄 수가 없었습니다.

내 생각에 이제 당신은 이 말씀을 이해할 수 있으리라 생각합니다. "나를 믿는 사람은 내가 하는 일을 그도 할 것이요, 그보다 더 큰 일도 할 것이다. 그것은 내가 아버지께로 가기 때문이다."(요 14:12)

그분이 우리를 영적으로 도우시기 때문에 우리는 주님께서 이 땅에 계실 때 하셨던 것보다 더 큰 일들을 하고 있습니다.

우리가 사람들에게 생명의 말씀을 전해주면 그들은 재창조되며, 하나님의 가족이 됩니다.

우리는 그들이 사망에서 생명으로 나오도록 도와줍니다.

우리는 하나님께서 어떻게 그들을 하나님의 의가 되게 하셨는지를 말씀을 통해서 그들에게 가르쳐 줍니다.

이제 그들은 죄가 전혀 없었던 것처럼 그분의 임재 안에 설 수 있습니다.

우리는 사람들에게 영생을 줌으로써 그들이 귀신들과 환경을 다스리는 사람이 되도록 만드는 하나님의 대리인들입니다.

우리는 살아있는 말씀을 통하여 사람들을 거듭나게 하여 아버지와 교제하며 교통할 수 있도록 인도해 줄 수 있습니다.

우리의 사역은 그 어떤 한계가 없는 사역입니다.

그분의 사역은 한계가 있었습니다.

예수님은 사람들의 몸을 고치셨습니다.

하나님의 은혜를 통하여 우리는 사람들의 영을 고칩니다.

그분은 죽은 자를 살렸지만 결국 또 죽었습니다.

우리는 사람들에게 그들이 그리스도와 함께 살아났다는 것을 보여 줍니다.

그분은 빵과 물고기로 배고픈 사람들을 먹이셨습니다.

우리는 그분의 놀라운 말씀을 가지고 영적으로 갈급한 사람들을 먹입니다.

우리는 예수를 죽은 자 가운데서 살리신 영을 가지고 있습니다.

우리는 예수의 이름을 사용할 수 있는 법적인 권리를 가지고 있습니다.

그 이름을 가지고 우리는 예수께서 이 땅에서 사실 때 행하셨던 일들을 행합니다.

그렇지만 다시 한번 예수님의 우정의 한계를 생각해 보십시오.

주님의 어머니마저 그를 이해할 수 없었습니다. 주님의 형제들도 의심스러운 눈으로 지켜보았습니다.

주님과 가장 가까이 있던 사람들에게 그분은 낯선 사람이었습니다. 주님은 그들을 알고 계셨지만 그들은 주님을 몰랐습니다.

우리가 서로를 알지 않고는 영적인 깊은 우정을 가질 수 없습니다.

예수님의 지상 사역의 한계는 그분의 가르침의 많은 부분을 설명해 줍니다.

우리는 믿음이라는 주제에 관하여 예수님과 바울의 가르침을 대조해 보아도 됩니다.

예수님은 사람들이 예수님에 대한 믿음을 가지기를 요구하셨습니다. 주님은 "사람이 겨자씨 한 알만한 믿음이 있으면 산을 옮길 수 있다"고 하셨습니다.

마가복음 11:22에서 예수님은 "하나님을 믿으라Have faith in God"고 하셨습니다.

어떤 성경 번역본에는 난외주에 "하나님의 믿음을 가지라Have the faith of God"이라고 설명하고 있는 것을 여러분은 기억할 것입니다.

제자들은 그렇게 할 수 없었습니다.

그들이 재창조될 때까지는 아무도 하나님의 믿음을 가질 수 없었습니다.

예수님은 믿음의 창시자요 완성자이며, 새로운 피조물이 될 때 우리는 하나님의 믿음을 받습니다(롬 12:3).

우리는 그분의 본성과 그분의 생명을 가지고 있으며, 이와 함께 그분의 믿음도 옵니다.

은혜와 지식이 자람에 따라 우리는 그리스도의 완성된 사역을 이해합니다. 우리의 믿음이 자라게 되는데 실제로 그것은 하나님의 믿음입니다.

다음 구절에서 이렇게 말씀하셨습니다. "내가 진정으로 너희에게 말한다. 누구든지 이 산더러 '번쩍 들려서 바다에 빠져라' 하고 말하고, 마음에 의심하지 않고 말한 대로 될 것을 믿으면, 그대로 이루어질 것이다. 그러므로 나는 너희에게 말한다. 너희가 기도하면서 구하는 것은 무엇이든지, 이미 그것을 받은 줄로 믿어라. 그리하면, 너희에게 그대로 이루어질 것이다."(막 11:23-24, 새번역)

이 말씀은 예수님 사역의 기조 설교였습니다.

마가복음 9:23에서 예수님은 자기 자녀의 치유를 구하는 아버지에게 이렇게 말씀하셨습니다. "믿는 사람에게는 모든 일이 가능하다."

"또 너희가 기도할 때에, 이루어질 것을 믿으면서 구하는 것은, 무엇이든지 다 받을 것이다."

바울은 신자에게 믿으라고 말한 적이 없습니다.

그는 우리가 믿음을 갖도록 촉구한 적이 없습니다.

나는 이 사실을 처음 발견하고 마음이 편하지 않았지만 곧 진리를 알게 되었습니다.

우리는 믿는 자들입니다. 우리가 하나님의 가족이 되려면 믿음이 있어야 하지만, 가족이 된 뒤에는 그리스도 안에서 하나님께서 우리를 위하여 하신 모든 것들이 우리의 것입니다.

예수님께서 교회를 향하여 예언적으로 말씀하신 것을 보십시오. (왜냐하면 교회는 아직 존재하지 않았기 때문입니다). "너희가 나를 택한 것이 아니라, 내가 너희를 택하여 세운 것이다. 그것은 너희가 가서 열매를 맺어, 그 열매가 언제나 남아 있게 하려는 것이다. 그리하여 너희가 내 이름으로 아버지께 구하는 것은 무엇이든지 다 받게 하려는 것이다."(요 15:16)

이 말씀과 요한복음 14:14에서 예수님은 우리에게 그분의 이름을 사용할 법적인 권리를 주십니다.

이것은 마치 어떤 사람에게 변호권을 주는 것과 같습니다.

예수님은 실제로 교회에 그렇게 하셨습니다.

그런데 여기 이상한 것이 있습니다. 요한복음 16:24(새번역)을 보십시오. "지금까지는 너희가 아무것도 내 이름으로 구하지 않았다. 구하여라. 그러면 받을 것이다. 그래서 너희의 기쁨이 넘치게 될 것이다." (요한복음 15:16은 예언입니다.)

예수님은 믿음을 언급하지 않으셨습니다. 주님은 그들이 믿어야 한다고 말씀하지 않으셨습니다.

왜 그랬을까요? 그들은 믿는 자들이었기 때문입니다.

그렇다면 믿음의 필요성과 믿음에 대한 우리의 모든 설교는 잘못된 것이었습니다.

우리는 신자들에게 그리스도 안에서 그분이 하신 일이 무엇인지, 그리스도 안에서 그들의 권리와 특권이 무엇인지와 예수의 이름을 사용하는 법적인 권리에 대해서 말해 주었어야만 했었습니다.

우리는 사람이 영 안에 하나님의 생명과 본성을 받아들이는 것이 무엇을 의미하는지, 이렇게 할 때 그는 실제로 새로운 피조물이 된다는 것을 가르쳤어야 했었습니다.

뿐만 아니라 새로운 피조물은 그리스도 안에서 하나님의 의가 되었으므로, 이전에 죄인이었던 사람이 이제는 아무 두려움이나 정죄감이나 열등감 없이 아버지의 임재 앞에 설 수 있게 되었습니다.

그는 그의 아버지와 함께 충만한 교제를 나누는 아들로서 서 있을 수 있습니다.

우리가 이것을 배웠더라면 우리는 믿음을 갖기 위해 오랫동안 수고하지 않아도 되었을 것입니다.

우리는 그리스도 안에서 우리가 누구인지, 무엇을 가지고 있는지 알았을 것입니다.

가족 안에서 우리의 자리를 어떻게 차지할지도 배웠을 것이며 우리의 특권을 누릴 줄도 알았을 것입니다.

우리는 아버지를 잘 알게 되었을 것입니다.

위대한 대속과 새로운 창조와 속량의 사실들이 우리에게 영적인 실재가 되었을 것입니다.

그런데 오히려 그들은 예수님께서 이 땅에 계실 때 유대인들에게 하셨던 메시지를 우리에게 설교했으며 이는 적절하지 않았습니다.

그들은 우리를 늘 정죄에 빠지게 하였습니다. 그들은 우리가 부족한 것을 의식하도록 만들었습니다.

내가 누구인지 모른다면, 말씀은 내게 혼란을 주지만, 그리스도 안에서 내가 누구인지를 알고, 나의 권리와 특권을 알게 되면, 당신은 나를 혼란스럽게 할 수 없습니다.

예수님의 가르침과 사도 바울의 가르침은 모두 하나님으로부터 나온 것이기 때문에 어떤 불일치도 없습니다.

18
패배한 사탄

믿는 자에게 있어 사탄은 패배자라고 성경은 말하고 있습니다. 그러나 이 사실을 인정하는 사람들은 매우 적습니다.

믿는 자에 의해 사탄이 정복된 것이 아니라 그리스도께서 믿는 자들을 위해서 대속적으로 하신 일을 통해, 즉 그리스도에 의해 정복되었습니다.

우리는 그분이 대속적으로 하신 일 안에서 그리스도와 함께 동일시 되었기 때문에 그리스도의 승리는 믿는 자에게 속한 것입니다.

우리는 이 사실을 다른 장에서 언급했었지만, 여기서는 좀 더 깊이 들어가려고 합니다.

갈라디아서 2:20에서 바울은 이렇게 외칩니다. "나는 그리스도와 함께 십자가에 못 박혔습니다."

그리스도께서 십자가에 달리셨을 때, 공의의 마음에, 우리 각 사람이 거기 달렸던 것입니다.

그분이 우리를 대신하셨기 때문에 우리는 그분과 동일시되었습니다.

우리를 원수의 손으로부터 속량하려고 그분이 우리의 자리를 차지하셨습니다.

그분이 죽으셨을 때 우리는 그분과 함께 있었습니다. 왜냐하면 우리도 그와 함께 죽었기 때문입니다.

그분이 그의 몸을 떠나셨을 때 우리는 그분과 함께 있었습니다.

그분이 우리가 받아야 할 벌을 받는 동안에 그분의 그 큰 고통 가운데 우리도 그분과 함께 있었습니다.

그분은 죽음의 감옥에 계셨습니다. 사탄은 문지기였습니다.

그곳의 공포는 결코 알려지지 않을 것입니다.

예수님은 우리를 대신하여 공의의 요구를 만족시킬 때까지 거기에 머물러 계셨습니다.

로마서 4:25은 말합니다. "예수는 우리가 범죄한 것 때문에 내줌이 되고 또한 우리를 의롭다 하시기 위하여 살아나셨느니라" 예수님은 죽음 즉 영적 죽음에 내어 준 바 되셨다는 말입니다.

그분은 심판에 내어 준 바 되었습니다. 우리가 공의에 진 형벌을 갚기 위해서 그분은 내어 준 바 되었으며, 공의의 요구가 만족되었을 때, 우리는 그리스도와 함께 의롭게 되었습니다.

모든 구원받지 못한 사람이 영원한 생명에 대한 법적 권리를 가지고 있는 이유는 이 대속적으로 하신 일을 통하여 그리스도와 함께 법적으로 의롭게 되었기 때문입니다.

그리고 예수님은 거듭나셨습니다. 사도행전 13:33 말씀을 당신은 기억하고 있을 것입니다. "시편 둘째 편에 기록한바 '너는 내 아들이다. 오늘 내가 너를 낳았다' 하셨고" 바로 우리가 속량된 날입니다.

여기서 잠깐 멈추어서 나는 당신이 이 놀라운 사실에 주목하시길 바랍니다.

당신은 예수님께서 자신의 피를 가지고 지성소에 들어가셨을 때를 기억하고 있을 것입니다. 그분은 지옥에서 막 나오셨으며, 아버지께서 그를 의롭게 하셨을 때 그분은 너무나 의로우셨기 때문에 조금도 정죄감 없이 아버지의 임재 안에 설 수 있었습니다.

풀무 불에서 나왔을 때 그들의 옷에서 어떤 냄새도 나지 않았던 세 명의 히브리인 청년들과 같았습니다.

주님의 옷에서도 어떤 냄새도 나지 않았습니다.

이것이 무엇을 보여주고 있는지 알고 있습니까? 예수님께서 거기서 나오셔서 아버지의 임재 안으로 들어갈 수 있었다면, 당신과 나도 영적 죽음이 다스리는 이 세상에서 나갈 수 있습니다.

영생을 받은 우리는 영적인 죽음의 느낌이나 냄새도 없이 아버지의 임재 안으로 들어갈 수 있습니다.

주님께서 영으로 살아나시자마자 골로새서 2:15이 실재가 되었습니다. "그리고 모든 통치자들과 권력자들의 무장을 해제시키시고, 그들을 그리스도의 개선 행진에 포로로 내세우셔서, 뭇 사람의 구경거리로 삼으셨습니다."(새번역)

모든 어둠의 세력들이 있는 바로 그곳에서 예수님은 어둠의 왕자를 정복하셨습니다.

히브리서 2:14을 로더햄은 이렇게 번역했습니다. "그는 사탄의 죽음을 다루는 능력을 마비시켜 버리셨습니다." 그분이 사탄을 마비시켜 버렸습니다. 그분이 사탄을 깨뜨리셨습니다.

이제 이것을 알아야 합니다.

이것은 영원한 승리라는 것입니다.

사탄은 영원히 깨어졌으며 영원히 정복되었습니다.

베드로는 뭐라고 하였는지 볼까요? "여러분의 원수 악마가, 우는 사자 같이 삼킬 자를 찾아 두루 다닙니다. 믿음에 굳게 서서, 악마를 맞서 싸우십시오."(벧전 5:8-9)

우리의 전쟁을 이미 치르고 승리하셨습니다.

믿음의 싸움 외에 우리가 싸워야 할 전쟁은 더 이상 없습니다.

당신은 믿음의 선한 싸움을 싸워야 합니다.

믿음의 싸움이란 무엇일까요? 당신은 말씀을 가지고 모든 승리를 누리도록 되어 있습니다.

당신은 이 놀라운 책에 있는 말씀을 배워야 하고, 말씀을 가지고 당신의 적을 정복할 것입니다.

미문에서 베드로가 한 것은 이렇게 말한 것뿐입니다. "은과 금은 내게 없으나, 내게 있는 것을 그대에게 주니, 나사렛 예수 그리스도의 이름으로 [일어나] 걸으시오."(행 3:6, 새번역) 그는 곧 자유케 되었습니다(행 3:1-11)

베드로는 그에게 손을 얹지 않았습니다. 그는 그를 위해 기도하지 않았습니다. 그는 단지 말씀으로 그를 고쳤습니다.

말씀으로 고치는 것은 예수님께서 사람들을 고친 방법이었습니다.

말씀으로 하시는 것이 아버지께서 우주를 창조하신 방법이었습니다.

당신도 적을 말씀으로 정복합니다.

오늘날 당신은 약하고 심령이 상한 사람을 말로 위로합니다.

당신은 아픈 사람을 말로 고칩니다.

왜 그럴까요? 이사야 53:4(새번역)은 이렇게 말씀합니다. "그는 실로 우리가 받아야 할 고통을 대신 받고, 우리가 겪어야 할 슬픔을 대신 겪었다. 그러나 우리는, 그가 징벌을 받아서 하나님에게 맞으며, 고난을 받는다고 생각하였다." 그렇다면 그가 채찍에 맞으므로 나는 나음을 받았다는 것을 알았습니다.

무엇이 나를 고치셨나요? 말씀입니다.

이제 당신은 시편 107:20을 이해할 수 있습니다. "그가 그의 말씀을 보내어 그들을 고치시고 위험한 지경에서 건지시는 도다"

병을 고치는 것은 기도가 아닙니다. 우리의 손을 얹는 것도 아닙니다. 그리스도 안에서 아직 어린아이들에게는 그런 것도 필요할 수 있지만, 자신의 권리와 특권에 대한 지식에 있어서 완전히 성장한 사람들은 말씀이 병을 고칩니다.

말씀이 그 돈을 내게로 가져옵니다. 나는 빌립보서 4:19을 아버지께서 주의해 보시도록 요구했습니다. "나의 하나님이 그리스도 예수 안에서 영광 가운데 그 풍성한 대로 너희 모든 쓸 것을 채우시리라" 물론 주님이 나의 필요를 채워 주셨습니다.

말씀이 문제와 필요를 해결했습니다. 그분의 말씀은 내게 위로와 확신을 주십니다. 그러면 나는 단순히 이렇게 말합니다. "예수 이름으로, 너희 섬기는 영들아, 나가서 그 돈들이 오도록 하여라." 그러면 돈이 들어옵니다. 한 번만 온 것이 아니라 내가 수년간 공적인 사역을 하는 동안 계속 들어오고 있습니다.

에베소서 6:18의 말씀처럼 성령께서 우리에게 말씀하고 있는 바와 같이 우리의 전투는 살과 피를 대항하여 하는 것이 아니라 패배한 정사와 권세들과 하는 것입니다.

이 정사와 권세들은 이미 모두 정복되었습니다.

그들의 패배를 히브리서 9:12는 우리를 위한 영원한 속죄라고 언급하였습니다.

당신은 영원히 자유하게 되었습니다.

그들은 영원히 매맞고 정복되어 패배하였습니다.

당신은 이런 말씀들을 기억하고 말씀대로 행동함으로써 당신의 자유를 얻습니다.

당신은 단순히 종으로 살기를 거절합니다.

당신은 기쁘게 이 말씀을 읽습니다. "우리는 그리스도 안에서 그의 은혜의 풍성함을 따라 그의 피로 말미암아 속량 곧 죄 사함을 받았느니라"(엡 1:7)

무슨 말인지 알 수 있지 않습니까? 사탄은 자신이 패배한 것은 알고 있지만 당신이 이 사실을 알기를 원하지는 않습니다.

사탄은 당신이 이에 대해 무지한 상태로 남아있게 하려 합니다.

요한계시록 12:11은 내게 큰 위로의 근원이 되었습니다. "또 우리 형제들이 어린 양의 피와 자기들이 증언하는 말씀으로써 그를 이겼으니 그들은 죽기까지 자기들의 생명을 아끼지 아니하였도다"

여기서 말씀은 로고스입니다. 태초에 로고스가 있었으며, 로고스는 하나님과 함께 있었고, 로고스는 하나님이었습니다.

그들이 그리스도의 말씀으로 그를 이겼다는 것을 볼 수 없습니까? 이 말은 그들이 그리스도 자신으로 그를 이겼다는 뜻입니다.

그 피는 우리의 승리의 자리 즉 기초입니다.

이는 사탄이 패배했으며 나는 이 기초에 근거하여 행동하고 있다는 것을 모든 하늘에 증거하고 있습니다.

이제 나는 외칩니다! 그분이 내 편이시면(그분은 내 편입니다), 땅이나 지옥이나 나를 대항하여 맞설 자가 누구인가!

나는 정복자입니다!

한 국가로서 우리는 역사상 가장 중대한 시기를 맞이하고 있습니다. 우리는 예수의 이름의 능력을 알고 그 이름을 어떻게 국가의 적에 대항하여 사용할지 아는 남녀의 무리가 일어나야 할 필요가 있습니다.

우리의 최악의 적은 다른 나라가 아닙니다. 우리 안에 있는 적입니다. 바로 우리 가운데 있습니다.

이제 당신은 일어나 귀신을 멸망시키는 말씀, 환경을 무찌르는 말씀, 그분의 말씀을 사용해야 합니다.

보좌의 방으로 들어갈 때 당신은 아버지께 말하는 것이며, 그분의 임재인 그분 자신의 말씀 안으로 들어가는 것입니다.

당신이 지금 그분의 말씀을 사용한다면, 주님이 당신보다 더 많은 아버지의 말씀을 하신 것이 아닙니다.

아버지는 항상 그분 자신의 말씀에 존경을 나타내십니다. 주님은 "나는 내 말이 시행되도록 주의하여 보고 있다." "모든 하나님의 말씀은 능하지 못하심이 없느니라"(눅 1:37)고 말씀하셨습니다.

그러므로 이제는 그 말씀 위에 당신이 요구하는 것을 얹어 놓으십시오.

나는 요구사항을 예수 이름 위에 올려놓고, 말씀 위에 얹은 요구사항을 하나님 앞에 높이 든다고 생각하기를 좋아합니다.

"이제부터는 너희를 종이라 하지 아니하리니 종은 주인이 하는 것을 알지 못함이라 너희를 친구라 하였노니 내가 내 아버지께 들은 것을 다 너희에게 알게 하였음이라"(요 15:15)

우리는 이 살아있는 진리 안에 살고 있습니다.

우리는 이 강력한 가능성들을 이용하여서, 담대히 기도하고, 우리의 기도는 응답될 것이며, 어둠의 세력들은 무찔러지고 패배하게 될 것이라는 의식을 가지고 담대히 어둠의 군대들을 대면하고 있습니다.

이것은 이론이 아니라 우리의 일부가 되었습니다.

우리는 이 말씀대로 살며, 말씀은 우리 안에 살고 있습니다.

요한복음 15:7은 이렇게 선언합니다. "너희가 내 안에 거하고 내 말이 너희 안에 거하면 무엇이든지 원하는 대로 구하라 그리하면 이루리라"

아버지께서 몸소 이것들이 이루어지도록 하실 것입니다.

당신이 그분을 선택한 것이 아니라, 그분이 당신을 선택하였으며,

그분이 당신에게 가서 열매를 맺으라고 당신에게 말씀하셨습니다.

그것은 말씀의 열매, 기도의 열매가 될 것입니다.

우리는 우리 주변에 있는 사람들의 마음가짐mindset을 바꿔줄 필요가 있는 시점에 와 있습니다.

교회 안에 있는 크나큰 무리들의 심령 안에 영적 패배감이 있습니다.

이것은 술 판매와 주점과 술집에 앉아 있는 여자들에 의해서 생긴 것들입니다.

매춘과 청소년 범죄는 이와 함께 급증했습니다.

부모의 훈계에 대한 십대들의 반항과 그들이 교회에 없는 것은 마치 나라의 심장에 상처가 나 있는 것과 같습니다.

그렇다면 하나님께서 아무것도 하시지 않고 계신단 말입니까? 하나님께서 능력을 잃어버리셨습니까?

작은 교회가 불신자들의 세상을 마주하고 있는 것을 보십시오.

유대인 나라에 교육적인 회의주의가 있는 것을 보십시오.

로마 제국 전체의 그 검은 그림을 보십시오.

교회는 교육받지도 못했고 훈련받지도 못한 사람들을 보내어 그 끔찍한 상태를 대면하게 하였으며, 거기서 새로운 나라를 건설하도록 하였습니다. 그들이 승리했듯이 우리도 승리할 수 있습니다.

우리는 세상의 정신적인 영향력을 멈추게 해야 합니다.

우리는 우리 자리를 차지하고서 "우리는 주님이 우리가 어떤 사람이라고 말씀하신 그런 사람이다."라고 큰소리로 외쳐야 합니다.

우리는 그분이 우리가 할 수 있다고 하신 것을 할 수 있습니다.

우리는 그분의 본성으로 하나님과 연결되어 있습니다. 영원한 아버지와 신자 사이에는 사람과 하나님의 연합이 존재합니다.

우리의 영은 아버지의 영에 있는 창조적인 에너지와 능력을 가지고 있습니다.

우리는 정복자의 요건을 갖추고 있습니다.

우리 입술에 있는 그분의 말씀은 우리를 대항하는 어떤 힘이나 요소들도 무찌를 수 있습니다.

그분의 전능하신 능력으로 우리는 이런 문제들을 대면하고 정복합니다.

나는 그분이 이렇게 말씀하시는 것을 듣습니다. "보라, 내가 너와 함께 하고 있다. 어서 가라. 네가 하는 것을 보겠다. 내가 너와 함께 있을 것이다."

다시 한번 나는 시대의 노래를 듣습니다. "두려워하지 말라 내가 너와 함께 함이라 놀라지 말라 나는 네 하나님이 됨이라 내가 너를 굳세게 하리라 참으로 너를 도와주리라 참으로 나의 의로운 오른손으로 너를 붙들리라"(사 41:10)

"홍해를 여신 하나님께, 풀무 불에 던져진 세 히브리 소년들 주변의 불꽃을 제압하신 하나님께서 당신과 함께하십니다.

"나는 모든 시대의 하나님이니라."

"보라, 내가 너와 함께 있다. 나의 모든 능력이 너와 함께 있다. 너는 너의 모든 원수들 앞에서 승리자이다."

19
정죄의 끝

늘 정죄하는 설교만 들어왔었기 때문에 몇 년 전만 해도 이런 제목은 어떤 사람들을 어리둥절하게 했을 것입니다.

우리 시대의 유명한 대부분의 복음전도자들은 주로 정죄하는 설교, 심판하는 설교를 하였습니다.

그리스도 안에 있는 우리가 어떤 존재인지를 설교하는 사람은 거의 없었습니다.

그들은 속량보다 죄를 더 강조했습니다.

로마서 8:1은 잘 알려지지 않은 구절이었습니다. "그러므로 이제 그리스도 예수 안에 있는 자에게는 결코 정죄함이 없나니"

동산에서 하나님 앞에 자유롭게 설 수 있었던 아담이나, 이 땅에 사실 때 예수님과 같이, 우리도 아버지 앞에 설 수 있다는 것을 알았더라면 인생은 정말 달라졌을 것입니다.

믿는 자가 된 후에도 우리는 스스로 자격지심을 가지고 있기 때문에 고군분투합니다.

우리를 가르쳤던 선생님들은 우리에게 의롭지 못하다는 느낌을 우리 안에 심어 주었습니다. 우리는 믿는 자에게 속량이 무엇을 의미하는지를 몰랐습니다.

고린도후서 5:17-21은 새로운 창조와 아버지 앞에 선 사람에 관해 말하고 있습니다. "그런즉 누구든지 그리스도 안에 있으면 새로운 피조물이라 이전 것은 지나갔으니 보라 새 것이 되었도다 모든 것이 하나님께로서 났으며 그가 그리스도로 말미암아 우리를 자기와 화목하게 하시고 또 우리에게 화목하게 하는 직분을 주셨으니 곧 하나님께서 그리스도 안에 계시사 세상을 자기와 화목하게 하시며 그들의 죄를 그들에게 돌리지 아니하시고 화목하게 하는 말씀을 우리에게 부탁하셨느니라"

죄와 약함, 실패, 의심과 두려움과 같은, 정죄하는 이전 것들은 지나갔습니다. 정죄도 두려움도 없는 새로운 피조물이 존재하게 되었습니다.

우리는 한순간에 하나님의 자녀가 되어 하나님과 화목하게 되었습니다.

정죄도 두려움도, 어떤 죄의식이나 혹은 무가치의식도 없습니다.

어머니의 품에 안겨 있는 아기처럼 우리는 완전한 쉼과 만족을 누립니다.

그뿐만이 아닙니다. "곧 하나님께서 그리스도 안에 계시사 세상을 자기와 화목하게 하시며 그들의 죄를 그들에게 돌리지 아니하시고 화목하게 하는 말씀을 우리에게 부탁하셨느니라"(고후 5:19)

우리는 기도할 때마다 스스로 무가치하다는 생각으로 용서와 자비를 구하던 우리의 선조들이 닦아 놓은 길을 따라 왔습니다.

그들은 거듭난 적이 없는 것처럼, 죄가 제거되지 않은 것처럼, 아버지께서 그들을 의심하고 못 믿는 눈으로 내려다보시는 것처럼 행동했습니다.

그러나 19절을 보셨습니까? 그분은 그들의 죄를 그리스도에게 돌리심으로써 죄인들의 죄를 인정하시지 조차 않으십니다.

그리스도 안에서 자기 아들과 딸이 된 우리를 왜 죄 있는 자로 여기시겠습니까?

그분은 그렇지 않으십니다.

알지 못하여 우리 스스로 그런 생각을 가지고 살았습니다.

죄는 전에 전혀 없었던 것처럼 깨끗이 씻겨졌습니다.

이전의 악한 자아는 제거되고 새로운 자아가 그 자리를 차지했습니다.

우리는 새로운 피조물입니다 New Creation.

이어서 그는 21절에서 놀라운 말을 합니다. "하나님이 죄를 알지도 못하신 이를 우리를 대신하여 죄로 삼으신 것은 우리로 하여금 그 안에서 하나님의 의가 되게 하려 하심이라"

다음 절에 있는 말씀도 보셨습니까? "우리가 하나님과 함께 일하는 자로서 너희를 권하노니 하나님의 은혜를 헛되이 받지 말라"

당신은 의롭지 않은 상태에서, 그분과 교통하지 않으면서 그분과 함께 일할 수는 없습니다.

새로운 탄생을 통하여 그분은 당신을 그리스도 안에서 하나님의 의로 만드셨습니다.

신자들에게 죄 문제는 해결되었습니다.

이제 문제는 내가 나의 기업 안으로 들어가는 것만 남았습니다.

나는 그분의 죽음 안에서 그분과 함께했습니다.

나는 그분이 의롭게 되었을 때 그분과 함께했습니다.

나는 그분의 고통 중에 그분과 함께했습니다.

나는 그분이 살아나셨을 때 그분과 함께했습니다.

나는 그분이 어두운 곳에서 원수를 만나 그들을 정복했을 때 그분과 함께했습니다.

그분이 죽음에서 살아나셨을 때 나는 그분과 함께했습니다.

그분이 지극히 높으신 분의 우편에 앉으셨을 때 공의의 마음에 나는 그분과 함께했습니다.

그분 자신의 말씀을 따라 나는 거기 앉아 있습니다.

나는 정죄를 받지 않습니다.

나는 내가 이전에 사탄과 하나였던 것과 나의 이전 행동에 대한 죄책감이 없습니다.

나는 로마서 8:31로 돌아가서 그분이 바울에게 영감을 주어서 나를 위해 기록하게 한 것을 읽습니다. "만일 하나님이 우리를 위하시면 누가 우리를 대적하리요"

이 말씀이 모든 것을 해결합니다. 나는 바울이 내 귀에 속삭이는 말을 듣습니다. "자기 아들을 아끼지 아니하시고 우리 모든 사람을 위하여 내주신 이가 어찌 그 아들과 함께 모든 것을 우리에게 주시지 아니하겠느냐"

이어서 그는 놀라운 말을 합니다. "누가 능히 하나님께서 택하신 자들을 고발하리요 의롭다 하신 이는 하나님이시니"

"누가 정죄하리요 죽으실 뿐 아니라 다시 살아나신 이는 그리스도 예수시니 그는 하나님 우편에 계신 자요 우리를 위하여 간구하시는 자시니라"

그리고 그는 이런 중요한 질문을 합니다. "누가 우리를 그리스도의 사랑에서 끊으리요 환난이나 곤고나 박해나 기근이나 적신이나 위험이나 칼이랴"

이런 어떤 것도 믿는 자들을 정죄할 수 없습니다.

에베소서 1:5-7을 주의해서 읽어 보셨습니까? "그 기쁘신 뜻대로 우리를 예정하사 예수 그리스도로 말미암아 자기의 아들들이 되게 하셨으니 이는 그가 사랑하시는 자 안에서 우리에게 거저 주시는바 그의 은혜의 영광을 찬송하게 하려는 것이라 우리는 그리스도 안에서 그의 은혜의 풍성함을 따라 그의 피로 말미암아 속량 곧 죄 사함을 받았느니라"

당신은 어디에 있습니까? 당신은 "그가 사랑하는 자" 안에 있습니다.

이 말은 당신이 바로 사랑 받는 자라는 의미입니다. 당신은 "사랑하는 자the Beloved"의 한 부분입니다.

당신은 그분과 동일시되었으며, 그분과 하나입니다.

우리는 그의 피로 말미암아 속량을 받았다고 7절에서 말하고 있습니다. "우리는 그리스도 안에서 그의 은혜의 풍성함을 따라 그의 피로 말미암아 속량 곧 죄 사함을 받았느니라"

정죄가 있을 자리는 없습니다.

오직 한 가지 문제는 이것입니다. 우리가 그분과 교제하며 사는 법을 배웠느냐는 것입니다.

우리는 그분과 교제를 지속하는 법을 배웠습니까?

이 법은 바울의 계시와 요한의 놀라운 서신들 안에 있습니다.

우리는 예수님께서 사랑 가운데 행하셨던 것처럼 사랑 가운데 행해야 합니다.

어떻게 그렇게 할 수 있냐고요?

당신은 아버지의 본성인 사랑을 받지 않습니까?

당신은 하나님의 본성에 참여하는 자가 되었습니다. 그 본성은 바로 사랑입니다. "하나님은 사랑이라"

이제 그 사랑의 본성이 당신을 지배하게 하십시오.

바울은 자신의 몸을 쳐서 복종하게 한다고 말했습니다. 즉 바울은 자신의 감각이 자신을 지배하지 못하도록 한다는 말입니다.

믿는 자들에게 있어서 이기심은 감각에서 나오는 것입니다.

그러므로 당신이 감각을 다스린다면 사랑이 우선권을 가지게 되고 당신은 그분과 교제하며 살게 될 것입니다.

요한일서 1:3-5을 보십시오. "우리가 보고 들은 바를 너희에게도

전함은 너희로 우리와 사귐이 있게 하려 함이니 우리의 사귐은 아버지와 그의 아들 예수 그리스도와 더불어 누림이라 우리가 이것을 씀은 우리의 기쁨이 충만하게 하려 함이라 우리가 그에게서 듣고 너희에게 전하는 소식은 이것이니 곧 하나님은 빛이시라 그에게는 어둠이 조금도 없으시다는 것이니라 만일 우리가 하나님과 사귐이 있다 하고 어둠에 행하면 거짓말을 하고 진리를 행하지 아니함이거니와"

무슨 말입니까? 내가 사랑 밖으로 나가면 빛에서 나와 어둠으로 들어가는 것입니다. 내가 어둠 속으로 들어가면 내가 어디로 가는지도 모릅니다.

요한일서 2:10-11은 우리에게 이렇게 말합니다. "그의 형제를 사랑하는 자는 빛 가운데 거하여 자기 속에 거리낌이 없으나 그의 형제를 미워하는 자는 어둠에 있고 또 어둠에 행하며 갈 곳을 알지 못하나니 이는 그 어둠이 그의 눈을 멀게 하였음이라"

우리가 교제가 끊어지면, 요한일서 1:9은 어떻게 그 교제를 회복하는지를 말해줍니다. "만일 우리가 우리 죄를 자백하면(우리에게 어둠을 가져온 것들) 그는 미쁘시고 의로우사 우리 죄를 사하시며 우리를 모든 불의에서 깨끗하게 하실 것이요"

새로운 피조물로서 이제 당신은 정죄가 더 이상 없다는 것을 깨달았습니다.

정죄감 가운데 단 하루도 더 살 필요가 없습니다.

아들이 당신을 자유롭게 하셨습니다.

이제 그 자유 안에서 걸으며 사십시오.

20
평범한 사람으로 사는 것
(하나님의 자녀로서가 아닌)

하나님의 자녀들, 하나님이 있는 사람들, 하나님의 본성을 가진 사람들이 "단지 세상 사람들"과 같이 살아가는 것을 보는 일은 오늘날 우리의 가장 슬픈 사실 중 하나입니다.

웨이마우스가 고린도전서 3:1-4을 번역한 것을 보십시오. "형제들아 내가 신령한 자들을 대함과 같이 너희에게 말할 수 없어서 육신에 속한 자 곧 그리스도 안에서 어린 아이들을 대함과 같이 하노라 내가 너희를 젖으로 먹이고 밥으로 아니하였노니 이는 너희가 감당하지 못하였음이거니와 지금도 못하리라 너희는 아직도 육신에 속한 자로다 너희 가운데 시기와 분쟁이 있으니 어찌 육신에 속하여 사람을 따라 행함이 아니리요 어떤 이는 말하되 나는 바울에게라 하고 다른 이는 나는 아볼로에게라 하니 너희가 육의 사람이 아니리요"

"And as for myself, brethren, I found it impossible to speak to you as spiritual men. It had to be as to worldlings – mere babes in Christ. I fed you with milk and not with solid food, since for this you were not yet strong enough. And even now you are not strong enough: you are still unspiritual. For so long as jealousy and strife continue among you, can it be denied that you are unspiritual and are living and acting like mere men of the world? For when some one says, 'I belong to Paul', and another says, 'I belong to Apollos' is not this the way men of the world speak?"

바울은 그리스도의 대속의 영적인 면에 관하여 깊이 쓸 수 없음을 알았습니다.

그들이 감각적인 영역에서 살고 있기 때문에 바울은 새로운 피조물에 관하여 그들에게 말할 수 없다는 것을 알았습니다.

그들은 자신의 재창조된 영을 발전시킨 적이 없었습니다.

하나님의 가족이 된 신자는 같은 분량의 믿음을 가지고 있고, 같은 분량의 사랑을 가지고 있습니다. 성령으로 말미암아 하나님의 사랑이 그의 심령에 부은 바 되었기 때문입니다.

그러나 그가 주 예수 그리스도를 아는 지식 안에, 은혜 안에 자라지 않는 한, 그가 스스로 공부하여 아버지께 자신을 인정받는 자로 나타내지 않는 한, 그는 영적이지 못한 상태에 머물러 있습니다.

그의 영은 계발되거나 발전된 적이 없습니다.

당신은 몸의 근육이나 정신을 개발하듯이 자신의 영을 발전시킬 수 있습니다.

대부분의 신자들은 자기 영을 개발한 적이 없습니다. 그 결과 그들의 믿음은 약하고, 그들의 사랑도 약하고, 그들의 지식은 오류들과 섞여 있습니다.

우리의 이성의 기능을 통해 사랑이 오지 않습니다. 믿음도 마찬가지입니다.

믿음과 사랑은 모두 재창조된 사람의 영 안에 있습니다.

마태복음 4:4에서 예수님이 "사람이 떡으로만 살 것이 아니요 하나님의 입으로부터 나오는 모든 말씀으로 살 것이라 하였느니라"고 하신 것은 사람의 지성이나 추론 능력을 계발하는 것이 아니라 그의 영을 계발하라는 말씀입니다.

에베소서 1:17-18에서 바울은 이렇게 기도했습니다. "우리 주 예수 그리스도의 하나님, 영광의 아버지께서 지혜와 계시의 영을 너희에게 주사 하나님을 알게 하시고 너희 마음의 눈을 밝히사 그의 부르심의 소망이 무엇이며 성도 안에서 그 기업의 영광의 풍성함이 무엇이며"

여기서 마음heart은 로마서 7:22에서 "속 사람the inward man"입니다.

베드로전서 3:4에서는 "마음에 숨은 사람The hidden man of the heart"라고 했습니다.

이와 같이 사람은 영적 존재이며, 영적으로 죽어 있는 것은 그 사람의 영입니다.

사람이 재창조된 후에 그의 영은 교육받고, 훈련받고, 계발되어야 합니다.

말씀 안에서 영이 강하고 살아 움직이면, 믿음은 강해지고 사랑은 주님의 사랑이 됩니다.

우리가 감각을 따라 행하고 감각적이 되는 한 영은 계발되지 않아, 그저 한 사람으로 살아가게 됩니다.

즉 영생을 전혀 받지 않은 사람처럼 살아갑니다.

믿는 자들은 하나님의 생명 안에서 제한 없는 가능성을 가지고 있습니다.

에베소서 1:3은 계발된 재창조된 영의 그림을 우리에게 보여줍니다. "아버지께서 그리스도 안에서 하늘에 속한 모든 신령한 복을 우리에게 주셨다." 우리가 이런 복을 받았다면 그리스도의 측량할 수 없는 풍성함이 실제로 우리의 것입니다.

에베소서 3:8에서 바울은 자신이 그리스도의 측량할 수 없는 풍성함을 이방인에게 전한다고 말합니다.

에베소서 3:12에서는 이렇게 말합니다. "우리가 그 안에서 그를 믿음으로 말미암아 담대함과 확신을 가지고 하나님께 나아감을 얻느니라"

이 새로운 삶에는 한계가 없습니다.

에베소서 4:7에서는 이렇게 말합니다. "우리 각 사람에게 그리스도의 선물의 분량대로 은혜를 주셨나니"

에베소서 4:1에서는 이렇게 말합니다. "그러므로 주 안에서 갇힌 내가 너희를 권하노니 너희가 부르심을 받은 일에 합당하게 행하여"

우리는 사랑으로 행해야 합니다. 그분과 완전한 교제 가운데 행해야 합니다.

우리는 "하나님의 아들을 믿는 것과 아는 일에 하나가 되어 온전한 사람을 이루어 그리스도의 장성한 분량이 충만한 데까지 이르도록" 그를 아는 지식과 은혜 안에 자라야 합니다(엡 4:13).

그분은 우리가 더 이상 "온갖 교훈의 풍조에 흔들리거나, 이리저리 밀려다니지" 않기를 바라십니다.

그분은 우리가 예수님의 삶의 충만하심의 경지에 이르기까지 자라기를 바라십니다.

당신은 아버지의 바로 그 본성에 참여한 자가 되었으며, 예수님이 속량 사역을 통하여 당신을 위해 값을 지불하고 산 모든 것을 당신이 누릴 수 있다는 것을 당신은 이해할 수 있습니다.

사람이 약할 이유가 없습니다.

"우리는 은혜 위에 은혜로 그의 충만한 데서 받기 때문에" 사람은 자신의 믿음이 부족하고, 이것이 부족하고 저것도 부족하다고 말할 근거가 없습니다.

아버지의 마음에는 모든 정사와 권세의 머리가 되신 그리스도 안에서 우리는 완전한complete 자입니다.

그분의 온전함 안에서 당신은 온전합니다complete.

나는 에베소서 1:22-23이 내 심령에 일으킨 충격을 절대 잊을 수 없습니다. "또 만물을 그의 발아래에 복종하게 하시고 그를 만물 위에 교회의 머리로 삼으셨느니라 교회는 그의 몸이니 만물 안에서 만물을 충만하게 하시는 이의 충만함이니라"

우리는 그 몸이며 그리스도의 발입니다.

우리는 주님의 심부름을 하는 그리스도의 몸의 한 부분이며, 그분은 모든 어둠의 세력들을 우리의 발아래 두셨습니다.

우리 한 사람은 천 명을 쫓아낼 수 있지만, 두 사람은 만 명을 쫓아낼 수 있습니다.

우리 안에 있는 하나님의 능력은 그 어떤 한계도 없습니다.

고린도후서 3:4-5 같은 말씀을 가지고 우리는 어떻게 해야 합니까? "우리가 그리스도로 말미암아 하나님을 향하여 이같은 확신이 있으니 우리가 무슨 일이든지 우리에게서 난 것 같이 스스로 만족할 것이 아니니 우리의 만족은 오직 하나님으로부터 나느니라"

"우리를 새 언약의 일꾼 되기에 만족하게 하셨으니." 이 말씀은 설교자들에게만 적용되는 말이 아니라 우리 모두에게 적용되는 말입니다.

우리는 그분이 충분하게 하신 것을 가지고 있습니다. 우리는 그분의 능력을 가지고 있습니다.

누가복음 24:49 말씀을 바르게 번역된 영어로 읽으면 깜짝 놀랍니다. "너희는 위로부터 능력으로 입혀질 때까지 이 성에 머물라"

이 말씀은 예수님께서 승천하시기 전에 제자들에게 하신 말씀입니다. 주님은 제자들이 능력으로 옷 입혀지기를 원하셨습니다. 능력power이라고 번역된 단어는 역량ability이라는 뜻입니다.

이제 주님은 "나는 너희가 위로부터 역량으로 옷 입혀지기를 원한다"고 하셨는데 이는 아버지의 역량ability을 의미합니다.

당신은 주님이 이렇게 하시는 말씀을 들을 수 있습니다. "이제 너희는 내가 너희에게 전한 메시지를 이해할 수 있게 될 것이다."

"너희는 새로운 피조물이 뜻하는 바를 알 수 있는 능력을 가지게 될 것이다."

"너희는 하나님의 생명의 충만함 안으로 들어갈 능력을 가지게 될 것이다."

"병든 자를 고치고, 귀신들을 쫓아내며, 모든 어둠의 세력들을 대항하여 내 이름을 사용함으로써, 너희는 나의 증인이 되는 능력을 가지게 될 것이다."

당신은 마가복음 16:17에서 주님이 "내 이름으로 너희가 귀신을 쫓아내게 될 것이다"란 말의 뜻을 알게 될 것입니다.

요한복음 16:23도 마찬가지입니다. "너희가 무엇이든지 아버지께 구하는 것을 내 이름으로 주시리라."

우리가 심령으로 이 진리를 받아들이기 전까지 우리는 "단지 한 사람으로서" 살아가게 될 것입니다.

당신은 그 힘센 언약의 사람 삼손을 알고 있을 것입니다.

그와 같은 사람이 없었지만, 그가 자기의 언약의 권리를 무시했을 때, 블레셋 사람들이 그를 사로잡아서 눈을 빼내어 버리고 그를 종으로 삼았습니다.

대부분의 믿는 자들의 마음의 눈은 삼손의 눈과 같습니다.

그들은 그리스도 안에 있는 자신들의 권리의 충만함을 누릴 수 있는 능력을 잃어버렸습니다.

이런 사람들 대부분에게 요한복음 10:29-30 말씀은 아무 의미가 없습니다. "그들을 주신 내 아버지는 만물보다 크시매 아무도 아버지 손에서 빼앗을 수 없느니라 나와 아버지는 하나이니라"

그들은 이렇게 말하는 법을 배운 적이 없습니다.

나의 아버지는 만물보다 크시다.
나의 아버지는 만물보다 크시다.
살아가면서 겪는 쓰디쓴 눈물, 유혹, 두려움 가운데서도 나의 아버지는 만물보다 크시다.

그들은 아버지를 가지고 있다는 것을 깨달은 적이 없습니다. 그분은 그들에게는 그냥 하나님일 뿐이었습니다.

그들은 "아버지, 사랑해요."라고 속삭여 본 적이 없습니다.

완전히 감각 지식이 그들을 다스리고 있기 때문에 아버지께서는 그들의 심령에 자신을 실제로 나타내실 수 없었습니다.

그분은 아버지 하나님이며 당신을 사랑하고 계십니다.

히브리서 7:25의 강력하고 살아있는 힘이 그들의 의식의 배경이 되어 본 적이 없었습니다. "그러므로 자기를 힘입어 하나님께 나아가는 자들을 온전히 구원하실 수 있으니 이는 그가 항상 살아 계셔서 그들을 위하여 간구하심이라"

힘든 환경이 당신을 억누를수록 그분은 더욱 당신을 굳건히 잡아 주실 것입니다.

그분이 당신을 위해 간구하신다는 말은, 당신이 아버지 하나님과 교제를 유지하고 있다면, 이 땅에는 당신을 사로잡을 수 있는 능력을 가진 것은 없다는 말입니다.

그분은 당신을 위해 살아 계십니다. 그분은 당신을 사랑하십니다.

그분은 당신을 위해 자신을 포기하셨습니다. 그분은 당신이 이 사랑에 반응을 보이기를 사모하고 계십니다.

그분은 당신이 그분을 쳐다보면서 "예수님, 사랑해요."라고 속삭이기를 고대하고 계십니다.

속량 받은 사람의 마음가짐 Redemption Minded

아버지는 당신이 속량 받은 사람의 마음가짐을 가지기 바라십니다.

나는 어떻게 "단지 한 사람a mere man"으로서 살 수 있는지 더 이상 모릅니다.

당신이 환경에 좌우되거나, 질병에 눌려 있거나, 실패자라고 생각하는 사람의 마음가짐을 가지고 있어서, 그분이 당신을 생각할 때 그분의 마음이 아프게 하지 마십시오.

그분은 실패자를 만드신 적이 없고, 우리를 승리하도록 만드셨습니다.

당신은 예수 이름을 사용할 수 있습니다. 사용하십시오. 예수 이름을 사용하여서 당신은 아버지의 임재 안으로 들어갈 수 있습니다.

예수 이름은 당신이 질병, 환경, 어둠의 세력을 이길 수 있게 해 줍니다.

예수님과 사도들이 살면서 가졌던 것과 똑같은 위대하고 강한 성령의 능력을 당신은 가지고 있습니다.

예수님이 당신의 지혜입니다.

오늘 그분은 당신 삶의 능력입니다.

지금 당신은 모든 영적인 복으로 축복받았습니다.

당신은 믿음을 달라고 외치거나 힘을 달라고 기도할 필요가 없습니다.

당신은 이 모든 것을 가지고 있으며, 이것들은 당신의 것입니다.

당신은 속량을 통해서 얻게 된 모든 복을 받았습니다.

주님의 임재를 너무나 의식하고 있어서 "보라, 내가 너와 항상 함께 있다."는 말씀이 무의식이 되어, 어떤 일이 일어나든지 상관없이, 그분이 거기 계신다는 것을 당신이 알게 되기를 바랍니다.

그분이 어떤 분이셨는지를 잊어버림

야고보는 "말씀을 행하는 사람"이라고 묘사하고 있습니다. 그는 말씀을 가르치기만 하는 사람이 아닙니다.

그는 말씀에 감탄하는 사람 이상입니다.

그는 말씀을 공부하는 사람 이상입니다.

말씀이 그 안에 살고 있습니다.

말씀이 바로 자신의 존재의 일부가 되도록 살아갑니다.

그는 사랑 안에 걷습니다. 그의 모든 행동은 새로운 창조의 새로운 법에 따라 다스림을 받습니다.

그는 자신의 입술로 영에 거슬리는 죄를 짓지 못하게 합니다.

그는 말의 가치를 조심스럽게 다루는 법을 배웠습니다.

그래서 야고보서 1:22-25은 그에게 말씀의 매우 중요한 한 부분이 되었습니다.

"너희는 말씀을 행하는 자가 되고 듣기만 하여 자신을 속이는 자가 되지 말라."

얼마나 착한 사람들이 자신을 속였을까요.

그들은 자신들의 교회의 가르침을 믿습니다.

그들은 말씀을 많이 공부하지 않습니다.

그들은 사람들이 뭐라고 하는지에 대해서는 아주 조심스럽고, 자주 자기 자신을 부인하고, 사람의 말 때문에 스스로 얽매입니다.

야고보는 우리를 아버지 앞에 얼굴을 맞대도록 해 줍니다. "말씀을 행하는 자가 되어라"고 그는 말합니다. 그러므로 나는 말씀이 뭐라고 하는지 알아보기 위해 말씀을 공부하고 말씀대로 행동합니다.

사랑의 법은 서로에게 어떻게 행동해야 하는지 통제하도록 주어졌으므로, 나는 말씀을 부지런히 공부합니다.

"누구든지 말씀을 듣고 행하지 아니하면 그는 거울로 자기의 생긴 얼굴을 보는 사람과 같아서 제 자신을 보고 가서 그 모습이 어떠했는지를 곧 잊어버리거니와"(약 1:23-24).

우리는 어떤 사람이며, 아버지는 우리에 대해 뭐라고 하시는지 살펴봅시다.

우리는 우리가 가지고 있는 것을 찾아보고, 아버지의 마음에 우리가 누구인지 알아봅시다.

"무릇 하나님의 영으로 인도함을 받는 사람은 곧 하나님의 아들이라"(롬 8:14). 즉 그들은 하나님의 아들이 된다는 말입니다.

어떤 사람이 기꺼이 성령의 인도를 받는다면, 그는 아들의 관계 안으로 인도받을 것입니다.

"너희는 다시 무서워하는 종의 영을 받지 아니하고 양자의 영을 받았으므로 우리가 아빠 아버지라고 부르짖느니라 성령이 친히 우리의 영과 더불어 우리가 하나님의 자녀인 것을 증언하시나니"(롬 8:15-16)

아버지께서는 우리가 이런 사람이라고 하셨습니다.

우리는 하나님의 가족이며, 그리스도의 몸의 한 부분입니다.

성령은 우리를 새로운 창조에 속한 사람New Creation man이라고 부르십니다.

우리는 사탄과 관계되어 있던 영역에서 빠져 나와서 아버지 하나님의 가족 안으로 들어왔습니다.

골로새서 1:13은 우리에게 "그가 우리를 흑암의 권세에서 건져내사 그의 사랑의 아들의 나라로 옮기셨다"고 말씀하고 있습니다.

만일 이것이 진실이라면(물론 진실입니다), 그렇다면 우리는 새로운 유형의 사람이며, 새로운 종류의 사람입니다.

우리는 말씀을 공부하여서 아버지께서 우리에게 기대하시는 것이 무엇이며, 세상은 우리에게 무엇을 기대할 수 있는 권리가 있는지 알아야 합니다.

우리는 초자연적인 사람들입니다.

우리는 하나님의 능력과 지혜를 가졌습니다. 우리는 그분의 말씀 안에 하나님의 마음을 가지고 있습니다.

우리는 "우리가 어떤 존재인지"를 결코 잊지 말아야 합니다.

어떤 위기를 만나든지, 어떤 시험이 오든지, 우리는 우리가 어떤 종류의 사람인지 잊지 않습니다.

이와 같이 우리는 새로운 질서에 속해 있습니다.

우리는 언제나 어디서든지 아버지의 임재 안으로 들어갈 수 있는 법적인 권한을 가진 사람의 부류에 속해 있습니다.

권리만 있을 뿐만 아니라, 은혜의 보좌 앞에 담대하게 들어오라고 일어서서 환영하는 초청을 받았습니다.

우리는 의로운 사람입니다.

우리가 새로운 피조물이 되었을 때 우리에게 전이된 아버지의 본성에 의해 우리는 의로운 자가 되었습니다.

이 하나님의 의가 우리를 하나님 밖의 모든 세력을 다스리는 주인 master으로 만들었습니다.

우리는 하늘과 동맹을 맺고 있으므로 하늘의 지원을 받고 있습니다.

우리는 바울이 이렇게 말하는 것을 들을 수 있습니다. "하나님이 우리 편이신데 누가 우리와 싸우려고 덤비겠는가?"

하나님은 우리 편이고, 우리도 하나님 편입니다.

로마서 8:31-39에서 그는 우리를 대적하여 싸우려고 덤비는 모든 권세들을 언급하고 있습니다. 사탄이 우리를 대적하여 데려올 수 있는 모든 것들을 우리가 다스릴 수 있다는 것을 바울은 우리에게 보여주고 있습니다.

우리가 막을 수 없는 사탄의 무기는 없습니다.

우리의 전쟁은 감각 지식으로 된 것들 즉 살과 피를 상대로 하는 것이 아니라, 우리의 전쟁은 영적인 세력들과 하는 것이며, 이 모든 전쟁에서 우리는 정복자보다 나은 자입니다.

그들은 그리스도 예수 안에 있는 하나님의 사랑으로부터 우리를 끊을 수 없습니다.

만일 하나님의 사랑으로부터 우리를 끊을 수 있다면, 그들은 우리를 이길 수 있지만, 그분이 우리를 사랑하시므로 우리를 이길 수 없습니다. 그 사랑이, 그분으로 하여금 우리를 구조하고, 돌보고, 지켜보며, 보호하게 하십니다.

예수를 죽음에서 살리신 위대하고 강력한 성령, 세상의 모든 초목을 만드신 분, 그 강한 분이 우리 안에 살고 계신다는 것을 우리는 한 순간도 잊어서는 안 됩니다. 왜냐하면 우리 안에서 자신의 기쁘신 뜻을 위하여 기꺼이 행하시고 일하시는 분은 하나님이기 때문입니다.

자기 지갑에 있는 돈을 신뢰하듯이, 연료와 기름이 가득한 차를 신뢰하듯이, 우리가 그분을 신뢰하는 것이 익숙해진다면, 우리는 얼마나 강력한 남녀로 이 땅에서 살아갈까요.

아버지는 너무나 실제적일 것이며, 그 이름도 너무나 실제적일 것이며, 예수님께서 "하늘과 땅의 모든 권세를 내게 주셨으니"라고 하신 사실을 의식하며 살게 될 것입니다.

"그러므로 너희는 나를 대표하는 사람으로서 나가라. 나의 이름을 사용할 수 있는 법적인 권리를 너희에게 줄 것이다. 내 이름으로 너희는 귀신, 질병, 네가 나의 뜻을 행하는 데 어떤 의미로든지 방해가 되는 자연의 법칙을 다스리는 자들이다."

우리는 하늘의 왕국을 대표하는 능력을 갖추었습니다.

우리는 우리가 어떤 종류의 사람인지 결코 잊지 말아야 합니다.

우리는 우리의 대사를 영국으로 보냅니다.

우리는 이제 그가 단지 평범한 사람이 아니라는 것을 잊지 말아야 합니다. 그는 우리 정부를 대표하는 사람입니다.

그의 뒤에는 우리나라 정부가 있습니다.

그는 우리 정부에서 그에게 하라고 한 말을 말하고 있습니다.

그는 자기 마음대로 행동하지 않습니다. 그는 단지 평범한 사람이 아닙니다.

그는 우리 정부를 대신하는 대사입니다.

나는 내가 어떤 존재의 사람인지 잊어서는 안 됩니다.

나는 그리스도를 대신하는 대사입니다. 대사로서 나는 우주의 최고 법정이 내 뒤에서 나를 지지하고 있습니다.

나는 나의 아버지 하나님, 예수님, 위대하고 강한 성령님과 하나님의 모든 천사들의 지지를 받고 있습니다.

내가 어떤 존재인지를 잊어버리지 않는 한 나는 실패자가 될 수 없습니다.

고린도전서 3:1-3에서 이것을 발견한 적이 있습니까? "형제들아 내가 신령한 자들을 대함과 같이 너희에게 말할 수 없어서 육신에 속한 자 곧 그리스도 안에서 어린 아이들을 대함과 같이 하노라 내가 너희를 젖으로 먹이고 밥으로 아니하였노니 이는 너희가 감당하지 못하였음이거니와 지금도 못하리라 너희는 아직도 육신에 속한 자로다 너희 가운데 시기와 분쟁이 있으니 어찌 육신에 속하여 사람을 따라 행함이 아니리요"

이는 마치 이렇게 말하는 것과 같습니다. "나는 여러분이 자신들이 누구이며, 어떤 사람들이며, 어떤 것을 할 수 있는지를 알고 있는 사람에게 말하는 것처럼 여러분들과 말하고 싶었지만, 그렇게 할 수 없었던 것은 여러분들이 감각의 영역에서 살고 있기 때문입니다."

당신들은 당신들이 누구와 연합되어 있는지 그 위대한 영적인 실재에 대한 확신을 가지고 있지 않습니다.

당신들을 어린 아이들과 똑같이 살고 있습니다.

당신들이 신성과 하나가 되어 있다는 실재를 깨닫지 못하고 있는 듯 보입니다.

바울은 이렇게 외칩니다. "내가 너희를 젖으로 먹이고 밥으로 아니하였노니 이는 너희가 감당하지 못하였음이거니와 지금도 못하리라."

얼마나 비참한 고백입니까.

얼마나 부끄러운 고백입니까. 시간이 지나서 그들은 그리스도 안에서 그들이 누구인지를 알고 유익을 취함이 당연했음에도 그렇게 하지 못했습니다.

그들은 사람들의 목소리에는 귀를 기울이고, 사람들의 문학작품이나 읽고 만족함으로써, 하늘의 작품, 예수를 죽은 자들 가운데서 일으킨 분의 목소리는 무시했습니다.

다음 구절은 이에 대하여 밝혀 주고 있습니다. "너희는 아직도 감각의 지배를 받는 자들이로구나. 너희 가운데는 그리스도 안에서 어린 아이들 같은 짓만 하는 사람들이 있는데, 사람을 따라 행하고 있구나."

다른 말로 하면, "너희들은 하나님의 아들들로서 행해야 할 때 단지 한 보통사람으로서 행하고 있구나."

너희는 종이 아니라 주인이었어야 했다.

너희 각 사람은 리더가 될 수 있었다. 그러나 리더는 되지 못하고 너희는 하나님과 상관없는 곳에 끌려 다니고 있다. 너희는 감각 지식에 끌려 다녀 마침내 인생 전부가 잘못되었다.

너희는 자신이 누구라는 의식을 잃어버려서, 질병이 오면 난처해하며 어쩔 줄을 모르고, 심령에는 두려움이 가득하다.

너희는 그리스도 안에 너희의 자리를 차지한 적이 없다.

너희는 그리스도 안에서 너희의 권리와 특권을 이용해 본 적이 없다.

너희는 하나님 가족의 한 아들로서 자신의 권리를 주장해본 적이 없다.

너희는 무의식적으로 너희 자신을 종의 자리에 내어 주었다.

너희는 다른 사람들을 의지하고, 믿음의 문제가 오면, 너희의 불신앙과 부족함만을 말한다.

너희는 영적으로 무임승차하는 사람이다. 하나님의 능력을 가지고 있지만 너희는 그것을 사용하지 않는다.

너희는 살아있는 하나님의 말씀을 가지고 있다. 그러나 너희는 하나님의 아들에게 속한 모든 특권을 이용할 수 있는데도 아직도 단지 한 자연인으로 살고 있다.

너희는 너희가 어떤 사람인지를 잊어버렸다.

히브리서 5:12-14은 이런 종류의 그리스도인을 묘사하고 있습니다. "때가 오래 되었으므로 너희가 마땅히 선생이 되었을 터인데 너희가 다시 하나님의 말씀의 초보에 대하여 누구에게서 가르침을 받아야 할 처지이니 단단한 음식은 못 먹고 젖이나 먹어야 할 자가 되었도다 이는 젖을 먹는 자마다 어린 아이니 의의 말씀을 경험하지 못한 자요 단단한 음식은 장성한 자의 것이니 그들은 지각을 사용함으로 연단을 받아 선악을 분별하는 자들이니라"

아주 쉽게 말하고 있습니다. 이 말씀은 무관심하고 생각도 없는 자녀들을 향한 아버지의 심령입니다. 주님은 "너희는 시간이 많았다"고 하셨습니다.

"당신은 말씀을 공부하는 한 과정을 공부할 수도 있었습니다."

"성경학교에 멀리 갈 필요도 없이 당신은 통신으로도 공부할 수 있었습니다."

"당신은 아마도 당신이 다니는 교회나 살고 있는 동네에 있는 성경공부 수업에 참여할 수도 있었습니다."

"당신은 새로운 피조물의 첫째 원리가 되는 것을 배운 것마저도 잊어버렸습니다."

"당신은 사망에서 나와 생명으로 옮겨졌다는 것도 잊었습니다."

"당신은 그리스도 예수 안에서 새로운 피조물이라는 것도 잊었습니다."

"당신은 하나님과 연결되었으며, 신성에 참여한 자라는 것도 잊었습니다."

"당신 안에 바로 하나님의 생명 자체를 가지고 있으며, 위대한 보혜사Paraclete,위로자 성령님이 당신 편이란 것을 잊었습니다."

그분은 당신 안에 들어오셔서 당신을 소유하고 당신의 교사가 되고 안내자가 되고 위로자가 될 준비가 되어 있으십니다.

성경을 공부하는 학생이 되어 이 살아있는 말씀이 하나님께 증거가 되도록 입증하기 위해 공부하기보다는 그저 성경에 관한 책들을 읽는 것이 더 편안하게 되었습니다.

이제 당신은 우유가 필요한 시점에 도달했습니다. 당신은 어린 아기처럼 돌봄을 받아야 하는 사람입니다. 이는 슬픈 입니다.

이어서 그는 이렇게 말합니다. "이는 젖을 먹는 자마다 어린 아이니 의의 말씀을 경험하지 못한 자요"(히 5:13)

당신은 선과 악을 스스로 구별해 본 적이 없습니다. 이 말은 죄와 의를 구별하는 것이 아니라 하나님의 세력과 위장하고 나타나는 악한 세력들을 말합니다.

당신은 선과 악의 경계선에서 살았습니다.

당신은 이렇게 하는 것이 잘못된 것일까? 내가 저것을 해야 하나? 늘 스스로 질문했습니다. 이런 것들은 그리스도 안에 있는 어린 아이들이 하는 질문입니다.

성장이나, 발전도 없었으므로 누군가 "당신은 믿는 사람인가요?"라고 물으면 당신은 "글쎄요, 믿으려고 노력하는 중이지요."라고 대답했을 것입니다.

소년이 소년이 되려고 노력한다는 말이 없는 것처럼 믿으려고 노력하는 믿는 자라는 말은 없습니다. 그는 소년입니다. 더 나은 소년이 되려고 할 수는 있습니다.

만일 당신이 믿는 자가 되려고 노력한다고 한다면 당신은 믿는 자가 아닙니다. 그렇다면 당신은 밖에 있는 사람입니다.

그렇다면 당신은 영생을 받은 적이 없습니다.

그렇다면 당신의 영은 재창조된 적이 없습니다.

그러므로 당신이 어떤 존재인지 알고, 아버지께서 당신을 어떻게 바라보시는 지, 당신으로부터 무엇을 기대하시는지를 알기 위해 스스로 성경을 공부하는 것은 너무나 중요합니다.

21
그분의 대속을 믿는 것

우리가 다리나 엘리베이터를 사용하듯 그분의 대속을 사용할 줄 안다는 사실은 말씀이 실재가 되었다는 말입니다.

엘리베이터나 기차를 탈 때 우리는 믿음을 생각하지 않습니다. 우리는 단순하게 사용합니다. .

우리는 새로운 피조물이며 아버지의 생명과 본성을 가졌다는 사실을 의식한다면 즉 우리가 새로운 피조물 의식을 가진 것입니다. 이 의식이 감각의 세계에서와 같이 이뤄진다면 우리는 승리의 영역에서 살게 될 것입니다.

승리자가 되지 않고 당신 안에 계신 하나님을 의식하는 사람이 될 수 없습니다. 그러면 요한일서 4:4이 실재가 됩니다. "자녀들아 너희는 하나님께 속하였다." 이 말씀이 당신의 의식 속에 완전히 젖어 들게 하십시오.

반복해서 이렇게 말하십시오. "나는 하나님께 속하였다; 나는 위로부터 났다; 나는 하나님으로부터 났다. 나는 그리스도 예수 안에서 하나님의 새로운 피조물이다. 나는 옛 창조에 관계된 모든 것들을 다스리는 주인이다."

사탄은 새로운 피조물을 지배할 권한이 없습니다. 그는 나를 지배할 수 없습니다.

"이 심령에 숨은 사람, 나의 영, 실재의 나는 새로운 피조물입니다. 이전 것들은 지나갔습니다."

약점과 실패와 의심과 두려움과 환경에 종노릇하던 옛 사람은 모두 사라지고, 이제는 그리스도 안에 있는 새 사람이 옛 사람이 종노릇하던 자리에서 주인이 되었습니다.

이 새로운 창조는 원수들의 손으로부터 빠져나와 속량되었습니다.

나는 바울이 이렇게 속삭이는 말을 들을 수 있습니다. "그 안에서 나는 속량 받았다."

이것이 바로 진리가 실재가 되는 것입니다.

이제 나는 다음 구절을 이해할 수 있습니다. "너희 안에 계신 이가 세상에 있는 자보다 크심이라."

나는 내 안에 하나님의 생명과 본성을 가지고 있습니다. 이것이 나를 새로운 피조물이 되게 합니다.

죽음으로부터 예수를 살리신 그분이 내 안에 살 집을 마련하도록 나는 그분을 초청했으며 그분은 거기 계십니다.

나는 말씀을 공부하기 시작할 때 언제나 그분의 주의를 환기시킵니다.

또 설교를 하거나 상황들에게 명령할 때 이렇게 말합니다. "성령님, 여기 당신을 위한 기회가 있습니다. 이제 나를 통해 말씀하시고, 나를 통해 생각하시고, 내 안에서 크게 사십시오. 내 입술을 통해 예수님을 드러내어 주십시오."

이와 같이 위대한 대속은 우리의 것입니다. 그분은 우리의 것입니다. 그분의 권세는 우리의 것입니다.

우리의 손과 발이 우리의 것이듯이 그분이 하신 모든 것은 우리의 것입니다.

이제 우리는 우리 자신을 새로운 피조물로 바라봅니다.

예수님께서 실제로 죽음에서 살아나셨던 것처럼 우리도 죽음의 영역에서 빠져 나왔습니다.

그분의 몸이 육체적인 죽음의 영역에서 빠져 나왔듯이, 우리의 영은 영적 죽음의 영역에서 빠져 나왔습니다.

공의의 마음에 우리는 그분과 함께 살아났습니다.

우리가 새로운 피조물이 되었을 때 실제로 우리는 죽음에서 나와 생명으로 들어갔습니다.

우리는 영적 죽음의 영역을 떠났습니다.

우리는 사탄의 가족인 죽음의 지배를 벗어났습니다.

요한복음 5:24은 실재가 되었습니다. "내 말을 듣고 또 나 보내신 이를 믿는 자는 영생을 얻었고 심판에 이르지 아니하나니 사망에서 생명으로 옮겼느니라."

우리는 영적 죽음에서 나와 영적 생명의 영역 안으로 태어났습니다.

우리는 사탄의 권세와 통치로부터 나와서, 그의 사랑의 아들의 나라로 옮겨졌습니다. 그 안에서 우리는 속량과 죄를 제거함을 받았습니다.

속량은 그분의 풍성한 은혜와 사랑과 능력으로 말미암았습니다.

우리는 바로 하나님의 가족 안으로 실제로 들어갔습니다.

하나님은 이제 우리의 아버지십니다.

우리는 바로 그분의 자녀들입니다.

이 일이 일어났을 때 우리는 자유로운 하나님의 아들이 되었습니다. 왜냐하면 그리스도께서 우리를 자유하게 하셨기 때문입니다.

예수께서 우리의 의가 되셨습니다.

새로운 탄생으로 우리는 신의 성품에 참여하는 자가 되었으며, 그리스도 안에서 하나님의 의가 되었습니다.

이 말은 우리가 예수님께서 가지셨던 것과 똑같은 자유를 가지고 아버지의 임재 안에 설 수 있다는 뜻입니다.

이 전에 우리는 영적 죽음으로 말미암아 죄의식이 발전되어 있었습니다. 그러나 이제 우리는 영생을 의식하는 사람이 되었습니다.

우리는 하나님의 아들딸입니다. 우리는 의 의식 가운데 성장하고, 우리의 자리를 차지하기 시작했으며, 아들딸로서 행동합니다.

우리가 말씀대로 행할 때 우리는 의 안에서 경험이 있습니다.

의에 대하여 가르침을 받고, 의 안에서 우리의 자리를 차지하는 말씀을 경험하는 사람이 되는 것이 얼마나 절대적으로 필요한지요.

여러분이 내가 하는 말을 이해하였는지 모르겠습니다.

예수께서 공적인 사역을 시작하였을 때 그분은 실제로 하나님의 의를 드러내셨습니다.

예수님은 죄의식도 열등감도 전혀 없으셨습니다.

그분은 슈퍼맨이었습니다. 그분은 귀신들의 지배자Master였습니다.

그분은 질병과 아픔의 지배자Master였습니다.

그분은 결핍과 굶주림의 지배자였습니다.

당신과 내가 그리스도 안으로 들어왔을 때, 그분은 우리의 의가 되었고, 우리는 새로운 창조로 말미암아 그 안에서 하나님의 의가 되었습니다.

우리는 의에 대하여 배우지 않았습니다.

우리는 그리스도 안에서 자유함에 관하여 배우지 않았습니다.

우리가 예수 이름 안에서 귀신들의 지배자였다는 것을 우리는 몰랐습니다.

우리가 원수의 모든 권세 위의 권세를 가졌다는 것을 우리는 몰랐습니다.

예수님처럼 우리도 바로 하나님의 아들과 딸로서, 어떤 열등감도, 무가치의식도 없이 아버지의 임재 앞에 자유롭게 설 수 있다는 것을 몰랐습니다.

예수님은 적을 두려워하지 않으셨습니다.

내가 공부하기 시작했을 때 처음 나를 놀라게 한 것이 있었습니다.

예수님은 어떤 두려움도 없이 마귀가 있는 곳에 들어가실 수 있었던 것입니다.

그분은 죽은 나사로의 무덤 옆에 섰을 때 두려워하지 않으셨지만, 오히려 나는 깜짝 놀랐습니다.

나는 상상으로 거기 서 있었습니다. 너무나 생생한 장면이어서, 군중들이 모여 들고 있을 때 나는 주님을 지켜보았습니다. 나는 그분이 큰 소리로 "돌을 치워라!"라고 하시는 소리를 들었습니다.

그러자 나의 심령은 부드럽게 속삭였습니다. "주님, 좀 천천히 하셔야 합니다. 그는 무덤에 있은 지 나흘이나 되었고, 죽은 지는 거의 한 주가 지났습니다. 마르다가 벌써 냄새가 나고 있다고 주님께 말씀드렸지 않습니까." 그러나 주님은 내가 생각을 멈추도록 다시 "나사로야! 나오너라."고 외치셨습니다.

마르다가 말리려고 했지만 너무 늦었습니다. 예수님은 말씀하셨습니다. "그를 풀어놓아서 다니게 하라." 몸이 썩어가던 사람이 무덤에서 나왔습니다.

어떻게 예수님은 이렇게 두려움이라곤 없었을까요? 왜냐하면 그분은 하나님의 의였기 때문입니다. 이것이 전부입니다.

그분은 죄의식이 없었습니다. 그분은 정죄감이 없었습니다.

예수님께서 자신이 하나님의 의라는 것을 아셨던 것처럼 믿는 자가 자신도 하나님의 의라는 것을 알았다면, 그는 지옥과 인류를 깜짝 놀라게 하도록 두려움 없이 예수의 이름을 사용할 수 있을 것입니다.

예수님은 죽음에서 살아나신 후에 이렇게 말씀하셨습니다. "하늘과 땅의 모든 권세가 내게 주어졌다. 나는 교회의 머리이다."

"이제 나는 모든 권세가 그 안에 있는 내 이름을 사용할 권리를 너희에게 준다. 내 이름으로 너희는 귀신을 쫓아낼 것이다."

"보라, 사탄을 다스릴 권세를 너희에게 주었다."

"너희가 사탄이 행한 모든 일을 지배하게 해 주었다."

"나는 마귀의 일을 멸하려고 왔다."

"이제 나는 이것을 너희에게 맡긴다."

믿는 자가 의의식과 자녀의식을 가지게 된다면 사탄은 그를 두려워할 것입니다.

교회가 속량의 실재를 의식하게 되는 그 순간 사탄의 지상에서의 통치는 간섭을 받게 된다는 것을 사탄은 알고 있습니다.

우리가 우리의 자리를 차지하고 우리에게 속한 부분을 행하기를 기대하지 않으셨다면 예수님은 히브리서 4:16절 말씀처럼 은혜의 보좌 앞에 담대히 나오라고 우리를 결코 초청하지 않으셨을 것입니다.

이와 같이 우리는 그분이 우리가 어떤 사람이라고 하는 그런 사람입니다.

우리는 우리 자신의 이름을 사용하듯이 그분의 이름을 사용하는 법을 배워야 합니다. 자가용을 사용하듯이 기도할 줄 알아야 합니다.

이 큰 문제들을 완전히 알고 이해한다면 이것들은 우리의 소유가 됩니다.

문제는 바로 이런 것들이 교리로서만 가르쳐졌다는 것입니다.

이들은 우리가 믿는 신조의 일부였으며 우리들 대부분은 신조를 고백하는 교회의 일원이 되었을 뿐입니다.

이 신조는 예수님을 얼마나 무력하게 묶어 놓았는지 우리도 아무 쓸모 없는 사람이 되도록 세상과 똑같이 되게 묶어 놓았습니다.

주님이 요즘 행하려 하시는 일은 수년 동안 우리를 묶어 놓았던 속박으로부터 우리를 풀어놓아 자유롭게 하는 것입니다.

바울의 계시는 어떤 교리체계가 아닙니다. 바울의 계시는 그리스도 안에서 우리의 것이 무엇인지 벗겨서 보여주는 것으로서, 바울을 통하여 아버지께서 우리에게 하시는 말씀입니다.

22
속량의 안식

우리들 중에 히브리서 4:1에서 언급하고 있는 안식의 실재를 알고 있는 사람은 별로 없습니다. "그러므로 우리는 두려워할지니 그의 안식에 들어갈 약속이 남아 있을지라도 너희 중에는 혹 이르지 못할 자가 있을까 함이라."

예수께서 그분의 일을 마치셨을 때 그분은 높은 곳의 위엄의 오른편에 앉으셨습니다(히 1:3).

"지금 우리가 하는 말의 요점은 이러한 대제사장이 우리에게 있다는 것이라 그는 하늘에서 지극히 크신 이의 보좌 우편에 앉으셨으니"(히 8:1)

"오직 그리스도는 죄를 위하여 한 영원한 제사를 드리시고 하나님 우편에 앉으사"(히 10:12)

그분은 자신의 일을 마치셨습니다.

그분의 일은 자신을 위해서가 아니라 우리를 위한 것이었습니다.

그분은 그분의 안식에 들어가셨습니다.

"이미 믿는 우리들은 저 안식에 들어가는도다 그가 말씀하신 바와 같으니 내가 노하여 맹세한 바와 같이 그들이 내 안식에 들어오지 못하리라 하셨다 하였으나 세상을 창조할 때부터 그 일이 이루어졌느니라"(히 4:3)

"그러므로 우리가 저 안식에 들어가기를 힘쓸지니 이는 누구든지 저 순종하지 아니하는(혹은 설득 당하지 않는) 본에 빠지지 않게 하려 함이라"(히 4:11)

이것은 믿음의 안식입니다. 근심과 갈등을 끝내는 것입니다.

당신은 더 이상 믿음이나 능력을 추구하지 않습니다.

당신은 그분과 하나가 되었습니다.

그분이 당신을 위해서 하신 일과 성령님이 말씀을 통하여 당신 안에서 하시는 일에 대하여 당신은 감사하게 되었습니다.

당신은 그분 안에서 당신이 어떤 존재라고 하는 그분이 하신 말씀대로 자신을 알게 되었습니다.

당신은 자신이 새로운 피조물이라는 것을 알고 있습니다.

당신은 사망에서 생명으로 옮겨졌다는 것을 알고 있습니다.

당신은 당신 안에 아버지의 바로 그 생명과 본성을 가지고 있다는 것을 압니다.

당신은 그분이 지금 아버지의 오른편에 계신 것과 같이 당신은 여기 땅 위에 있다는 것을 알고 있습니다.

당신은 그분의 몸의 한 지체로서 한 부분이라는 것을 알고 있습니다.

당신은 그분과 함께 살아났다는 것을 알고 있습니다.

당신의 삶에 어떤 일이 일어날지라도 당신은 정복자보다도 나은 자라는 것을 알고 있습니다.

이것들이 당신이 알고 있는 사실들입니다.

이제 당신은 그분이 당신을 위해 값을 치르신 그분의 안식 안으로 들어갑니다.

당신은 근심의 길은 끝났습니다.

당신은 이제 그분과 완전히 동일시되었기 때문에, 철저하게 그분과 하나가 되었기 때문에, 아버지께서는 당신을 자신의 맏아들을 바라보시듯이 바라보십니다. 그러므로 모든 이해를 초월한 평안이 당신 전 존재를 가득 채우고 있습니다.

당신은 빌립보서 4:6-7을 기억할 것입니다. 우리는 이 말씀을 철저하게 아는 사람이 되어야 합니다. 이 말씀이 우리를 주관하게 해야 합니다. 여기 뭐라고 말씀하는 지 보십시오. "아무 것도 염려하지 말아라."

보십시오. 당신은 안식하는 자리에 있습니다.

"다만 모든 일에 기도와 간구로, 너희 구할 것을 감사함으로 하나님께 아뢰라"

왜 당신은 감사가 넘칩니까? 왜 당신의 심령은 평안과 안식으로 가득 차 있습니까? 왜 당신은 그렇게 기쁩니까?

왜냐하면 무엇이든지 아버지께 예수의 이름으로 구하면 아버지께서 그것을 당신에게 주신다는 것을 당신은 알고 있기 때문입니다.

심지어 주님은 이스라엘 사람들에게도 이렇게 말씀하셨습니다. "너는 내게 부르짖으라 내가 네게 응답하겠고 네가 알지 못하는 크고 은밀한 일을 네게 보이리라"(렘 33:3)

당신은 율법 아래 있지 않습니다. 당신은 아들입니다.

당신은 상속자이며, 그분 몸의 지체이며, 그분은 당신을 은혜의 보좌로 담대히 들어오라고 초청하셨으며, 당신은 그분의 임재 안에 서는 것이 어색하지 않습니다.

그러므로 이제 당신은 걱정하지 않고 믿습니다.

물론 아이는 아프고, 의사들은 포기했고, 당신이 아이를 위해 기도한 경우라도 당신의 심령은 감사로 가득하고 아버지를 찬양하고 있습니다.

당신의 친척이나 사랑하는 사람들은 당신을 이해할 수 없습니다.

그들은 자신의 엄마가 제정신이 아니라고 수군거립니다.

그렇지 않습니다. 당신은 주님 곁에 있습니다. "보라, 내가 항상 너희와 함께 있다"는 당신에게 실재입니다.

당신은 그분의 안식 안으로 들어갔습니다.

하나님으로부터 나온 말씀은 이루어지지 않는 것이 없으며, 말씀 하나하나에는 좋게 만드는 능력이 있다는 것을 당신은 알고 있습니다.

당신은 기도했고 기도 응답에 감사를 드렸습니다. "아침에 태양이 확실히 떠오르는 것만큼이나 응답은 확실합니다."

당신은 당신의 요구 사항들을 아버지께 알려 드렸으며 이제 기적은 일어납니다.

모든 이해를 초월하는 하나님의 평안이 그리스도 예수 안에 있는 당신의 심령과 생각을 차지합니다.

당신에겐 걱정이나 근심 같은 생각조차 없습니다.

당신에겐 어떤 짐도 없습니다.

베드로전서 5:7은 이것을 완전하게 묘사하고 있습니다. "너희 염려를 다 주께 맡기라 이는 그가 너희를 돌보심이라"

당신은 원수의 으르렁대는 소리도, 친구들과 다른 사람들의 의심도 관심이 없습니다.

당신은 자신의 기대가 그분으로부터 왔다는 것을 알고 있습니다.

당신은 그분의 말씀 안에 안식합니다.

당신은 그분의 안식 안으로 들어갔습니다.

예수님께서 기도하셨을 때 문제는 해결되었습니다. 더 이상 문제에 대해 말씀하지 않으셨습니다. 응답은 와야만 합니다.

"너희가 무엇이든지 내 이름으로 아버지께 구하면 그분이 그것을 너희에게 주실 것이다."

이 말씀이 해결합니다.

당신이 구하지 않았습니까? 그렇다면 응답은 오고 있습니다.

이제 당신은 아무것도 걱정하지 않습니다.

당신과 아버지가 함께 일하고 있다는 것을 당신은 알고 있습니다.

그들은 환경의 울타리 안에 당신을 가둘 수 없습니다.

"내가 궁핍하므로 말하는 것이 아니니라 어떠한 형편에든지 나는 자족하기를 배웠노니"

"나는 비천에 처할 줄도 알고 풍부에 처할 줄도 알아 모든 일 곧 배부름과 배고픔과 풍부와 궁핍에도 처할 줄 아는 일체의 비결을 배웠노라"(빌 4:11-13)

"삶 전부를 통하여, 모든 삶의 환경 가운데, 나는 부요한 때나, 굶주릴 때나, 풍성하거나, 궁핍하거나 관계없이 똑같이 사는 삶의 비밀을 배웠습니다. 나는 내게 힘을 주시는 그분의 도움을 통하여 어떤 경우에도 똑같았습니다."(웨이 번역본)

이와 같이 환경은 더 이상 겁을 줄 수 없는 자리, 사람의 말이 당신에게 그저 사람의 말일 뿐인 자리에 당신은 도달했습니다.

의사의 말은 단지 감각의 증상에 근거한 말일 뿐입니다.

하나님의 말씀은 살아있고 머물러 있습니다. "하나님으로부터 나온 말은 이루어지지 않는 것이 없다."

하나님의 말씀이 당신에게 말씀하고 있습니다.

당신에게 말씀과 하나님은 하나입니다.

당신은 예수님을 그분의 말씀과 구별하도록 배우지 않았습니다.

"내가 너희에게 한 말이 영이요 생명이다." 즉 말씀은 당신의 영의 본성을 다루며 당신에게 생명과 승리와 평안을 주며 당신의 혼에는 안식을 줍니다.

당신은 말씀 안에 안식합니다.

이전에는 사람의 말에 안식했었지만, 거기는 당신을 위한 안식이 없다는 것을 당신은 발견했습니다.

이제 당신은 그분의 안식 안에 안식하고 있습니다.

이와 같이 이런 안식은 사탄에 대한 두려움의 끝입니다. 왜냐하면 그는 패배했기 때문입니다.

그분이 채찍에 맞으므로 당신이 나음을 받았기 때문에 이런 안식은 질병에 대한 두려움의 끝입니다.

이런 안식은 부족함의 끝이므로 당신은 더 이상 부족한 것을 두려워하지 않습니다. "너희 하늘 아버지께서는 너희에게 이 모든 것들이 필요하다는 것을 알고 계신다."

당신에게는 이제 더 이상 부족함과 두려움이 존재하지 않습니다.

예수님이 당신의 능력이 되셨으므로 당신은 약점을 결코 생각하지 않습니다.

더 위대한 분이 당신 안에 살고 계십니다.

무지는 끝났습니다. 바울의 계시가 당신의 지식의 일부가 되고 당신의 삶의 일부가 될 때까지 당신은 공부했습니다.

내가 지금 당신에게 주는 골로새서의 이 말씀은 당신의 삶의 일부가 되도록 해야 합니다. "이로써 우리도 듣던 날부터 너희를 위하여 기도하기를 그치지 아니하고 구하노니 너희로 하여금 모든 신령한 지혜와 총명에 하나님의 뜻을 아는 것으로 채우게 하시고 주께 합당하게 행하여 범사에 기쁘시게 하고 모든 선한 일에 열매를 맺게 하시며 하나님을 아는 것에 자라게 하시고 그의 영광의 힘을 따라 모든 능력으로 능하게 하시며 기쁨으로 모든 견딤과 오래 참음에 이르게 하시고 우리로 하여금 빛 가운데서 성도의 기업의 부분을 얻기에 합당하게 하신 아버지께 감사하게 하시기를 원하노라"(골 1:9-12).

"I do not cease to pray and make request for you that ye may be filled with the exact knowledge of his will in all spiritual wisdom and understanding."

이 말씀의 생명력을 알 수 있겠습니까?

당신은 그분의 뜻을 알고 있습니다. 당신은 자신의 모든 삶에 대한 아버지의 "정확한 지식"으로 가득합니다.

당신은 말씀을 공부함으로써 얻게 된 지식을 사용할 수 있는 지혜로 가득 차 있습니다.

이 지혜는 당신이 주님을 매우 기쁘시게 하기에 합당한 삶을 살 수 있도록 하였습니다.

당신은 모든 선한 일에 열매를 맺는 곳에 이르게 하였습니다.

이것이 의의 열매입니다. 당신은 의의 말씀에 익숙해졌습니다.

당신은 보좌 앞에서 당신의 권리와 특권을 알고 있고, 언제 어디서든지 아버지의 임재 안에 들어가서 당신의 요구 사항을 하나님께 알릴 수 있는 믿음의 담대함을 가지고 있습니다.

당신은 아버지와 예수님을 방문하여 그 보좌가 있는 방에서 함께 있습니다.

당신은 수년 동안 당신이 알고 지내던 사람들보다 더 아버지와 예수님과 친밀합니다.

나는 당신의 심령이 이렇게 속삭이는 것을 듣습니다. "내가 믿는 그분을 나는 알고 있지."

당신은 이제 주님께 합당하게 살며 주님을 기쁘게 합니다.

예수님께서 그러하셨듯이 당신은 아버지를 기쁘시게 하는 사람이 되었습니다(요 8:29).

"내가 하는 모든 일에서 나는 아버지를 기쁘시게 한다"고 주님은 말씀하셨습니다.

말씀을 공부함에 따라, 당신은 아버지에 대한 정확한 지식이 증가하고 있습니다.

놀라우신 분이 당신 안에 계시므로 당신이 사는 삶은 놀라운 삶입니다.

그 놀라운 분이 바로 당신의 교사입니다.

11절을 보십시오. "그의 영광의 힘을 따라 모든 능력으로 능하게 하시며"

이 말씀은 당신이 흔들리지 않게 합니다.

다른 사람들은 무너지고 산산조각이 날 때, 당신은 견고하며 흔들리지 않습니다. 당신은 언제나 주님의 일에 풍성합니다.

당신은 오래 참을 수 있는 힘을 얻습니다.

사람들은 당신이 어떻게 그런 일들을 견디어 내는지 이해할 수 없습니다.

당신은 그들에게 이렇게 속삭여 줍니다. "나는 그분의 뜻 안에 있으므로 모든 것이 합력하여 나를 위해 좋은 일이 됩니다. 당신에게서 안식을 훔쳐간 바로 그 환경이 오히려 나의 안식을 증가시켜 줍니다."

"당신을 파괴한 바로 그 적대적인 상황은 오히려 나를 세워줍니다. 당신은 내가 왜 말로 표현할 수 없는 기쁨과 영광으로 가득 차 있는지 이해할 수 없습니다."

"그분과 나는 함께 수고합니다."

"나는 그분의 믿음에 참여한 자입니다. 나는 그분의 바로 그 생명을 호흡합니다.

내게는 더 이상 놀라움이 되지 않는 예수님에 대한 견고함과 조용함이 있습니다.

이 안에 들어가 나는 기쁠 뿐만 아니라 그리스도 안에 있는 나의 권리와 특권에 대해 정확하게 아는 지식이 계속해서 증가하고 있습니다.

이것이 내가 그분께 감사하는 이유입니다. "우리로 하여금 빛 가운데서 성도의 기업의 부분을 얻기에 합당하게 하신 아버지께 감사하게 하시기를 원하노라"(골 1:12)

나는 즐길 뿐만 아니라 나는 다른 사람들에게 말하고 그들도 이에 대한 갈망을 갖도록 할 수 있고, 그 안으로 들어가는 비밀을 그들에게 보여 줄 수도 있습니다.

당신은 골로새서 2:2-3을 기억하고 있지요? "이는 그들로 마음에 위안을 받고 사랑 안에서 연합하여 확실한 이해의 모든 풍성함과 하나님의 비밀인 그리스도를 깨닫게 하려 함이니 그 안에는 지혜와 지식의 모든 보화가 감추어져 있느니라"

확신으로 가득 찬 것은 참으로 놀라운 일입니다. 그렇지 않습니까?

확신을 당신으로 하여금 골로새서 2:9-10을 생각하게 합니다. "그 안에는 신성의 모든 충만이 육체로 거하시고 너희도 그 안에서 충만하여졌으니"

그분이 나를 이렇게 만드셨습니다. 나는 할 수 없었습니다.

그분은 나를 취하여서 그분의 충만하심fullness과 그분의 온전하심completeness을 내 안에 장착하셨습니다.

이제 나는 "그들이 하나님의 비밀인 그리스도를 알게 되는 확실한 이해에 이른 것"을 기뻐하고 있습니다.

이제 3절의 말씀을 들어 봅시다. "그 안에는 지혜와 지식의 모든 보화가 감추어져 있느니라"

이제 나는 당신을 잠언 20:27로 데리고 가려고 합니다. "사람의 영혼은 여호와의 등불이라 사람의 깊은 속을 살피느니라"

지혜와 지식과 사랑과 은혜의 모든 보화는 그리스도의 보물 창고에 감추어져 있습니다. 그분이 나의 영에 불을 붙여 주어서, 나는 그리스도의 보물 창고에 감추어진 것들 안으로 내려가서, 그분의 은혜의 부요함을 발견했습니다.

나는 그리스도 안에 감추어진 것들 즉 그분의 빛으로 그 보물 가운데로 가는 길을 밝혀 주신 것들을 탐험하는 자가 되었습니다.

나는 이제 이 부요한 것들을 소유하였습니다. 이것들은 모두 내 것이고 나는 그리스도 안에 있는 나의 부요가 가득한 가운데 살고 있습니다.

보십시오. 이것들은 우리에게 속한 것입니다. 그분 안에는 가난함이 있을 자리가 없습니다.

아버지는 약한 그리스도인을 만드신 적이 없습니다. 그분은 우리가 약한 것을 기뻐하지 않습니다.

우리들 가운데 어떤 사람들은 우리에게 다가오는 모든 시련들이 하나님께서 보내신 것이라고 생각했습니다. 그렇지 않습니다.

아버지는 자기 것을 정결하게 하고 아름답게 하는 데 마귀가 필요하지 않습니다.

그렇습니다. 이런 시련과 어려움은 모두 사탄이 시작한 것이며, 하나님은 우리에게 이제 이것을 아는 능력을 주셨습니다. 그러므로 우리는 우리의 자리를 차지하고 우리에게 문제를 가져온 자를 꾸짖고 우리를 떠나 손을 대지 못하도록 명령해야 합니다.

우리는 사람의 심장 안에서 이상하고 달콤한 고요함을 발견하였습니다.

보십시오. 우리는 우리의 안식에 들어갔습니다.

우리의 심령 안에는 설득되지 않는 것이 전혀 없습니다.

아무리 문제가 크거나, 아무리 사람의 이성으로 이해하기 어렵거나, 아무리 감각 지식이 거절한다 해도, 그리스도가 완성하신 일의 모든 부요함 안으로 나를 인도하실 수 있는 살아있는 말씀에 의해 나는 설득되었습니다.

왜냐하면 내가 이것을 알고 있고, 사랑의 주되심에 나의 영을 양보하였기 때문입니다.

나는 그분의 말씀이 내 안에 부요하게 머물 수 있도록 허락하였으며, 나는 속량의 강력한 진리들의 실재를 알게 되었기 때문입니다.

23
다 이루었다

주님의 입술에서 나온 말씀 중에서 주님께서 십자가 위에서 하신 "다 이루었다It is finished"는 말보다 더 오해를 받은 말씀은 아마도 없었을 것입니다.

우리들 대부분은 그분이 그분의 속량 사역을 마치셨다는 의미로 믿었습니다만 이는 진리가 아닙니다.

대속 제물Substitute로서 그분의 사역은 이제 막 시작되었고, 그분의 피가 우주의 최고 법정에서 받아들여지고, 그분이 높은 곳, 위엄의 오른편에 앉으실 때까지는 완성되지 않았습니다.

당신은 이렇게 질문하겠지요. 그러면 "다 이루었다"고 하신 말은 무슨 뜻입니까?

이 말은 당신이 아는 대로 그분도 참여하고 있던 아브라함의 언약을 완성하셨다는 의미입니다.

그분은 아브라함의 자손으로 오셨습니다.

그분은 어려서 할례를 받으셨고 아브라함의 언약 안으로 들어오셨습니다.

그분은 그 언약의 자녀들인 이스라엘 백성을 다스리던 율법 아래서 성장했습니다.

말씀에는 오직 두 개의 진짜 언약이 있는데, 옛 언약과 새 언약, 즉 아브라함과 맺은 언약과 그리스도 안에 있는 새 언약입니다.

하나님은 아브라함과 첫 언약을 자르셨습니다.

왜 우리는 "언약을 자른다"고 표현할까요? 왜냐하면 히브리어의 뜻이 "언약을 자르다"는 뜻이기 때문입니다.

성경에 기록된 사람들의 거의 모든 언약들과 원시부족들 가운데 볼 수 있는 언약들은 피를 흘림으로써 엄숙하게 맺어졌습니다.

스탠리Stanly는 우리에게 아프리카 대륙의 깊은 곳에서 추장들과 맺은 사실적인 언약의 그림들을 보여줍니다.

예비된 절차들이 끝나면, 스탠리의 일행들은 제사장이 그들의 오른 손목에 상처를 내도록 내밀었습니다.

추장을 대표하는 추장의 아들은 그의 손목을 내밀고 피를 흘리게 하였습니다.

그리고 나서 두 사람은 손목을 서로 문지르고 상대방의 피를 맛보았습니다.

이제 이 두 사람은 피를 나눈 형제가 되었습니다. 스탠리와 그 추장은 대리자를 통하여 피를 나눈 형제가 되었습니다.

스탠리와 리빙스턴 모두 아프리카에서 이렇게 엄숙하게 맺어진 언약이 결코 깨어진 것을 본 적이 없었습니다.

자신의 죽음으로 보장한 이런 언약을 깨뜨리는 사람은 그 부족이 그가 살아남도록 허락하지 않았고 그들을 저주했습니다.

그러므로 아브라함의 언약은 원시 부족들에게 알려진 가장 성스러운 언약이었습니다.

할례는 그들이 이 언약으로 들어오는 것을 허용하는 것이었으며, 어린 아이가 할례를 받으면, 제사장은 그 피에 혀를 대고, 아이는 아브라함의 자손이 되었습니다.

이스라엘 사람들이 홍해를 건너 광야로 들어섰을 때 하나님은 그들에게 율법 즉 십계명을 주었습니다.

율법은 언약의 법이었습니다.

그들이 율법을 지키지 않으면 죽음을 의미했으므로 하나님은 그들에게 제사장 제도를 주었습니다.

제사장 제도와 함께 온 것이 지키지 않은 법을 덮는 속죄였는데, 속죄Atonement라고 번역된 히브리어는 "덮다to cover"를 의미합니다.

실제로 이 말은 다른 특별한 의미가 없습니다.

신학자들은 이 말에 온갖 의미를 부여했지만, 속죄는 단순하게 이스라엘 사람들을 덮어주는 것입니다. 그들이 영적으로 죽어있었기 때문입니다.

그러므로 예수께서 오셨을 때, 그분이 첫 번째 하신 일은 아브라함의 언약을 성취하여 해결하였습니다.

이어서 제사장 제도와 제사sacrifice와 율법을 성취하고 해결하였습니다.

히브리서는 이것을 매우 분명하게 다루고 있습니다.

로마서와 갈라디아서 역시 예수께서 첫 언약, 율법, 제사장 제도와 제사들Sacrifices을 성취하셨으므로 그분은 십자가 위에 달리셔서, "다 이루어졌다"라고 말할 수 있었다는 것을 조금도 의심할 수 없도록 증명하고 있습니다.

이 일은 그분이 아버지의 오른편에 앉으실 때까지는 성취되지 않았으며, 그분의 일은 대속Substitute, 대신한 것이었습니다.

그분은 첫 언약 아래 있는 죄들을 위하여 죽으셔야 했으며, 우리들의 죄들을 위해서도 죽으셔야 했습니다. 그러므로 그분의 대속은 양쪽 방향을 가리킵니다. 뒤로는 아브라함의 언약까지이며, 앞으로는 백보좌 심판까지 입니다.

이 책의 다른 장에서 그분이 우리를 대신하여 죽으셨기 때문에 그분의 대속 안에서 우리가 어떻게 그리스도와 동일시되었는지를 당신에게 보여 주었습니다.

그분은 우리 대신 고통을 받으셨습니다.

우리의 죄와 우리의 질병은 그분에게 놓였었습니다.

그분은 우리의 죄가 되셨습니다.

신학자들은 우리에게 죄들이 "그에게 간주되었다reckoned to Him, 여기다"고 말합니다.

만일 죄들이 그에게 간주된 것이라면, 속량은 우리에게도 간주만

된 것이므로 우리는 속량 되지 않은 것이 되고, 즉 몸값을 주고 되산 것이 아니게 됩니다.

만일 우리가 의로 여겨지기만 한 것이라면, 영생과 새로운 창조도 우리에게 실재가 아니고 여겨지기만 한 것입니다.

고린도전서 15:3은 그분이 우리의 죄들을 위해서 죽으셨다고 말하고 있습니다. "내가 받은 것을 먼저 너희에게 전하였노니 이는 성경대로 그리스도께서 우리 죄를 위하여 죽으시고"

"하나님이 죄를 알지도 못하신 이를 우리를 대신하여 죄로 삼으신 것은 우리로 하여금 그 안에서 하나님의 의가 되게 하려 하심이라" (고후 5:21)

"이제는 율법 외에 하나님의 한 의가 나타났으니 율법과 선지자들에게 증거를 받은 것이라 곧 예수 그리스도를 믿음으로 말미암아 모든 믿는 자에게 미치는 하나님의 의니 차별이 없느니라 모든 사람이 죄를 범하였으매 하나님의 영광에 이르지 못하더니 그리스도 예수 안에 있는 속량으로 말미암아 하나님의 은혜로 값없이 의롭다 하심을 얻은 자 되었느니라 이 예수를 하나님이 그의 피로써 믿음으로 말미암는 화목제물로 세우셨으니 이는 하나님께서 길이 참으시는 중에 전에 지은 죄를 간과하심으로 자기의 의로우심을 나타내려 하심이니 곧 이 때에 자기의 의로우심을 나타내사 자기도 의로우시며 또한 예수 믿는 자를 의롭다 하려 하심이라" (롬 3:21-26)

이런 말씀은 그리스도께서 실제로 우리를 대신하셨으며Substitute, 우리의 자리에 계셨으며, 첫 언약 아래에서 지은 죄들의 값을 지불하고 우리를 위하여 공의의 요구를 만족시킴으로써 새로운 탄생이 법적인 사실이 될 수 있게 하셨다는 것을 의심의 그림자조차 없도록 보여주고 있습니다.

나는 여러분이 나의 책 "하나님 아버지와 그분의 가족The Father and His Family"을 읽으면 좋겠습니다. 왜냐하면 그 책에 여기서 다룰 수 없는 속량 계획의 법적인 측면의 문제를 분명하게 밝혔기 때문입니다.

그분은 우리의 속량과 우리의 의를 합법적인 사실로 만들었을 뿐만 아니라, 그분은 하나님께서 우리를 재창조하여 자기 가족이 되게 하시고, 우리를 합법적으로 명예로운 하나님의 아들과 딸들이 되는 것이 가능하도록 만드셨습니다.

예수님께서 "다 이루었다"고 십자가 위에서 말씀하셨을 때는, 지금 우리가 이해하고 있는 것처럼, 즉 바울이 히브리서 2:14에서 우리에게 말하고 있는 것처럼, 그분이 죄의 문제, 속량의 문제, 사탄을 무력화하는 것을 다루었다는 어떤 언급도 없었습니다.

우리의 속량에 관계되어 그리스도께서 하신 일에는 세 단계가 있음을 분명히 이해하기를 바랍니다.

첫째는, 그분이 땅에서 하신 일은 첫 언약과 이에 관한 모든 것을 다루는 것이었습니다.

둘째는, 그분이 십자가 위에서 죄가 되셨을 때 시작되어 그분이 자기 피를 가지고 하늘의 지성소에 들어가셔서, 그 피가 우리를 위해서 받아들여졌던 그분의 대속 사역Substitutionary work입니다.

셋째는, 지극히 높은 곳에서 엄위의 오른편에서 오늘 하시는 그분의 사역입니다.

이 사역은 교회를 보존하고 돌보는 것과 관련된 것입니다.

그분은 우리의 대제사장으로서, 언약의 보증으로서, 우리의 구원자로서, 우리의 중재자로서, 우리의 변호자로서, 우리의 주님으로서 거기 계십니다.

24
아버지의 오른편에 계신 예수

말씀은 예수께서 높은 곳에서 엄위the Majesty on High의 오른편에 앉으셨다고 여러 번 말하고 있습니다.

히브리서 1:3은 좋은 예시입니다. "이는 하나님의 영광의 광채시요 그 본체의 형상이시라 그의 능력의 말씀으로 만물을 붙드시며 죄를 정결하게 하는 일을 하시고 높은 곳에 계신 지극히 크신 이의 우편에 앉으셨느니라"

"지금 우리가 하는 말의 요점은 이러한 대제사장이 우리에게 있다는 것이라 그는 하늘에서 지극히 크신 이의 보좌 우편에 앉으셨으니 성소와 참 장막에서 섬기는 이시라 이 장막은 주께서 세우신 것이요 사람이 세운 것이 아니니라"(히 8:1-2)

우리가 알아야 할 그분의 하늘에서의 사역과 연관된 다른 표현도 있습니다.

히브리서 9:12은 이렇게 마무리하고 있습니다. "속죄를 이루사 단번에 성소에 들어가셨느니라."

이 사역은 "단번once and for all"의 사역이었습니다.

히브리서 7:27은 똑 같은 생각을 알려줍니다. "이는 그가 단번에 자기를 드려 이루셨음이라."

이 두 표현은 그분의 하늘의 사역과 관계되어 있습니다.

그리스도의 사역에는 두 단계가 있다는 것을 기억하십시오.

하나는 그분이 십자가에서부터 죽음에서 일어날 때까지 이루신 그분의 대속사역Substitutionary work입니다.

그 사흘 낮과 밤 동안에 그분은 죄 문제를 해결하셨고, 적을 정복하였고, 새로운 탄생이 가능하도록 만드시고, 의가 영생을 받아들이는 모든 사람에게 주어지도록 만드셨습니다.

아버지의 오른 편에서 하시는 그분의 일은 우리가 다중적인 일이라고 부를 수 있는 일입니다.

우리는 우리를 대신해서 아버지의 오른편에서 지금 그분이 하시는 사역의 가치를 고맙게 여기는 것을 배워야 합니다.

십자가에서 부활까지의 위대한 대속사역을 마친 후에 예수께서 그분의 일을 멈추셨다면, 거기서 끝났더라면, 아무도 구원을 받지 못했으리라는 것이 내게는 너무도 분명하게 보였습니다.

이 드라마에서 그다음 한 걸음은 그의 피를 가지고 하늘의 지성소에 들어가서 우리를 위해서 영원한 속량을 이루는 것입니다.

요한복음 20장에서 마리아가 그분을 보았을 때 그녀는 예수님 발

앞에 엎드려서 그분을 붙잡으려고 했습니다.

예수님은 그녀에게 부드럽게 말씀하셨습니다. "나를 붙들지 말라 내가 아직 아버지께로 올라가지 아니하였노라."

무슨 의미로 하신 말씀일까요? 그분은 주님 대제사장the Lord High Priest으로 일어나셨습니다.

당신은 마태복음 28:6에서 천사들이 무덤에 왔던 여자들에게 한 말을 기억하고 있습니다. "십자가에 못 박힌 예수를 너희가 찾는 줄을 내가 아노라. 그가 여기 계시지 않고 그가 살아나셨느니라 와서 그가 누우셨던 곳을 보라."

그분은 어린 양으로 죽으셨지만, 주님으로 살아나셨습니다.

주되심은 절대적인 다스림과 통치를 의미합니다.

예수님은 약한 가운데 죽으셨으나, 모든 신성의 권위와 권세와 능력을 가지고 일어나셨습니다.

그분은 사탄의 어두운 세력들을 정복하셨습니다.

그분은 죄 문제를 해결하시고 인류를 속량 즉 값 주고 되사셨습니다.

그분은 영생과 아들됨의 영광이 가능하도록 만드셨습니다.

이제 그분은 마리아에게 말씀하십니다. "나를 만지지 말라."

왜 그랬을까요? 그분은 아직 자신의 피를 가지고 하늘에 들어가셔서 우리의 속량의 서류를 인봉하지 않으셨습니다.

공의의 요구가 아직 만족되지 않았습니다.

예수, 우리의 대제사장

"그러므로 그가 범사에 형제들과 같이 되심이 마땅하도다 이는 하나님의 일에 자비하고 신실한 대제사장이 되어 백성의 죄를 속량하려 하심이라"(히 2:17)

공의의 요구는 먼저 만족되어져야 합니다.

하나님은 우주 최고의 법정에서 옳음이 밝혀져야 했습니다.

그분은 인간 종족의 속량, 즉 몸값을 주고 되사기 위해서 그의 아들을 주셨습니다.

그 아들은 대속물로 죽었습니다.

그분은 새 언약의 주와 대제사장으로 일어나셨습니다.

그분은 옛 언약을 성취하고 옛 언약과 관계된 제사장 제도와 희생 제사를 드리는 율법을 폐지하였다는 것을 당신은 이해하였습니다.

이제 새 언약이 생겼으며 새 제사장이 있어야만 합니다.

새 법이 있어야만 합니다.

옛 제사장 제도는 종들을 다루었습니다.

새 제사장 제도는 아들들을 다룹니다.

옛 제사장 제도는 "사망의 법"이라고 부르던 십계명을 다루었습니다.

새 언약은 오직 한 계명, "생명의 법"을 가지고 있습니다.

"새 계명을 너희에게 주노니 서로 사랑하라 내가 너희를 사랑한 것 같이 너희도 서로 사랑하라 너희가 서로 사랑하면 이로써 모든 사람이 너희가 내 제자인 줄 알리라"(요 13:34-35)

중재자Mediator로서 예수

예수께서 자기 피를 가지고 하늘의 지성소에 들어가신 후에 하신 첫 번째 사역은 중재자로서 하신 일이었습니다.

"염소와 송아지의 피로 하지 아니하고 오직 자기의 피로 영원한 속죄를 이루사 단번에 성소에 들어가셨느니라"(히 9:12)

그분은 자기 자신의 피를 가지고 가셨는데 그 피는 우리의 속량에 대한 증서를 인봉하는 것이었습니다.

히브리서 9:24을 말씀합니다. "그리스도께서는 참 것의 그림자인 손으로 만든 성소에 들어가지 아니하시고 바로 그 하늘에 들어가사 이제 우리를 위하여 하나님 앞에 나타나시고"

우리의 속량과 관계된 그분의 대제사장으로서의 사역은 끝났습니다. 그분의 일은 끝났습니다.

그분은 십자가 위에서 "다 이루었다"고 하셨지만 이 말은 그분의 대속사역을 언급한 것이 아니었습니다.

이 말은 첫 언약을 성취하는 것과 이에 관계된 모든 것에 관한 그분의 일이 끝났다는 말이었습니다.

제사장 제도, 희생 제사Sacrifices, 속죄Atonement와 율법 이 모든 것은 끝났습니다.

그것들은 더 이상 작용하지 않습니다.

모든 것이 세워진 그들의 언약이 성취되었고 폐기되었기 때문에 이제 성전은 파괴될 수 있었으며, 제사장 제도는 기능을 멈추었습니다.

예수, 구원자 the Savior

예수님께서 이루신 다음 직임office은 구원자입니다.

"훔치지 말고 오히려 모든 참된 신실성을 나타내게 하라 이는 범사에 우리 구주 하나님의 교훈을 빛나게 하려 함이라 모든 사람에게 구원을 주시는 하나님의 은혜가 나타나"(딛 2:10-11)

예수님은 하나님의 구원자입니다.

"다른 이로써는 구원을 받을 수 없나니 천하 사람 중에 구원을 받을 만한 다른 이름을 우리에게 주신 일이 없음이라 하였더라"(행 4:12)

아무도 자기 자신을 구원할 수 없습니다. 아무도 자기 자신을 의롭게 만들거나 자신에게 영생을 줄 수 없습니다.

오직 한 분 구원자가 계시니 사람이신 그리스도 예수이며 우리 모두를 위하여 자기 자신을 몸값으로 주신 분입니다.

어떤 사람이 자신이 구원자라고 하고, 하나님의 구원자라고 해도, 하나님과 사람 사이에 중재자가 있지 않다면 그의 구원 사역은 제한되며 실제로는 아무 가치도 없을 것입니다.

전도 집회에서 우리는 얼마나 자주 예수께로 나와서 죄를 용서받으라는 초청을 듣습니까?

구원받지 못한 사람들을 초청하는 사람이 기쁜 소식을 이해하고 있다면 그는 결코 이렇게 말하지 않을 것입니다.

예수께로 나오는 것이 아니라 예수를 통하여 하나님께로 나가는 것입니다.

"하나님은 한 분이시요 또 하나님과 사람 사이에 중보자도 한 분이시니 곧 사람이신 그리스도 예수라"(딤전 2:5)

예수님이 중재자로서의 사역을 인정하지 않으면 우리의 사역은 마비되고 말 것입니다.

어떤 사람도 예수님을 통하지 않고는 아버지께 나아갈 수 없습니다.

"오직 너희에게 이 말을 한 것은 너희로 그 때를 당하면 내가 너희에게 말한 이것을 기억나게 하려 함이요 처음부터 이 말을 하지 아니한 것은 내가 너희와 함께 있었음이라"(요 16:4)

여기서 예수님은 중재자로서의 자신의 위치를 강조하고 계십니다.

죄인에게 필요한 것은 영원한 생명과 그의 죄가 제거되는 것입니다.

그는 새로운 피조물이 되어야 합니다. 그렇지 않으면 하나님께 나아가지 못합니다.

그는 하나님 앞에 설 수 없습니다. 아담이 동산에서 죄를 졌을 때 그는 하나님께 나아가는 법적인 권리를 빼앗겼습니다.

그분의 위대한 대속 사역을 통해 예수님께서는 하나님과 죄의 종인 죄인 사이에 중재자가 되는 권리를 사셨습니다.

오늘 구원받지 못한 사람이 하나님께 나아가기를 원합니다.

그는 영원한 생명을 원합니다.

그는 자신의 모든 이전 죄를 씻어내기 원합니다.

예수님은 하나님과 사람 사이에 중재자로서 거기 앉아 계십니다.

그분은 잃어버린 세상을 위해 죽으셨으며, 세상의 연약함을 불쌍히 여기시며 죄인의 접촉을 허락하십니다.

중보자 The Intercessor

그는 하나님과 사람 사이에 중재자일 뿐만 아니라, 구원받지 못한 사람이 그분을 자신의 구원자로 영접하는 그 순간, 그분은 그 사람의 중보자가 되십니다.

내가 이것을 처음 알고 얼마나 행복했었는지요!

나를 위해 기도하는 분이 있는데, 그분이 기도하는 것마다 아버지께서 들으신다는 것을 나는 압니다.

나는 예수님께서 나사로의 무덤 앞에 서서 하셨던 말씀을 기억하고 있었습니다. "예수께서 눈을 들어 우러러 보시고 이르시되 아버지여 내 말을 들으신 것을 감사하나이다"(요 11:41).

이제 나는 나를 결코 잊지 않고 나를 보증해 줄 사람이 있습니다.

"그러므로 자기를 힘입어 하나님께 나아가는 자들을 온전히 구원하실 수 있으니 이는 그가 항상 살아 계셔서 그들을 위하여 간구하심이라"(히 7:25)

이것은 아주 귀한 사실입니다. 여기서 "구원하다"에 사용된 그리스어 단어는 "쏘조Sozo"로서, 이 단어는 "치유하다heal"라고도 번역할 수 있습니다. 죄는 병이기 때문에 바로 사용된 것입니다.

질병은 아픈 것이며, 예수님은 원수의 손에서 우리를 꺼내어 "쏘조" 하기 위해서 오셨습니다.

그분이 영원히 살아서 우리를 위하여 중보하신다는 것이 놀랍지 않습니까? 우리의 육체적 영적인 질병이 치유되도록, 우리의 상한 심령이 회복되도록, 유혹과 시험의 때에 우리를 붙잡아 주십니다.

예수님은 우리의 위대한 중보자일 뿐만 아니라, 나는 그분을 대제사장과 같은 중보자로 생각하는 것을 좋아합니다만, 사실 그분은 이 이상입니다.

우리의 변호자 Our Advocate

"나의 자녀들아 내가 이것을 너희에게 씀은 너희로 죄를 범하지 않게 하려 함이라 만일 누가 죄를 범하여도 아버지 앞에서 우리에게 대언자가 있으니 곧 의로우신 예수 그리스도시라 그는 우리 죄를 위한 화목 제물이니 우리만 위할 뿐 아니요 온 세상의 죄를 위하심이라"(요일 2:1-2)

이는 정말 놀라운 묘사이며 놀라운 사역입니다.

거기서 그분은 죄인의 구원자, 믿는 자의 중재자로서 아버지의 오른편에 앉아 계시지만, 지금 믿는 자는 그분과 교제가 없습니다.

적이 그를 지배하고 있습니다. 그는 정죄 받고 있습니다.

그의 심령은 상처를 입어 슬픔과 비통함 가운데서도 예수님이 항상 살아 있는 그의 변호자이며, 그의 변호사로서 그를 위해 중보하실 뿐만 아니라 그를 대신해서 아버지 앞에 나타나실 수 있는 분이라는 것을 기억합니다.

그래서 그는 목소리를 높여서 "아버지, 예수 이름으로 저를 용서해 주십시오."라고 외칩니다. 그러면 그의 위대한 변호자께서 "아버지, 그의 죄를 내게로 돌려주십시오."라고 속삭이십니다.

이렇게 해서 모든 것이 깨끗하게 씻겨지므로 그는 다시 한번 아무 정죄감 없이 아버지 앞에 설 수 있습니다.

죄를 지은 믿는 자는 의로운 느낌을 잃어버리고, 자신의 심령이 자신을 정죄하는 한 그의 의는 아무 효력이 없기 때문에 그분은 의로운 변호자라고 불립니다.

그때 그는 아버지의 임재 안에 들어가서 그를 위해 탄원하며 그의 잃어버린 기쁨과 의로운 느낌을 다시 회복시켜 주는 의로운 변호자가 필요합니다.

이와 같이 예수님의 현재 사역은 믿는 자에게 무한한 가치가 있습니다.

우리 주 예수 Jesus Our Lord

그분은 구원자, 중보자, 변호자일 뿐만 아니라 우리의 주님이요 머리이십니다.

"그러므로 너희가 그리스도 예수를 주로 받았으니 그 안에서 행하되 그 안에 뿌리를 박으며 세움을 받아 교훈을 받은 대로 믿음에 굳게 서서 감사함을 넘치게 하라"(골 2:6-7)

나는 이 말씀을 반복해서 여러 번 읽습니다.

이 말씀은 값진 보물로 가득한 창고와 같았지만, 나는 창고의 문을 여는 열쇠를 얻을 수 없는 것 같았습니다.

그때 나는 이 번역본을 읽고서 무슨 뜻인지 알 수 있었습니다.

그분은 나에 대한 예수님의 주되심의 실재 안에 내가 뿌리를 내리고 세워지기를 원하셨습니다.

처음으로 그분의 주되심을 공부하기 시작했을 때 나는 그분을 두려워했습니다.

그분의 주되심이 내게는 종살이를 말하는 것이라는 기분을 나는 가지고 있었는데 그렇지 않았습니다.

그분의 주되심은 시편 23편에서 "주님은 나의 목자시니 내게는 부족함이란 없을 것입니다."라고 말한 바로 그런 뜻입니다.

왜 그럴까요? 그분이 나를 먹을 것이 풍부한 푸른 풀밭과 물이 가까운 곳에 눕게 하시므로, 나는 거기서 적들로부터 완전한 보호를 받기 때문입니다.

그분은 지금 나의 목자이신 주님이십니다.

주님이란 말은 먹을 것을 공급하는 사람, 방패와 보호자라는 뜻입니다.

주님은 남편이 아내에게 갖는 의미와 같습니다.

주님은 사랑하는 사람이 사랑 받고 있는 사람에게 갖는 의미와 같습니다.

아버지는 내가 이 복된 진리 안에서 뿌리를 내리고 터를 잡고 세워지기를 원하십니다.

그분은 나의 믿음이 나에 대한 예수님의 주되심의 절대적인 확신에 있기를 원하십니다.

그러면 나의 심령은 풍성한 기쁨과 감사로 가득하게 될 것입니다.

아버지의 오른편에 계신 예수님의 주되심에 대해서 알기 전에는 우리의 영에 조용한 쉼은 결코 없을 것입니다.

실제로 자신들의 특권을 다 누리지 못하고 사는 모든 믿는 자들은 그들의 영적인 삶을 힘들어하고 있음을 발견할 수 있습니다.

그들은 아버지의 오른편에 계신 예수님의 사역에 대해서 가르침을 받은 적이 없습니다.

수년 전에 나는 캐나다의 몽톤에서 복된 집회를 가졌었습니다.

그후 다른 집회를 마치고 수개월이 지난 뒤에 나는 그 회중에게 "어떤 진리가 가장 도움이 되었는지" 물었습니다.

많은 사람들이 "아버지의 오른편에서 예수님이 하시는 사역에 관한 가르침"이라고 대답했습니다.

예수 새 언약의 보증 Jesus, the Surety of the New Covenant

대제사장, 구원자, 중보자, 변호자와 주님일 뿐만 아니라, 보좌 옆에 앉아 계신 나의 주님께는 다른 값진 사역이 있습니다.

그분은 "새 언약의 보증"이십니다.

"전에 있던 계명은 무력하고 무익하므로 폐하게 되었습니다. 율법은 아무것도 완전하게 하지 못하였습니다. 그래서 하나님께서는 더 좋은 소망을 우리에게 주셨습니다. 우리는 이 소망을 힘입어서 하나님께 가까이 나아갑니다."(히 7:18-19, 새번역)

단번에 그분은 첫 언약과 율법의 문제를 깨끗하게 해결하셨습니다.

그들의 연약함 때문에 그들은 사람들을 의롭게 만들거나, 거룩하게 만들거나, 영원한 생명을 줄 수도 없었습니다.

"율법은 장차 올 좋은 것들의 그림자일 뿐이요, 실체가 아니므로, 해마다 반복해서 드리는 똑같은 희생제사로써는 하나님께로 나오는 사람들을 완전하게 할 수 없습니다. 만일 완전하게 할 수 있었더라면, 제사를 드리는 사람들이 한 번 깨끗하여진 뒤에는, 더 이상 죄의식을 가지지 않을 것이고, 따라서 제사 드리는 일을 중단하지 않았겠습니까? 그러나 제사에는 해마다 죄를 회상시키는 효력은 있습니다. 황소와 염소의 피가 죄를 없애 줄 수는 없습니다."(히 10:1-4, 새번역)

그러나 새 언약이 왔습니다. 이 언약에 근거하여 새 언약은 우리가 거듭나 즉 하늘로부터 나고, 하나님으로부터 나서, 아버지 하나님의 본성과 생명을 받을 수 있도록 해 줍니다.

우리는 그 안에서 바로 하나님의 그 의가 될 수 있습니다.

이런 언약의 가치를 누가 감히 낮게 평가하겠습니까?

이 언약은 사랑의 언약, 생명의 언약, 새로운 창조의 언약입니다.

"그리고 예수께서는 하나님의 맹세 없이 제사장이 되신 것이 아닙니다. 레위 계통의 사람들은 맹세 없이 제사장이 되었습니다. 그러나 예수께서는 자기에게 말씀하시는 분의 맹세로 제사장이 되신 것입니다. "주님께서 맹세하셨으니, 주님은 마음을 바꾸지 않으실 것이다. 너는 영원히 제사장이다' 하셨습니다."(히 7:20-24, 새번역)

보다시피 예수님은 제사장 지파가 아니었습니다.

제사장들은 제사장의 가족으로 태어남으로써 제사장이 됩니다.

장자가 항상 대제사장이었습니다.

그러나 예수님은 여호와의 맹세로 제사장이 되었습니다.

"주님께서 맹세하셨으니, 주님은 마음을 바꾸지 않으실 것이다. 너는 영원히 제사장이다"

여기 위대한 문장을 주목해 보십시오. "이렇게 해서, 예수께서는 더 좋은 언약을 보증하시는 분이 되셨습니다. 또한 레위 계통의 제사장들은 죽음 때문에 그 직무를 계속할 수 없어서, 그 수가 많아졌습니다. 그러나 예수는 영원히 계시는 분이므로, 제사장직을 영구히 간직하십니다."(히 7:22-24)

새 언약의 보증으로서 영원히 계시는 한 제사장이 계십니다.

새 언약 즉 우리가 신약성경이라고 부르는 것의 배후에는 이 언약을 보증하는 예수님이 계십니다.

마태복음 1장에서 요한계시록 22장까지, 예수님과 그분의 보좌가 모든 말씀을 지지하고 있습니다.

"하나님으로부터 나온 말씀은 이루어지지 않을 수 없습니다."

이제 당신은 예레미야 1:12 같은 말씀을 인용할 수 있습니다. "내가 내 말을 지켜 그대로 이루려 함이라."

예수님께서는 이렇게 말씀하실 수 있었습니다. "하늘과 땅은 없어질지라도 나의 말은 절대로 없어지지 않을 것이다."

이것이 바로 새 언약의 말씀입니다.

그분의 피는 이 언약의 문서에 찍은 붉은 인봉입니다.

이 파괴할 수 없는 언약의 신실함 위에, 당신은 결코 흔들리지 않는 믿음을 세울 수 있습니다.

"그분은 앉으셨다He sat down"

이제 당신은 히브리서에서 이렇게 여러 번 사용된 "그분은 앉으셨다"라는 아름다운 표현이 무엇을 의미하는지를 이해할 수 있습니다.

우리는 히브리서 1:3로 돌아가서 이 말씀으로 우리 영이 축제를 벌일 수 있습니다.

"이는 하나님의 영광의 광채시요 그 본체의 형상이시라"

여기서 능력이라고 번역된 말씀은 "할 수 있는 힘ability"를 의미합니다.

신의 모든 능력이 이 언약을 지지하고 있습니다.

이제 자세히 살펴보십시오. "그의 능력의 말씀으로 만물을 붙드시며 죄를 정결하게 하는 일을 하시고 높은 곳에 계신 지극히 크신 이의 우편에 앉으셨느니라"

그분은 우주에서 가장 높은 자리에 앉아 있으며, 우주에서 가장 높은 지위를 차지하고 있는데, 그분이 나의 주님입니다.

그분은 그의 몸의 머리이며, "우리는 모두 그의 충만함에서 선물을 받되, 은혜에 은혜를 더하여 받았습니다."(요 1:16)

우리는 얼마나 부요한지요! 우리가 다시는 우리의 부족함이나 약함이나 자격이 없음을 말할 수 없습니다. 왜냐하면 그분이 우리를 위해서 행하신 저 위대한 대속 제물이 영원한 생명과 아버지 앞에 설 수 있는 것과, 우리의 원수에 대한 승리와, 말로 표현할 수 없는 기쁨과 모든 이해를 초월하는 평안을 우리에게 보장에 주고 있기 때문입니다.

우리를 위하여 높은 곳에 계신 위엄의 오른편에 있는 그분의 어떠하심 때문에 모든 것이 우리의 것입니다.

25

왜 자연인은
자신을 알 수 없을까요

에덴동산에서 사람은 영의 영역에서 살았습니다.

그는 하나님과 완전한 교제를 누렸습니다. 그의 영이 그를 지배했습니다.

그런데 죄가 들어오자 그는 하나님의 임재로부터 쫓겨났습니다. 그 순간부터 그는 자신의 감각의 지배 아래 살았습니다.

다섯 가지 감각이 그의 주인이 되었습니다.

그가 영적으로 죽은 자가 되는 순간 그의 영은 다스림을 잃어버리고 사탄의 본성에 참여한 자가 되었습니다.

이것이 당신이 알고 있는 대로 아담이 죄를 지었을 때 일어난 일입니다.

진짜 인간은 영적인 존재이지만 영적 죽음이 그의 영을 소유하는 순간 그의 감각이 지배하는 사람이 됩니다.

그가 죄를 짓는 순간 그는 하나님께로 나아감을 상실했습니다.

그가 받은 본성은 그를 하나님께 적대적인 자가 되게 하였습니다.

왜냐하면 그의 본성은 하나님의 법에 복종하지 않을 뿐만 아니라 복종할 수도 없기 때문입니다. 그러므로 감각의 지배를 받는 죄인들은 하나님을 기쁘시게 할 수 없습니다.

로마서 8:7, 새번역, "육신에 속한 생각은 하나님께 품는 적대감입니다. 그것은 하나님의 법을 따르지 않으며, 또 복종할 수도 없습니다."

여기서 "육신flesh"이라고 번역하지 않고 "감각senses"이라고 번역한 그리스어 싸르크스Sarx는 우리에게 이 단어의 진정한 의도를 보여 줍니다.

당신은 고린도전서 2:14에서 이렇게 선언한 것을 기억할 것입니다. "그러나 자연에 속한 사람the man of the senses, 감각의 사람은 하나님의 영에 속한 일들을 받아들이지 아니합니다. 그런 사람에게는 이런 일들이 어리석은 일이며, 그는 이런 일들을 이해할 수 없습니다. 이런 일들은 영적으로만 분별 되기 때문입니다."

인간이 타락했을 때 그의 영은 적의 본성을 받아들였으며 그는 실제로 자신에게도 낯선 사람이 되었습니다.

그는 영적 존재지만 더 이상 자신이 자신을 다스리지 않고, 그가 살고 있는 자신의 몸의 지배를 받습니다.

이제 그는 자기 몸의 주인이 아니라 자기 몸의 종이 되었습니다.

동산에서 이 일이 일어났을 때 그는 하나님과 접촉을 잃어버렸으며, 그분에게 나아가는 능력도 잃어버리고, 그는 자신의 감각으로 사는 세상으로 나가 버렸습니다.

현대인들은 "사람은 자기 꾀로 산다"는 말을 합니다.

이 말은 똑같은 사실을 다르게 표현한 것에 지나지 않습니다.

사람은 자신의 이성의 능력으로는 하나님과 접촉할 수 없으며 하나님과 그의 유일한 접촉은 오직 그의 영으로 한다는 것을 우리는 알고 있습니다.

영적으로 죽었기 때문에 그는 이 접촉을 스스로 할 수 없습니다.

사람의 언어로 하나님의 생각을 전하는 것은 매우 어렵습니다.

히브리어는 죽은 언어이며 제한이 있는 언어입니다.

우리는 히브리어에는 똑같은 단어가 없는 많은 단어들을 영어로 가지고 있습니다.

예를 들면, 영이라고 번역된 "루아흐Ruach"란 히브리어 단어는, "공기, 화, 폭발, 호흡, 시원함, 용기, 마음, 본부, 옆, 영, 폭풍, 바람, 헛된, 바람이 부는" 등을 뜻할 수 있습니다. 한 곳에서는 회오리바람이라고 번역된 곳도 있습니다.

이로써 당신은 히브리어가 얼마나 하나님의 생각을 전달하는 데 한계가 있는지를 알 수 있습니다.

이것이 영이라고 번역된 "루아흐"란 단어가 번역자들의 감각 지식에 의해 자주 오해되는 이유입니다.

사람의 생각이 항상 하나님의 생각이 아니라는 것을 당신은 기억하고 있습니다.

사람은 하나님의 자녀와 동반자가 되도록 사랑이 창조한 산물이었습니다.

사람은 하나님과 같은 종류class의 존재로, 하나님의 형상image과 모양likeness으로 창조되었습니다.

하나님은 영원하십니다. 사람도 영원합니다.

하나님은 영이십니다. 사람도 영입니다.

사람은 하나님의 본성에 참여한 자이며 하나님의 자녀가 될 수 있도록 창조되었습니다.

사람이 영이 아니라면 그는 영적인 것을 알 수 없습니다.

그가 하나님과 같은 종류가 아니라면 그는 하나님의 본성에 참여하는 자가 될 수 없습니다.

이제 당신은 사람의 영이 통제권을 자신의 감각에 넘겨주었을 때 사람에게 임한 재앙을 이해할 수 있게 되었습니다.

그 순간 그의 감각이 그의 영을 다스렸습니다.

모든 자연인의 지식은, 보고, 듣고, 맛보고, 냄새 맡고, 만져보는 다섯 가지 감각을 통해서 왔습니다.

뇌는 감각의 증거들과 독립해서 생각하는 기능을 가지고 있지 않습니다.

시각이나 청각 혹은 특정 감각의 장애를 가지고 태어난 아기는 다른 아이들과 똑같이 완전한 뇌를 가졌지만 정신지체라고 불릴 것입니다. 감각이 기능을 발휘하지 못하므로 그의 뇌는 세상과 접촉할 수 없습니다.

이제 우리는 사람의 육체적 접촉은 육체를 가지고 한다는 것을 이해할 수 있습니다.

그의 정신적인 접촉은 그의 정신적인 것으로 합니다.

그의 영은 오직 영적인 것으로만 접촉할 수 있습니다.

사람의 이성적 기능이 하나님을 접촉할 수 없다면 하나님과의 접촉은 그의 영에 달려 있습니다.

사람의 추론하는 기능은 철저하게 감각을 의지합니다.

그의 영이 재창조되고, 하나님의 본성을 받고, 추론하는 기능이 새롭게 되어, 재창조된 영과 조화를 이루기까지, 그의 감각 지식은 그의 영과 지적인 방법으로 접촉할 수가 없습니다.

이제 우리는 심리학자들의 어려움을 이해할 수 있습니다.

심리학은 마음을 연구하는데, 심리학자가 사람의 영을 모르고, 동산에서 사람의 영에 어떤 일이 일어났는지 모른다면, 명확한 생각을 가지고 이 주제에 접근할 수 없을 것입니다.

대부분의 심리학자들은 사람이 영이라는 것을 부인합니다. 그들에게 사람은 단지 육체적이거나 정신적일 뿐입니다.

심리학자는 영의 존재를 부인하고, 이런 부인은 영이 기능할 수 없도록 만듭니다.

사람은 영이기 때문에 이제 자연인은 자신을 알 수 없다는 것을 당신은 알았습니다.

감각 지식은 어떤 영적인 것도 인식할 수 없고 그에게 어떤 영적 지식을 줄 수도 없습니다.

신체 해부학이나 생리학을 아는 사람이 마음에 대하여는 많이 알지 못할 수 있고 자신에 대해서도 알지 못할 수도 있습니다. 그는 육체에 관한 것만 압니다.

자연인도 똑같은 조건을 가지고 있습니다.

그는 영이나 영적인 것들을 알 수 없기 때문에 자신에 대해서도 모릅니다. 왜냐하면 사람은 영적인 존재이기 때문입니다.

그래서 현대의 심리학이 종종 잘못 인도하고 있습니다.

현대 심리학자들은 기능적인 심리학이나 오감과 오감에 대한 마음의 반응에만 근거한 심리학을 집중적으로 연구합니다.

새로운 피조물은 그리스도 안에서 새로운 자아를 발견하며, 이 새로운 자아는 아버지와 가장 가까운 교제 관계로 들어옴으로써 오감과 거의 독립적인 존재가 됩니다.

"그러므로 누구든지 그리스도 안에 있으면 새로운 피조물이라" 새로운 자아입니다.

실제 자아가 재창조되어 새롭게 만들어졌습니다.

이 말은 그의 영이 재창조되었다는 뜻입니다.

그러므로 이제 오감으로부터 온 모든 지식과 모든 자극을 받아들이는 마음이 이 새롭게 재창조된 영의 지배 아래 있어야만 합니다.

이것은 오직 말씀을 공부하고 그대로 실천하고 살 때만 가능한 일입니다.

마음이 새롭게 될 때까지는 말씀을 이해한다는 것은 있을 수 없다는 것을 모든 믿는 자들이 아는 것은 너무나 중요합니다.

왜냐하면 말씀은 성령님의 작품이며 영적인 것이므로 감각지식은 영적인 것들을 이해할 수 없기 때문입니다.

그러므로 믿는 자의 마음이 새롭게 되어 자신의 영과 교제하는 것이 필요합니다.

이 재창조된 영이 그의 이성적인 기능들을 지배해야 한다는 것은 거의 필수적입니다.

우리가 어떻게 우리의 양심과 자주 다투는지, 또한 양심은 우리의 이성적인 기능들에 어떻게 자주 반대가 되는지를 우리는 알고 있습니다.

이 양심이 우리의 영의 음성입니다.

우리가 우리의 양심의 소리에 순종하는 법을 배운다면 우리는 말씀과 아버지와 지속적으로 교제하며 살 수 있습니다. 우리의 영에 권위와 다스림의 자리를 내어 주는 법을 우리는 배워야 합니다.

우리의 영을 교육하기 Educating Our Spirits

이제 우리의 공부는 다음 단계에 이르렀습니다.

마음을 교육하는 것과 똑같이 당신의 영은 교육을 받을 수 있습니다.

몸을 튼튼하게 만들듯이 영도 튼튼하게 만들 수 있습니다.

영의 교육은 말씀 묵상으로 합니다.

말씀을 행함으로 합니다.

말씀에 첫 자리를 내어 줌으로써 합니다.

우리 영의 음성에 즉시 순종함으로써 합니다.

그분은 우리의 이성적인 기능이 아니라 우리의 영과 교통하기 때문에 조금 지나면 당신은 삶의 모든 사소한 것들에서도 아버지의 뜻을 알 수 있습니다.

바울이 영의 생각에 대해 말하고 있는 것을 알고 있을 것입니다.

"육신의 생각은 사망이요 영의 생각은 생명과 평안이니라"(롬 8:6)

"For the mind of the senses leads us into the realm of spiritual death, but the mind of the spirit(that is our Recreated spirit) leads us into the realm of life and peace" "감각들의 마음은 우리를 영적인 죽음으로 인도하지만, 영의 마음(즉 우리의 재창조된 영)은 우리를 생명과 평안의 영역으로 우리를 인도합니다"

여기서 생명은 하나님의 본성인 "조에Zoe-영원한 생명"입니다.

영이라고 언급된 것은 성령이 아니라 재창조된 영입니다.

자연인은 오감의 지배를 받는다는 사실을 우리는 받아들이기가 어렵습니다.

사람의 몸은 자기 마음의 선생이므로 그는 자기 뇌에 근거한 자신의 감각들의 반응을 넘어서는 지식 안에서는 성장할 수 없습니다.

새로운 창조의 사람은 그의 영이 하나님의 본성을 받았기 때문에 어떤 제한도 없이 성장할 기회를 가지고 있습니다.

그는 아버지와 완전한 교제를 하고 있습니다.

그는 자연인은 가지고 있지 않은 예수의 이름을 무제한으로 사용할 수 있습니다.

예수님이 그의 지혜가 되었기 때문에 그는 하나님의 지혜를 가지고 있습니다.

자연인은 자신의 재창조되지 않은 영을 통하여 그에게 오는 지혜밖에는 없습니다.

새로운 창조의 사람은 하나님의 능력이 자신의 수중에 있습니다.

그는 자연적인 영역에서 빠져 나와서 영적인 영역으로 올라갔으며, 재창조되었을 때 그에게 예수를 죽은 자 가운데서 살리신 성령님이 오셔서 그의 몸 안에 사시는 특권을 가지고 있습니다.

이제 당신은 로마서 12:1-2의 말씀을 이해할 수 있습니다. "그러므로 형제들아 내가 하나님의 모든 자비하심으로 너희를 권하노니 너희 몸을 하나님이 기뻐하시는 거룩한 산 제물로 드리라 이는 너희가 드릴 영적 예배니라 너희는 이 세대를 본받지 말고 오직 마음을 새롭게 함으로 변화를 받아 하나님의 선하시고 기뻐하시고 온전하신 뜻이 무엇인지 분별하도록 하라"

이 말씀은 우리의 몸과 마음의 대학을 재창조된 영의 지배 아래 두어야만 하는지를 우리에게 보여줍니다.

이 새로운 창조의 사람은 감각의 지배 아래 살지 않고 하나님의 말씀의 다스림 아래 살아가야 합니다.

육체를 가진 우리의 몸이 오감의 본거지일 뿐만 아니라, 이 오감이 뇌의 선생이요 지시하는 자였었다는 것을 깨닫는 것은 우리에게는 어려울 것입니다.

몸이 뇌 대학이 되는 것입니다.

오감은 가르치는 자가 됩니다.

몸은 뇌가 자신을 가르치는 자의 모든 지시를 받아들이는 실험실이 됩니다.

오감은 뇌에 이르는 통로이며, 우리는 감각들이 없이는 뇌가 기능할 수 없다는 것을 알고 있습니다.

여기 매우 받아들이기 어려운 사실들이 있습니다.

뇌는 창조적인 능력을 가지고 있지 않습니다.

뇌 스스로 무엇을 창조할 능력이 없습니다.

뇌는 이 다섯 가지 지시하는 자에게 의지합니다.

많은 훈련에 의해서 뇌는 감각과 교통한 다음에 어떤 행동이 최선인지 조언을 해 줄 수 있지만, 감각이 전혀 기능하지 않는다면, 뇌는 결코 발전하지 않을 것입니다.

자연적인 인간의 영이 영적 죽음에 속박되어 있는 한, 인간의 영은 아무런 창조적인 능력이 없습니다.

이런 것은 영원한 생명을 받아들인 적이 없는 이교도들의 나라에서 볼 수 있습니다.

그런 나라에 사는 영적으로 죽은 사람들은 어떤 창조적인 능력도 가지고 있지 않습니다.

그들은 청사진을 보고 따라 하고, 모방하고, 화학 분야 같은 데서는 실험을 하지만, 그것이 전부입니다.

사람의 창조적인 능력은 이성적인 사고를 하는 능력에 있지 않습니다.

우리나라의 청소년들에게 영원한 생명을 주도록 하는 것이 얼마나 필요한지 여러분도 알 수 있지 않습니까?

내가 이 문제를 다른 장에서 증명하겠습니다. 십대에 영생을 받은 자녀들은 타락하는 일이 매우 드물며 범죄자가 되는 경우도 별로 없습니다.

이들은 양육하고 통제하기도 쉽고 하나님의 말씀의 호소에 더 반응이 좋습니다.

또 다른 사실이 있는데, 발명가들은 이것이 사실이라는 것을 압니다.

오랜 시간 실험을 한 후에 그들의 마음은 지치고 피곤해집니다.

그들은 실험을 멈추고 휴식합니다. 그때 갑자기 어떤 노력도 하지 않았는데 그들이 찾던 것이 그들의 마음에 번쩍 빛을 비춰 줍니다.

그들은 어디서 이것이 왔는지 모르지만 받은 것을 확실히 압니다.

무엇이 이런 일이 일어나게 했을까요? 이성적인 기능이 조용해지고 들을 수 있게 되자마자 그들의 영이 말을 한 것입니다.

어떤 경우에는 꿈에서나 이른 아침에 막 깨어날 때 들립니다.

심리학자들은 이것 때문에 곤혹스러워했습니다. 그들에게는 신비할 뿐 답이 없었기 때문에 그들은 이것을 잠재의식이라고 불렀습니다.

그러나 새로운 피조물인 우리는 잠재의식의 마음이란 것은 없으며 그것은 영의 마음이라는 것을 알고 있습니다.

그것은 영이 자신을 표현하려고 애쓰는 것일 뿐입니다.

그러면 이런 의문을 가질 수 있습니다. 자연인은 자신의 영을 계발할 수 없을까?

할 수 있습니다. 그러나 그것은 영적인 죽음이 지배하는 영의 계발일 뿐입니다.

이것이 바로 흔히 하나님을 흉내 내는 광신적 집단들의 수상한 기적들로, 인도로부터 나온 온갖 위험한 사교들의 신비주의로 우리에게 알려진 것들입니다.

여기 매우 중요한 사실들이 몇 가지 더 있습니다.

재창조된 영은 그리스도교가 우리에게 준 모든 아름다운 것들의 원천이 되었습니다.

"오직 성령의 열매는 사랑과 희락과 화평과 오래 참음과 자비와 양선과 충성과 온유와 절제니 이 같은 것을 금지할 법이 없느니라 그리스도 예수의 사람들은 육체와 함께 그 정욕과 탐심을 십자가에 못 박았느니라 만일 우리가 성령으로 살면 또한 성령으로 행할지니" (갈 5:22-25)

성령의 열매가 아니라 영의 열매인 것에 주의하십시오.

번역자는 영이란 단어의 첫 글자를 대문자로 해서는 안 됩니다.

예수님이 열매를 맺지 않는 것과 마찬가지로 성령은 열매를 맺지 않습니다.

예수님은 말씀하셨습니다. "나는 포도나무요 너희는 가지라" 열매는 가지에서 맺힙니다.

성령님은 우리의 영에 영원한 생명을 주셨습니다.

이 생명은 예수님께서 보여주신 아버지의 본성으로서, 새로운 피조물에게 나타나는 첫 번째 열매는 사랑입니다.

"우리는 형제를 사랑함으로 사망에서 옮겨 생명으로 들어간 줄을 알고 있습니다."(요일 3:14)

그러면 말로 표현할 수 없는 기쁨과 가득한 영광이 우리의 전 존재를 채웁니다.

이어서 "이해를 초월하는 평안"이 우리의 것이 됩니다.

불안했던 심령은 잠잠해집니다.

그가 세상과 접촉하러 나가면 오래 참는 것이 보입니다. 친절함, 선함, 신실함, 온유함, 절제도 나타납니다.

이것들이 재창조된 영의 열매입니다.

이와 같이 재창조된 사람은 자신의 감각을 십자가에 못 박고 감각을 말씀에 복종시켰습니다.

"우리가 영으로 살면(즉 우리의 재창조된 영으로 살면) 영으로 행합시다."

이 말씀은 믿는 자를 다스리는 사랑의 법에 관하여 말하고 있는 고린도전서 13장과 완전하게 조화를 이루고 있다는 것을 당신은 알게 될 것입니다.

"사랑은 오래 참고 사랑은 온유하며 시기하지 아니하며 사랑은 자랑하지 아니하며 교만하지 아니하며 무례히 행하지 아니하며 자기의 유익을 구하지 아니하며"(4-5절)

이것들이 재창조된 영의 열매들입니다.

재창조된 사람의 영은 믿음이 흘러나오는 근원이라는 것을 우리가 이해하는 것은 매우 중요합니다.

자연인은 오직 감각 지식의 믿음만 가지고 있습니다.

(나의 책 "두 가지 믿음"을 읽어 보십시오)

자연인은 오감을 통해서 그에게 들어온 것들, 즉 그가 보고 들은 것을 믿습니다.

5센트나 10센트짜리 물건을 파는 가게에 대한 믿음을 가졌던 울워쓰Woolworth와 같이, 오일과 휘발유에 대한 믿음을 가졌던 록펠러Rockefeller와 같이 말입니다.

사랑과 믿음과 용기는 재창조된 영의 열매들입니다.

그리스도인으로서 사회에서 탁월한 일을 하는 것은 재창조된 사람의 영의 열매입니다.

당신은 자연인이 어떻게 자신을 알 수 없는지를 분명히 알 수 있습니다.

자연적인 사람의 영도 계발될 수 있다는 것을 우리는 잊어서는 안 됩니다.

우리는 이것을 광신적 종교집단이나, 심령술사들이나, 귀신들과 가까이 교제하고 있는 다른 사람들 가운데서 보고 있습니다.

야고보서 3:13-16은 이렇게 말합니다. "너희 중에 지혜와 총명이 있는 자가 누구냐 그는 선행으로 말미암아 지혜의 온유함으로 그 행함을 보일지니라 그러나 너희 마음속에 독한 시기와 다툼이 있으면 자랑하지 말라 진리를 거슬러 거짓말하지 말라 이러한 지혜는 위로부터 내려온 것이 아니요 땅 위의 것이요 정욕의 것이요 귀신의 것이니 시기와 다툼이 있는 곳에는 혼란과 모든 악한 일이 있음이라"

이어서 17절은 위로부터 온 지혜에 관하여 말하고 있습니다. 이 지혜는 진실되고 화평합니다.

이 대조는 시사하는 바가 큽니다.

지혜는 이성적으로 생각하는 기능의 산물이 아니라 사람의 영의 산물입니다.

재창조된 사람의 영이 하나님을 접촉하듯이 자연적인 사람의 영은 마귀적인 세력들과 접촉할 수 있습니다.

그리스도인 사역자들은 이 진리를 잘 알아야 합니다. 그들은 어떤 사람이 귀신에게 지배를 받고 있는지 아닌지를 한눈에 분별할 수 있어야 합니다.

미친 사람을 위해 기도로 사역할 때 나는 사탄의 깊이를 많이 보았으며 사탄이 어떻게 자연적인 사람의 영을 통하여 이성적인 기능을 절대적으로 주관하고 있는지를 보았습니다.

26
오순절에 관한 몇 가지 사실

서신서에만 계시된 어떤 사실들을 구약 성경이나 네 복음서의 내용으로 읽으려 하는 위험은 항상 있습니다.

같은 것을 오순절날 이전의 제자들에게 적용하려고 하는 위험도 있지만 대부분은 진리가 아닙니다.

먼저 이런 말을 선언한 후에 내가 증명하도록 하겠습니다.

삼 년 반 동안 공생애 기간 중에 예수님과 함께 동행했던 사람들은 아무도 거듭나지도 않았고 새로운 피조물이 되지도 않았고 영원한 생명을 가지지도 않았습니다.

오순절 날까지는 첫 언약 아래 있던 누구도 영원한 생명을 가지고 있지 않았습니다.

그러나 어떤 사람들은 '제자들은 예수님을 믿었지 않습니까?' 라고 묻습니다.

믿었습니다. 그러나 죽은 후에 사망으로부터 일어나신 구원자와 자신들을 대신한 분으로서 예수를 믿은 것은 아닙니다.

그들은 하나님의 아들, 위대한 선지자, 그들을 로마의 압박으로부터 속량하여 다시 유대인의 나라를 세우려고 하는 사람으로서 그를 믿었습니다.

그들은 대속 사역에 대해서는 아무것도 몰랐습니다.

요한복음 11:25-27에서 우리는 마르다와 예수님이 죽은 나사로에 관하여 대화를 나누는 이야기를 읽습니다.

예수께서 말씀하셨습니다. "예수께서 이르시되 나는 부활이요 생명이니 나를 믿는 자는 죽어도 살겠고 무릇 살아서 나를 믿는 자는 영원히 죽지 아니하리니 이것을 네가 믿느냐 이르되 주여 그러하외다 주는 그리스도시요 세상에 오시는 하나님의 아들이신 줄 내가 믿나이다"

그녀는 그를 구원자로 믿지 않았습니다.

그녀는 그의 속량을 믿지 않았습니다.

그들은 그분의 속량적 사역에 대하여는 아무것도 몰랐습니다.

그는 그들에게 이것을 분명하게 해 줄 수 없었습니다.

바울이 고린도전서 2:14에서 이렇게 말하는 이유입니다. "육에 속한 사람은 하나님의 성령의 일들을 받지 아니하나니 이는 그것들이 그에게는 어리석게 보임이요, 또 그는 그것들을 알 수도 없나니 그러한 일은 영적으로 분별 되기 때문이라"

그들은 그분이 죽음에서 일어나리라는 것을 몰랐으며 심지어 그분이 부활하신 후에도 그분의 부활을 믿지 않았습니다.

누가복음 24:11절을 기억하고 있을 것입니다. "사도들은 그들의 말이 허탄한 듯이 들려 믿지 아니하나"

그들은 새로운 창조에 관해서 아무것도 몰랐습니다.

맞습니다. 예수께서 니고데모에게 "너희는 거듭나야 한다"고 하셨으나 그는 그 말을 이해하지 못했습니다.

그는 대답했습니다. "사람이 늙으면 어떻게 날 수 있사옵나이까?"

그들은 영원한 생명과 그 효과에 대해서 아무것도 몰랐습니다.

예수님은 말씀하셨습니다. "내가 온 것은 너희들이 생명을 얻게 하고 더욱 풍성히 얻게 하려는 것이라." "내 말을 듣고 또 나 보내신 이를 믿는 자는 영생을 얻었고 심판에 이르지 아니하나니 사망에서 생명으로 옮겼느니라"(요 5:24)

이것은 예수님에 대한 예언이었습니다.

그들은 아무 정죄감 없이 아버지의 임재 안에 설 수 있는 능력인 의에 대하여 아무것도 몰랐습니다.

그들은 아버지와 예수님과 교제하는 것에 대하여 아무것도 몰랐습니다.

오늘날 구원받지 못한 사람이 하나님의 자녀들과 친교 할 수 없는 것처럼 그들은 주님과 친교 할 수 없었습니다.

그들은 자녀됨이나 하나님의 가족에 대해 아무것도 몰랐습니다.

그들은 율법 아래 있는 유대인으로서 종이었을 뿐입니다.

그들은 실제로 아버지를 몰랐습니다.

그들에게 단지 하나님일 뿐이었습니다.

그들은 성령님이 안에 거하시는 임재에 대해서 아무것도 몰랐습니다.

그들은 예수님의 가르침을 받았어도 그 내용을 파악하지 못했습니다.

그들은 예수님이 가져오신 새로운 종류의 사랑에 대해 아무것도 몰랐습니다.

그들이 재창조될 때까지 사랑은 그들의 삶을 다스리거나 그들에게 영향력을 발휘하지 못하였습니다.

그들은 침례 요한이 "내 옆에 서 계시는 분이 계신데 나는 그의 신을 들기도 감당하지 못하겠노라 그는 성령과 불로 너희에게 세례를 베푸실 것이다"(마 3:11)라고 말했을 때 그 뜻을 알지 못했습니다.

당신이 고린도전서 12:13과 비교해 본다면, 당신은 성령 안에 침례를 받는 것이 무엇인지 알게 될 것입니다. 오늘날 이 용어는 대부분의 믿는 자들이 잘못 사용하고 있습니다.

"우리가 유대인이나 헬라인이나 종이나 자유인이나 다 한 성령으로 세례를 받아 한 몸이 되었고 또 다 한 성령을 마시게 하셨느니라"

이것은 새로운 탄생 즉 새로운 창조를 가리키는 것입니다.

예수님은 그들에게 말씀하셨습니다. "요한은 물로 세례를 베풀었으나 너희는 몇 날이 못 되어 성령으로 세례를 받으리라 하셨느니라"(행 1:5)

어떤 사람이 침례를 받으면 그는 물 안으로 들어가지만 물이 그 안으로 들어가지는 않는다는 것을 당신은 알고 있습니다.

사람이 성령 안에서 침례를 받으면, 그는 성령으로 가득 차지는 않습니다.

이제 사도행전 2:1-4을 읽어 보십시오. "오순절 날이 이미 이르매 그들이 다같이 한 곳에 모였더니 홀연히 하늘로부터 급하고 강한 바람 같은 소리가 있어 그들이 앉은 온 집에 가득하며 마치 불의 혀처럼 갈라지는 것들이 그들에게 보여 각 사람 위에 하나씩 임하여 있더니 그들이 다 성령의 충만함을 받고 성령이 말하게 하심을 따라 다른 언어들로 말하기를 시작하니라"

성령께서 그들이 앉아 있던 다락방을 가득 채웠으며, 그들은 모두 성령 안에 잠기게 되었습니다

다른 말로 하면, 그들은 모두 재창조되었으며, 영원한 생명을 받았습니다.

두 번째 일이 일어났습니다. "마치 불의 혀처럼 갈라지는 것들이 그들에게 보여 각 사람 위에 하나씩 임하여 있더니"

여기서 불의 혀는 저항할 수 없는 메시지로서 복음이 불의 혀를 가진 사람들에 의해 선포될 것을 보여주었습니다.

스데반은 불의 혀를 가진 값을 치른 첫 번째 사람이었습니다.

그들은 그를 돌로 쳐 죽였습니다.

세 번째 그 다락방에서 일어난 일입니다. "그들은 다 성령의 충만함을 받았습니다."

재창조되기 전에는 그들은 성령을 받을 수 없었다는 것을 당신은 이해하고 있습니다.

그 놀라운 날에 세 번째 일어난 일은 성령님이 그들의 몸 안으로 들어가신 것입니다.

"그는 너희와 함께 있을 것이며, 너희 안에 있을 것이라고 예수님은 말씀하셨습니다."

그들은 예수님을 이해하지 못했지만 이제 그 실재가 왔습니다. 그들은 재창조되었습니다.

그들은 하나님의 본성과 생명을 받았습니다.

이제 성령님이 그들을 차지하게 될 것입니다.

성령님의 메시지를 말하기 위해서 성령님이 그들의 성대를 사용할 것입니다.

네 번째 놀라운 일이 일어났습니다. "그들이 다 성령의 충만함을 받고 성령이 말하게 하심을 따라 다른 언어들로 말하기를 시작하니라"

제자들은 그들이 아무 개념도 가지고 있지 않은 일에 들어가게 되었다는 것을 우리도 깨닫는 것은 매우 중요합니다.

이제 당신은 예수님께서 그들이 성령으로 침례를 받으리라고 말씀하신 것이 무슨 의미인지 이해할 수 있습니다.

이렇게 잠긴 것은 그들이 영원한 생명을 받은 것 즉 그들이 신과 연합된 것을 의미했습니다.

그리스도의 몸이 존재하게 되었다는 의미입니다.

우리가 교회라고 부르는 에클레시아가 이 세상에 실재가 되었습니다.

몇 시간 전에만 해도 종들이었던 사람들이 그 다락방에서 하나님의 아들과 딸이 되었습니다.

"성령 안에 침례를 베풀라Baptize in the Spirit"는 말은 오순절 날 이후에는 사도행전 11:15-18 이외에서는 어떤 곳에서도 사용된 적이 없습니다.

이 이야기는 이방인들이 그리스도를 그들의 구원자로 받아들이는 이야기입니다.

베드로는 욥바에 있었습니다. 한 백부장이 그가 와서 주님에 관하여 말해달라고 사람을 그에게 보냈습니다.

베드로가 설교하고 있는데 성령이 말씀을 듣는 사람들 위에 떨어졌습니다.

오순절날 일어났던 것과 거의 똑같은 일이 일어났습니다.

베드로는 예루살렘으로 돌아가 사도들에게 무슨 일이 일어났으며, 어떻게 이방인들도 그들이 다락방에서 경험했던 것과 똑같은 것을 체험했다고 말했습니다.

"내가 말을 시작할 때에 성령이 그들에게 임하시기를 처음 우리에게 하신 것과 같이 하는지라 내가 주의 말씀에 요한은 물로 세례를 베풀었으나 너희는 성령으로 세례를 받으리라 하신 것이 생각났노라 그런즉 하나님이 우리가 (처음) 주 예수 그리스도를 믿을 때에 주신 것과 같은 선물을 그들에게도 주셨으니 내가 누구이기에 하나님을 능히 막겠느냐 하더라"(행 11:15-17)

우리가 가진 가장 좋은 자유롭게 번역한 번역본들 중 몇 개에서는 "처음"이란 단어를 사용한 것을 발견할 수 있습니다. 무슨 의미일까요?

제자들은 오순절 날까지는 예수를 믿은 적이 없었습니다.

그들이 가진 믿음은 단지 감각 지식 믿음이었습니다. 그들은 보고 듣고 느낄 수 있는 것만 믿을 수 있었습니다.

성령에 대하여 말할 때 "침례를 받았습니까?"라는 표현은 비성경적입니다. 왜냐하면 사도행전 8:14-17은 사마리아가 그리스도를 받아들이는 이야기입니다. 빌립은 그들에게 침례를 베풀었으며 그 후에는 사도들이 예루살렘에서 내려와서 그들에게 손을 얹어서 그들은 성령을 받았습니다.

"아볼로가 고린도에 있을 때에 바울이 윗지방으로 다녀 에베소에 와서 어떤 제자들을 만나 이르되 너희가 믿을 때에 성령을 받았느냐 이르되 아니라 우리는 성령이 계심도 듣지 못하였노라 바울이 이르되 그러면 너희가 무슨 세례를 받았느냐 대답하되 요한의 세례니라 바울이 이르되 요한이 회개의 세례를 베풀며 백성에게 말하되 내 뒤에 오시는 이를 믿으라 하였으니 이는 곧 예수라 하거늘 그들이 듣고 주 예수의 이름으로 세례를 받으니 바울이 그들에게 안수하매 성령이 그들에게 임하시므로 방언도 하고 예언도 하니 모두 열두 사람쯤 되니라"(행 19:1-7)

바울 서신 어디에서도 오늘 날 그리스도인들이 사용하는 것과 같이 이 표현이 사용된 곳이 없다는 사실을 이해하십시오.

우리는 사람들에게 "당신은 침례를 받았습니까?" "당신은 사도행전 2:1-4에 따른 경험을 하셨습니까?"라고 절대로 물어봐서는 안 됩니다.

그렇다면 우리는 말씀에 대한 우리의 지식이 부족한 것을 드러내는 것입니다.

안에 거하시는 임재로서 성령을 받기 전에 영원한 생명을 받아야 한다는 것은 사도행전으로부터 분명합니다.

27
사랑을 어떻게 했습니까?

새로운 종류의 사랑이 예수님에 의해 세상에 왔습니다. 이 새로운 종류의 사랑을 이해한다면 우리는 이전에는 어떤 사랑도 없었다는 것을 깨닫습니다.

우리가 사랑이라고 불렀던 것은 성적 매력이었습니다.

복음이 전파되지 않은 나라에는 아가페 사랑이란 없습니다. 동물 세계에서 보이는 것보다 별로 낫다고도 볼 수 없는 단지 성적 매력일 뿐입니다.

그러나 예수님은 새로운 사랑을 가져왔습니다. 이 그리스어는 영어 성경에서 사랑Love이나 자선Charity 같은 단어로 번역되었습니다.

이 단어는 번역해서는 안 되는 단어입니다. 이 그리스어는 이탤릭체를 사용하여서 그냥 "아가페"라고 하고 설명을 붙였어야 합니다.

거듭났을 때 우리는 사랑 안에 태어났습니다.

하나님은 사랑이며 그러므로 새로운 탄생은 아버지의 본성이 전이 된 것이라는 것을 우리는 발견하였습니다.

우리는 사랑의 자녀들이 되었습니다. 우리가 태어난 가족은 사랑의 가족입니다.

바울은 로마서 5:5에서 말했습니다. "소망이 우리를 부끄럽게 하지 아니함은 우리에게 주신 성령으로 말미암아 하나님의 사랑이 우리 마음에 부은 바 됨이니"

"하나님의 사랑이 우리의 영에 가득 부어져서The love of God has flooded our spirits 우리를 다 빨아들여 우리를 접수하였습니다."(웨이마우스 번역)

사랑의 본성은 새로운 창조의 법입니다.

"새 계명을 너희에게 주노니 서로 사랑하라agape 내가 너희를 사랑한agape 것 같이 너희도 서로 사랑하라agape 너희가 서로 사랑하면agape 이로써 모든 사람이 너희가 내 제자인 줄 알리라"(요 13:34-35)

사랑은 세상 사람들과 우리를 구별하는 도장이요 낙인Brand이 되어야 합니다.

바울은 말했습니다. "내가 내 몸에 예수의 흔적을 지니고 있노라" (갈 6:17) 여기서 "흔적"은 branded로써 짐승의 몸에 화인을 찍거나 노예의 몸에 영구적인 표시를 하는 것을 말함.(역자주)

바울은 핍박을 받으면서 그에게 생기게 된 상처와 몸의 흔적을 말하고 있습니다.

그러나 믿는 자들이 가진 표시는 그의 영에 찍힌 사랑의 흔적입니다.

로마서 12:3-6은 하나님의 가족이 될 때 모든 사람은 각자에게 한 믿음의 분량이 주어졌다고 말하고 있습니다. 그는 받은 믿음을 스스로 발전시켜야 합니다.

이 새로운 사랑도 똑같습니다. 당신이 하나님의 가족이 되었을 때, 한 아가페 사랑의 분량이 당신에게 주어졌습니다.

사랑은 새로운 본성인 사랑의 본성과 함께 옵니다.

당신이 믿음을 발전시키듯이 이 사랑의 본성도 발전되어야 합니다.

사랑이 자랄 수 있도록 자유를 주고, 자연스럽게 사랑의 행동을 한다면 사랑은 당신의 전 존재에 대한 지배권을 가지게 될 것입니다.

사랑은 하나님의 말씀을 먹어야 하며, 행동으로 표현되어야 합니다.

"사람이 떡으로만 살 것이 아니요 하나님의 입으로부터 나오는 모든 말씀으로 살 것이라 하였느니라"(마 4:4)

그분이 말씀하시는 사람은 진짜 당신 즉 당신의 영을 말합니다.

당신의 영의 굶주림과 필요는 당신의 정신적 육체적인 굶주림과 필요와 똑같이 큽니다.

당신의 영은 말씀을 묵상하는 특권을 누려야만 합니다.

당신은 예레미야가 "내가 주의 말씀을 먹었습니다"(렘 15:16)라고 말한 것처럼 말씀을 먹는 법을 배워야 합니다.

이제 당신은 사랑을 실천함으로써 이 새로운 것을 먹고 운동을 합니다.

운동이 당신의 몸을 강하게 하듯이 사랑도 실천함으로 강하게 됩니다.

"그리스도의 말씀이 너희 속에 풍성히 거하여 모든 지혜로 피차 가르치며 권면하고 시와 찬송과 신령한 노래를 부르며 감사하는 마음으로 하나님을 찬양하고"(골 3:16)

사랑의 삶은 당신을 예수님처럼 부드러운 사람으로 만듭니다. 사랑은 당신을 주님처럼 강하고 활력이 넘치게 해 줍니다.

사랑은 당신이 주님과 함께 하는 삶이 전혀 두려움이 없게 해 줍니다.

어떤 사람들은 사랑을 가두어 두고 삽니다. 최근에 어떤 아버지가 자기 아들을 다락방에 가두어 거의 죽게 했다는 소식을 들었습니다.

얼마나 많은 사람들이 사랑에 대해서 이와 같이 했을까요?

사랑이 완전한 길을 가며 통제하도록 허락하지 않고 우리가 사랑을 제한했습니다.

사랑은 사람을 성공하게 한다는 것을 우리는 잊었습니다.

사랑은 다른 어떤 것 보다도 탁월하게 그 사람을 승리자의 자리에 있게 합니다.

사랑은 결코 실패하지 않습니다. 사랑은 최고의 지배자입니다.

사랑은 사람이 이기적이지 않고, 약하지 않고, 실패하지 않고 그리스도의 능력과 힘이 있는 사람이 되게 합니다.

세상에는 사랑이 다스릴 수 없는 어떤 힘도 없습니다.

사랑은 사람들이 우리를 원하게 합니다.

사랑은 우리가 복이 되게 합니다.

사랑은 우리가 예수님의 자리를 차지하게 합니다.

사람이 그 사랑으로 끝까지 간다면 어떤 일이 있을지 나는 가끔 궁금해졌습니다.

어떤 사람들은 자신들이 사랑을 가지고 있지 않은 듯이 행동하며, 사랑의 존재를 전적으로 무시하면서도 여전히 필요할 때는 아버지의 도움을 원합니다.

사랑은 심령의 왕좌에 앉아 있어야 합니다.

사랑이 삶을 다스려야 합니다.

사랑이 우리의 영의 왕국을 다스리게 한다면 고린도후서 5:14-15이 살아있는 실재가 될 것입니다. "그리스도의 사랑이 우리를 강권하시는도다 우리가 생각하건대 한 사람이 모든 사람을 대신하여 죽었은즉 모든 사람이 죽은 것이라 그가 모든 사람을 대신하여 죽으심은 살아 있는 자들로 하여금 다시는 그들 자신을 위하여 살지 않고 오직 그들을 대신하여 죽었다가 다시 살아나신 이를 위하여 살게 하려 함이라"

바울의 친구들이 그에게 도전했습니다. 그들은 바울이 미쳤다고 말했지만, 그리스도의 사랑이 그에게 불을 붙여서 그는 서서히 불타오르고 있었습니다.

그의 존재 자체는 예수님을 십자가로 가게 만들었던 그 열정으로 흠뻑 젖어 있었습니다.

이제 당신은 고린도전서 10:24을 이해할 수 있을 것입니다. "누구든지 자기의 유익을 구하지 말고 남의 유익을 구하라"

사랑이 최고 온도에 이르면 이기심은 더 이상 군림하지 못합니다.

이 새로운 창조의 통치의 한 부분이라도 이기심이 차지하고 있다면 얼마나 이상한 일입니까.

이기심은 독약처럼 치명적입니다.

이기심은 영에는 독입니다.

이기심은 그리스도의 몸에도 독입니다.

이기심은 실제로 몸의 모든 질병의 원인입니다.

사람들이 이기심을 두려워한 적이 없다는 것은 정말 이상한 일입니다.

사람은 다른 사람에게 있는 이기심은 두려워하면서 자신 안에 있는 이기심은 두려워하지 않습니다.

지금껏 일어난 모든 전쟁, 모든 파업, 자본가와 노동자의 노동쟁의, 정치에서 파당의 원인도 이기심입니다.

에덴동산에서 태어난 이 이기심은 너무나 강력해서 이 땅의 나라들을 다스리고 있습니다. 사랑만이 이기심을 파괴할 수 있습니다.

요한일서 4:16은 내가 만난 가장 어려운 성경구절중의 하나였습니다. 내게는 이 말씀 안으로 내가 들어갈 수 없을 것 같이 보였습니다.

"하나님이 우리를 사랑하시는 사랑을 우리가 알고 믿었노니 하나님은 사랑이시라 사랑 안에 거하는 자는 하나님 안에 거하고 하나님도 그의 안에 거하시느니라"(요일 4:16)

여기 세 가지 큰 사실이 있습니다. 첫째는 내가 사랑을 믿게 되었다는 것입니다.

사랑이 나의 삶을 다스리도록 허락하는 것이 가장 좋다는 것을 나는 믿습니다.

사랑은 가정과 직장과 정부를 다스리는 좋은 방법입니다.

오직 소수의 사람들만이 사랑을 믿는다는 것을 당신은 알고 있습니다.

사람들은 힘을 믿고, 모략을 믿고, 감각 지식이 주장하는 것들을 믿습니다.

사랑이 최고의 길이라고 당신의 심령으로 믿는다면 그렇게 행동하십시오.

최고일 뿐만 아니라 사랑이 당신의 길입니다. 다른 사람이 어떻게 살아가든지 무관하게 사랑은 당신이 걸어야 하는 길입니다. 당신은 사랑의 길을 걸을 것입니다. 이렇게 살 때 당신은 사랑의 영역에서 살고 있는 자신을 발견하게 될 것입니다.

당신의 가정이 사랑 안에 있습니다.

사랑을 벗어나는 순간 당신은 어둠과 불행 안으로 들어가므로, 당신은 사랑의 길에 머물러 있는 법을 배워야 합니다.

실제로 사랑 안에 사는 것은 아버지와 가장 높고 가장 달콤한 교제 가운데 사는 것이라는 것을 당신은 발견하였습니다.

사랑 안에 사는 것은 실제로 그분과 함께 사는 것입니다.

그분이 당신 몸 안에 들어 오셔서 당신을 자신의 거처로 삼으십니다.

내가 이 사랑의 법과 이 사랑의 길을 처음 발견하였던 초기에 다음의 구절은 내게 너무나 어렵게 보였었습니다.

"이로써 사랑이 우리에게 온전히 이루어진 것은 우리로 심판 날에 담대함을 가지게 하려 함이니 주께서 그러하심과 같이 우리도 이 세상에서 그러하니라"(요일 4:17)

이 말씀은 무슨 말일까요?

사랑은 그 자체로 완전하지만 사랑은 나에 대하여 완전한 통치권을 얻어야 합니다.

사랑이 나의 삶의 법이 되었을 때 나의 삶이 사랑에 의해 지배당하고, 통치되며, 다스려질 때까지 나는 성장하게 되고, 이렇게 되면 그분의 임재 안에서 나는 조용하고 두려움이 없는 상태가 됩니다.

그분은 사랑이며 나는 사랑의 자녀입니다.

이제 나는 사랑의 영역에서 걷고 있습니다.

나는 사랑의 관점에서 생각합니다.

나는 사랑의 법을 따라 행동합니다.

내 인생의 전체 삶은 사랑의 열쇠에 고정되어 있습니다.

그렇게 되면 당신은 사랑 안에는 두려움이 없다는 것을 이해할 수 있습니다.

다른 모든 것에는 두려움이 있습니다.

당신이 사랑 밖에 있으면 당신은 당신이 대면하기 두려워하는 것을 말하고 행할 것입니다.

사랑 밖에 있으면 당신은 공유하기 원하지 않는 것들을 생각합니다.

그러나 이 완전한 사랑은 두려움을 내어 쫓습니다. 왜냐하면 두려움에는 형벌이 있기 때문입니다.

"두려워하는 자는 사랑 안에서 온전히 이루지 못하였느니라"(요일 4:18)

우리가 사랑으로 살면 사랑의 삶이 우리를 다스리며, 우리는 사랑이 아닌 것은 어떤 말도 하지 않고, 어떤 것도 하지 않고, 어떤 생각도 하지 않으려고 결단하게 되리라는 것을 당신은 이해할 수 있습니다.

얼마나 두려움이 없는 삶이 되는지 당신은 볼 수 있겠습니까?

어떤 일이 일어나든지 사랑으로 행할 것을 당신은 알고 있습니다.

말을 할 때 당신은 사랑으로 말합니다.

에베소서 4:15은 이를 설명하고 있습니다. "오직 사랑 안에서 참된 것을 하여 범사에 그에게까지 자랄지라 그는 머리니 곧 그리스도라"

사랑으로 말하지 않는 것은 음이 조화를 잃은 것입니다. 키가 맞지 않은 것입니다. 하모니를 깨는 것입니다.

사랑 안에서 행하는 남녀들의 귀에는 거슬립니다.

그러므로 우리의 전 생애는 이 새로운 사랑, 이 새로운 피조물의 삶이라는 궤도에 진입했습니다.

이것이 바울이 우리에게 준 것입니다.

"나와 같이 모든 일에 모든 사람을 기쁘게 하여 자신의 유익을 구하지 아니하고 많은 사람의 유익을 구하여 그들로 구원을 받게 하라" (고전 10:33)

이어서 그는 이렇게 말합니다. "내가 그리스도를 본받는 자가 된 것 같이 너희는 나를 본받는 자가 되라"(고전 11:1)

이 말씀은 정말 우리의 중심을 돌아보게 하는 말입니다.

형제들로부터 자기의 유익을 구하지 않고 오직 그들을 도와주려고 사는 것입니다. 그러나 고린도전서 9:21-22은 우리에게 얼마나 도전이 되는지요. 그는 20절에서 이렇게 말했습니다. "유대인들에게 내가 유대인과 같이 된 것은 유대인들을 얻고자 함이요"

(그는 유대인이 되기를 멈추고, 그는 새로운 피조물이 되었으며, 그리스도인이 되었습니다)

"율법 없는 자에게는 내가 하나님께는 율법 없는 자가 아니요 도리어 그리스도의 율법 아래에 있는 자이나 율법 없는 자와 같이 된 것은 율법 없는 자들을 얻고자 함이라 약한 자들에게 내가 약한 자와 같이 된 것은 약한 자들을 얻고자 함이요 내가 여러 사람에게 여러 모습이 된 것은 아무쪼록 몇 사람이라도 구원하고자 함이니"(고전 9:21-22)

사랑이 우리 안에 이렇게 녹아들어 온다면 우리는 도대체 어떤 그리스도인 사역자의 모습을 띠게 될까요! 우리는 어떤 예수 믿는 사람들이 될까요! 어떤 영혼 구원자가 될까요! 얼마나 강한 하나님의 남자와 여자들이 될까요!

이와 같이 복음이 먼저 들어와야 합니다.

잃어버린 사람들에게 다가가야 하고 그들은 이 새로운 삶을 알아야 합니다.

로마서 15:1-2에는 믿는 자가 다른 믿는 형제에게 어떻게 해야 하는지 다른 도전이 있습니다. "믿음이 강한 우리는 마땅히 믿음이 약한 자의 약점을 담당하고 자기를 기쁘게 하지 아니할 것이라"

3절에 그는 이렇게 외칩니다. "그리스도께서도 자기를 기쁘게 하지 아니하셨습니다"

우리를 위한 전선이 있습니다. 이곳은 이기심의 통치에 맞서서 우리가 싸우기 시작해야 하는 곳입니다.

이것은 사랑하는 일이며 우리는 이 밖의 삶을 살아서는 안 됩니다.

이것은 사랑의 영역이며 이 밖의 삶은 우리 스스로를 쓸모없게 만들어 버립니다.

이전의 십계명의 자리를 대신하여 차지한 새로운 법은 요한복음 13:34-35에서 예수님에 의해 주어졌습니다.

그분은 옛 언약을 성취하시고 그분의 피로 새 언약을 세우셨습니다. 이제 그분은 말씀하십니다. "새 계명을 너희에게 주노니 서로 사랑하라 내가 너희를 사랑한 것 같이 너희도 서로 사랑하라"

새로운 법 아래, 이 영역 안에서 살고 있는 사람들은 결코 죄를 짓지 않습니다.

다시 한번 들어보십시오. "내가 너희를 사랑한 것 같이 너희도 서로 사랑하라 너희가 서로 사랑하면 이로써 모든 사람이 너희가 내 제자인 줄 알리라"

로마서 13:10을 봅시다. "사랑은 이웃에게 악을 행하지 아니하나니 그러므로 사랑은 율법의 완성이니라"

그리스도 안에 있는 우리에게는 이제 십계명이 필요 없습니다.

우리는 사랑의 가족 안에서 사랑 안에 걸으며, 사랑 안에 걷는 사람은 누구에게도 잘못하지 않습니다.

이렇게 되면 가장 아름다운 삶이 될 것입니다.

우리는 더 이상 거칠거나, 쓴 감정이 있거나, 불친절한 말을 하지 않습니다.

어떤 잔인한 암시나 냉소적인 말도 하지 않습니다.

우리의 모든 말들은 말하기 전에 사랑에 잠겨 있습니다. 문자 그대로 사랑에 흠뻑 젖어 있습니다.

이런 사람의 말은 인공적인 향수가 필요 없습니다. 그런 말은 하늘의 달콤한 향기를 가지고 있습니다.

어떤 가정을 이룰 수 있을까요!

더 이상 한 마디의 불친절한 말도 없는 얼마나 놀라운 믿는 자들의 회중이 될까요.

주님의 삶을 공부하면서 나는 그분이 한 번도 의심한 적이 없다는 것을 알았습니다.

어떻게 그분은 오만한 사람들 무리들에게 둘러싸여 있으면서도 의심을 하지 않을 수 있었는지 궁금했습니다. 그러나 그분은 사랑이었습니다. 사랑은 의심을 파괴합니다.

예수님은 사랑 밖으로 한 발도 나가신 적이 없었습니다.

그분은 바로 그 삶을 사셨습니다.

그분은 새로운 길을 걸으셨습니다. 그분은 새로운 길을 내셨습니다.

이것은 그리스도 안에서 완전히 성장한 사람을 위한 새로운 질서입니다.

이것이 그리스도의 장성한 분량입니다.

이것은 우리 가운데 예수의 생명의 부흥을 창조할 것입니다. 그렇지 않습니까?

고린도전서 13장에서 적어도 첫 여덟 구절이라도 우리가 매일 읽는 것이 좋을 것입니다. 그렇게 하면 우리는 사람들을 오래 참아 주고 우리가 고통을 받는 중에도 친절할 것입니다.

사랑이 우리를 통제하면 어떤 시기심도 없어질 것입니다.

우리는 다른 사람들의 성공에 대하여 아버지께 감사할 것입니다.

우리는 우리의 성공에 우쭐대지 않을 것입니다. 왜냐하면 "사랑은 자랑하지 않으며 교만하지 않기 때문입니다"

세상에서 우리의 행위는 사랑으로 절제되어서, 우리는 부자들에게 친절한 것처럼 버려진 사람들에게도 친절할 것입니다.

우리는 스스로 하나님 자녀답지 않은 행동을 결코 하지 않을 것입니다.

누구도 우리의 입술에서 나오는 거친 말이나 불친절한 비판의 말은 듣지 못할 것입니다.

사랑의 삶이 우리를 다스릴 것입니다.

"자신의 유익을 구하지 않는다"라고 말씀하셨습니다. 다른 사람보다 위에 있으려고 하지 않는다는 말입니다.

우리가 가진 것이 다른 사람에게 필요하다면 그들과 함께 나눕니다.

우리는 결코 법정에 소송하지 않으며 심지어 우리의 소유라 하더라도 대화로 문제를 풀 것입니다.

이 새로운 사랑은 우리를 너무나 크게 만들어주므로 이기심은 철저하게 제거됩니다.

새로운 창조에서 우리에게는 새로운 자아, 사랑의 자아, 하나님으로부터 난 자아, 예수님께서 땅 위에 사실 때 가지셨던 예수님의 자아와 같은 자아가 주어졌습니다.

우리는 우리 자신의 것을 추구하지 않습니다.

사람들은 우리를 화나게 할 수 없으며, 우리는 어떤 악한 것도 받아들이기를 거절합니다.

우리는 결코 불의한 것을 기뻐하지 않으며, 실재하는 것 즉 오직 진리와 함께 기뻐합니다.

7절은 우리를 놀라게 합니다. "모든 것을 참으며 모든 것을 믿으며 모든 것을 바라며 모든 것을 견디느니라"

모든 것을 참는다는 말을 영Young의 번역본에서는 "아무 말 없이 모든 것을 덮어준다Cover over with silence"고 번역했습니다.

무엇에 대해 말하고 있는 것일까요? 오, 이것은 수치스러운 일을 말합니다. 이것은 부당하게 일어난 일, 만일 알려진다면 많은 사람이 다치는 일, 회중을 분열시키는 일, 가족을 파괴하는 일을 말합니다.

우리는 어떻게 합니까? 우리는 아무 말 없이 꼭 덮어버립니다.

우리는 결코 언급하지도 않으며, 그 일은 그 자리에서 사라지고 아무도 다치지 않게 됩니다.

이 말에 귀를 기울이십시오. "사랑은 모든 것을 참으며 모든 것을 믿으며 모든 것을 바라며 모든 것을 견디느니라" 그리고 절정은 이 말입니다. "사랑은 결코 실패하지 않습니다Love never fail."

우리는 이것을 기억해야 합니다.

아가페, 이 새로운 종류의 사랑은 결코 부도나지 않습니다. 사랑이 있는 곳에는 결코 붉은 깃발이 펄럭이지 않습니다.

이곳은 사랑이 여왕으로서 왕좌에서 통치하며 다스리는 곳입니다.

사랑은 나를 승리자로 만들었습니다

나는 영으로 이 번역을 보았습니다. "나의 어린 자녀들아, 너희는 사랑으로 태어났으며, 너희 안에 있는 사랑은 세상에 있는 미움과 원한보다 더 크다"(요일 4:4)

그 때 나의 심령은 영적인 병원에 들어갔습니다. 나는 나의 심령의 생명에 대한 진찰을 받기 시작했으며, 사랑의 실재들에 대해 조사하기 시작했습니다.

고린도전서 13:1-3 말씀이 일종의 감각 지식 종교의 실패한 이력서란 것을 나는 보았습니다.

그것은 감각 지식이 세상에 줄 수 있는 가장 좋은 것을 요약한 것이었습니다.

내가 언어학자로서 최고의 성취라고 할 수 있는 사람과 천사의 방언을 말한다 할지라도, 그러나 그는 즉시 "그러나 사랑이 없으면, 나는 울리는 꽹과리요 소리 나는 심벌즈일 뿐입니다"라고 말합니다.

나의 언어적 능력은 단지 불협화음을 내는 울리는 소음에 지나지 않습니다.

이어서, 만일 내가 모든 지식이 있고 모든 신비를 알고 있으며, 산을 옮길 만한 모든 믿음을 가지고 있고, 나의 감각 지식으로 큰 사업가가 되었다고 하더라도, 사랑이 없으면 나는 아무것도 아닙니다.

혹은 지식이 너무나 많아서 모든 대학이 학위를 수여하며 존경해도 (그는 아주 부드럽고 낮은 소리로 말하고 있습니다) 사랑이 없으면 당신은 아무것도 아닙니다.

이것이 하나님의 병원입니다. 이것은 사람이 대면할 수 있는 가장 중심을 철저히 살피는 것입니다.

이제 그분은 나를 카네기나 록펠러 같은 박애주의자의 영역으로 데리고 갑니다. 내가 가난한 사람들을 돕는 데 수백만 달러를 쏟아붓고, 내 몸이 지칠 때까지 섬기는 데 나의 몸을 바치는 데 이를지라도, 그는 말합니다. "그러나 내가 세상에 주었던 이 새로운 종류의 사랑이 너에게 없다면, 너의 노력은 아무것도 아니다"

나는 그 임재 안에서 놀라 서 있었습니다. 나는 이제 스콜라철학(전통적 교리), 문화, 현대적 문명이 우리에게 가져다준 여행, 음악, 예술, 이 모든 것들도 새로운 종류의 이 사랑이 나의 삶을 지배하지 않으면 아무것도 아니라는 것을 볼 수 있었습니다.

내가 가진 모든 것인 이 리스트의 끝에 이르러서 나는 빈털터리, 즉 실패자가 되어 있습니다.

이와 같이 새로운 창조가 유일한 해결책입니다.

새로운 피조물은 사랑에서 창조되었습니다.

그것은 그리스도 예수 안에서 창조되었습니다. 그것은 그리스도 안에서 하나님의 걸작품입니다.

하나님께서 땅의 흙에서 첫 사람을 만드셨습니다.

두 번째 사람은 하나님 자신으로부터 나왔습니다.

첫 사람은 땅에서 나왔으니 흙입니다.

그분이 만든 이 마지막 사람은 의와 거룩함과 실재, 아버지의 바로 그 하나님 본성으로부터 창조되었습니다.

이것이 세상에서 가장 위대한 것입니다.

왜 그럴까요? 왜냐하면 새로운 창조는 하나님의 본성을 우리에게 주신 것이기 때문입니다.

그것은 하나님이 우리 안에서 일하시는 것입니다.

그것은 하나님이 우리를 통하여 일하시는 것입니다.

그것은 우리의 영이 우리의 감각 지식을 추론하는 능력을 다스려서 하나님의 지식과 조화를 이루도록 함으로써 우리의 영 안에 그분 자신을 세우는 것입니다.

그것은 우리를 기쁘게만 하는 것 이상입니다. 그것은 바로 아버지의 심령을 기쁨으로 가득하게 하는 사랑의 창조적인 특성을 우리에게 줍니다.

우리는 예수님과 너무나 같아져 포도나무와 가지의 연합과 같습니다.

우리는 아버지께서 자기 자신을 보는 거울이 됩니다.

이 새로운 사랑은 우리에게 새로운 자아a new self, 사랑의 자아a Love self, 예수님의 자아a Jesus self를 주었습니다.

자아와 싸우고 자아를 십자가에 못 박는 오래된 종교는 중세 시대의 것입니다.

그것은 기독교에 속한 것이 아닙니다. 그것은 동양의 종교들에 속한 것입니다.

우리는 사람을 사랑이라는 새로운 눈으로 바라봅니다.

우리에게 새로운 시야를 준 것은 새로운 종류의 사랑입니다.

우리는 좋은 것들만 볼 수 있습니다.

앞에서 사랑이란 단어 번역에 대해서 언급한 것 중에 사랑은 모든 것을 참는다는 말을 기억할 것입니다.

이 말은 문자 그대로 빈틈없이 덮어준다cover closely, 보기 흉한 모든 것을 아무 말 없이 가려준다cover over with silence all that is unseemly는 말입니다.

험담을 하지 않습니다. 옛 상처를 다시 건드리지 않습니다.

사랑은 우리 안에서 오직 하나님만 볼 수 있으며, 하나님은 우리 안에서 오직 자신만 보실 수 있습니다.

우리는 우리가 그들의 짐을 대신 져 주기 위해서 사람들의 과중한 짐을 봅니다.

우리는 그들과 함께하려고 그들의 결점을 봅니다.

우리는 그들에게 힘을 주기 위해서 그들의 약함을 봅니다.

우리는 그들에게 우리의 돈을 주려고 그들의 가난함을 봅니다.

우리는 예수의 남자와 예수의 여자가 됩니다.

배터리가 전기로 충전되듯이 우리는 사랑으로 충전됩니다.

우리의 전 존재가 그분으로 흠뻑 젖을 때까지 우리는 말씀을 먹으면서 그분의 임재 안에 머뭅니다.

그런 다음에 우리는 나가서 사람들을 섬깁니다. 우리는 죄가 전혀 없고 죄로 말미암아 다가오는 비참한 것들이 결코 들어 올 수 없는 삶의 길을 밝히는 불타오르는 작은 발광체들입니다.

이제 우리는 사랑으로 행한다는 말을 이해합니다. 그리스도 안에 있다는 것이 무슨 뜻인지 이해합니다.

웬일인지, "죽을 것이 생명에 삼킨바 되게 하려 함이라"고 한 고린도후서 5:4말씀이 드러나기 시작했습니다.

이것이 아버지의 본성입니다. 이 죽을 것은 이제 죽지 않을 것을 덧입을 수 없었습니다. 그럼에도 불구하고 사랑은 아버지의 바로 그 생명과 본성을 입혀주어서 우리의 얼굴이 우리의 그리스도의 영광으로 빛나며, 그분의 건강과 활력과 힘을 우리를 통하여 부어 주십니다.

우리는 간단하게 생명에게 삼켜졌습니다.

감각을 통하여 우리의 뇌에 메시지를 전해주던 모든 죽을 것들은 이제 아버지의 사랑의 본성에 싸이고, 잠겨져, 압도당하였습니다.

사랑이 나의 죽을 것을 삼킬 뿐만 아니라, 사랑이 나의 영까지 삼킬 때까지, 사랑 안에 삼켜진 것, 사랑 안에 싸인 것, 사랑 안에 잠긴 것이 무엇을 의미할 수 있는지 당신은 상상할 수 있습니까?

웨이의 번역본Way's translation은 "나는 사랑의 바다에 빠져 죽었다 I am drowned in a sea of life"라고 번역했습니다.

내가 이 원천을 한 번만이라도 볼 때까지, 오 사랑이여 나를 잡고 놓아 주지 마십시오!

나의 이 모든 세월 동안 나를 따라 오며 나의 영과 혼과 몸을 통해서 사람이신 그리스도 예수 안에서 하신 속량의 온전함을 나타내셨던, 오 사랑이여!

마지막 말

당신은 이 책을 읽었습니다.

우리는 당신의 반응이 어떤지 궁금합니다.

우리는 당신에게 도움이 되었으리라고 믿습니다.

말씀으로부터 많은 새로운 빛이 나왔습니다.

이 새로운 빛은 당신에게 크나큰 기쁨을 주었으며, 당신은 이것을 다른 사람에게 주어야 한다고 느끼지 않습니까?

당신의 친구들에게 그것에 관해서 말하고 편지를 쓰십시오.

이 책을 여러 권 주문하고 그들에게 가장 도움이 될 것이라고 당신이 믿는 것을 그들과 나누고 책을 빌려주십시오.

이 축복이 당신의 손 안에서 없어지게 버려두지 마십시오. 지금 편지를 쓰십시오.

당신이 아직 우리의 다른 책들을 읽지 않은 것이 있다면, 책 이름을 적어 놓은 리스트를 우편으로 부쳐달라고 하십시오.

이 책들은 가는 곳마다 어디서든지 삶을 변화시킵니다.

세상에 이 책들을 줄 수 있도록 우리를 도와주십시오.

믿음의말씀사 출판물

구입문의 : 031-8005-5483　http://faithbook.kr

■ 케네스 해긴의 「믿음 도서관」 책들
- 새로운 탄생
- 재정 분야의 순종
- 나는 지옥에 갔다 왔습니다
- 하나님의 처방약
- 더 좋은 언약
- 예수의 보배로운 피
- 하나님을 탓하지 마십시오
- 네 주장을 변론하라
- 셀 모임에서 성령인도 받기
- 안수
- 치유를 유지하는 법
- 사랑은 결코 실패하지 않습니다
- 하나님께서 내게 가르쳐 주신 형통의 계시
- 왜 능력 아래 쓰러지는가?
- 다가오는 회복
- 잊어버리는 법을 배우기
- 위대한 세 단어
- 하나님의 은사와 부르심
- 그 이름은 "놀라우신 분"
- 우리에게 속한 것을 알기
- 성령을 받는 성경적인 방법
- 하나님의 영광
- 은혜 안에서의 성장을 방해하는 다섯 가지
- 사랑 가운데 걷는 법
- 바울의 계시: 화해의 복음
- 당신은 당신이 말하는 것을 가질 수 있습니다
- 그리스도 안에서
- 말
- 방언기도의 능력을 풀어 놓으라
- 옳은 사고방식 틀린 사고방식
- 속량 – 가난, 질병, 영적 죽음에서 값 주고 되사다
- 네 염려를 주께 맡겨라
- 예언을 분별하는 일곱 단계
- 절망적인 상황을 반전시키기
- 당신의 믿음을 풀어 놓는 법
- 진짜 믿음
- 믿음이란 무엇인가
- 그리스도께서 지금 하고 계시는 일
- 충분하고도 넘치는 하나님 엘 샤다이
- 금식에 관한 상식
- 하나님의 말씀 : 모든 것을 고치는 치료제
- 가족을 섬기는 법
- 조에
- 당신이 알아야 하는 신유에 관한 일곱 가지 원리
- 여성에 관한 질문들
- 인간의 세 가지 본성
- 몸의 치유와 속죄

- 크게 성장하는 믿음
- 하나님 가족의 특권
- 기도의 기술
- 나는 환상을 믿습니다
- 병을 고치는 하나님의 말씀
- 영적 성장
- 신선한 기름부음
- 믿음이 흔들리고 패배한 것 같을 때 승리를 얻는 법
- 믿음의 선한 싸움을 싸우는 법
- 하나님의 계획과 목적과 추구
- 예수 열린 문
- 믿음의 계단
- 당신을 향한 하나님의 계획
- 역사하는 기도
- 기름부음의 이해
- 내주하시는 성령 임하시는 성령
- 재정적인 번영에 대한 성경적 열쇠들
- 어떻게 하나님의 영으로 인도받을 수 있는가?
- 마이더스 터치
- 치유의 기름부음
- 그리스도의 선물
- 방언
- 믿는 자의 권세(생애기념판)
- 믿음의 양식
- 승리하는 교회

■ E. W. 케년
- 십자가에서 보좌까지 무슨 일이 일어났는가?
- 두 가지 의
- 놀라우신 그 이름 예수
- 하나님 아버지와 그분의 가족
- 나의 신분증
- 두 가지 생명
- 새로운 종류의 사랑
- 그분의 임재 안에서
- 속량의 관점에서 본 성경
- 두 가지 지식
- 피의 언약
- 숨은 사람
- 두 가지 믿음
- 새로운 피조물의 실재

■ 스미스 위글스워스
- 스미스 위글스워스의 천국
- 스미스 위글스워스의 매일묵상
- 위글스워스는 이렇게 했다
- 스미스 위글스워스의 능력의 비밀

■ T. L. 오스본
- 행동하는 신자들
- 기적 – 하나님 사랑의 증거
- 새롭게 시작하는 기적 인생
- 좋은 인생
- 성경적인 치유
- 능력으로 역사하는 메시지
- 100개의 신유 진리
- 24 기도 원리 7 기도 우선순위
- 하나님의 큰 그림
- 긍정적 욕망의 힘
- 당신은 하나님의 최고의 작품입니다

■ 잔 오스틴
- 믿음의 말씀 고백기도집
- 하나님의 사랑의 흐름
- 견고한 진 무너뜨리기
- 초자연적인 흐름을 따르는 법
- 당신의 운명을 바꿀 수 있습니다
- 어떻게 하나님의 능력을 풀어놓을 수 있는가?

■ 크리스 오야킬로메
- 여기서 머물지 말라
- 이제 당신이 거듭났으니
- 당신의 인생을 재창조하라
- 이 마차에 함께 타라
- 그리스도 안에 있는 당신의 권리
- 성령님과 당신
- 성령님이 당신 안에서 행하실 일곱 가지
- 성령님이 당신을 위해 행하실 일곱 가지
- 기적을 받고 유지하는 법
- 하나님께서 당신을 방문하실 때
- 올바른 방식으로 기도하기
- 당신의 믿음을 역사하게 하는 법
- 끝없이 샘솟는 기쁨
- 기름과 겉옷
- 약속의 땅
- 하나님의 일곱 영
- 예언
- 시온의 문
- 하늘에서 온 치유
- 효과적으로 기도하는 법
- 어떤 질병도 없이
- 주제별 말씀의 실재
- 마음의 능력

■ 앤드류 워맥
- 당신은 이미 가졌습니다
- 은혜와 믿음의 균형 안에 사는 삶
- 하나님의 참 본성
- 하나님은 당신이 건강하기 원하십니다
- 영·혼·몸
- 전쟁은 끝났습니다
- 믿는 자의 권세
- 새로운 당신과 성령님
- 노력 없이 오는 변화
- 하나님의 충만함 안에 거하는 열쇠
- 더 좋은 기도 방법 한 가지
- 재정의 청지기 직분
- 하나님을 제한하지 마라
- 하나님의 뜻을 발견하고 따라가며 성취하라
- 하나님의 참 본성

■ 기타「믿음의 말씀」설교자들
- 성령의 삶 능력의 삶
- 복을 취하는 법
- 주는 자에게 복이 되는 선물
- 믿음으로 사는 삶
- 붉은 줄의 기적
- 당신이 말한 대로 얻게 됩니다
- 예수–치유의 길 건강의 능력
- 성령 안의 내 능력
- 존 G. 레이크의 치유
- 믿음과 고백
- 임재 중심 교회
- 성령충만한 그리스도인의 지침서
- 열정과 끈기
- 제자 만들기
- 어떻게 교회를 배가하는가
- 운명
- 모든 사람을 위한 치유
- 회복된 통치권
- 그렇지 않습니다
- 당신의 자녀를 리더로 훈련하라
- 오순절 운동을 일으킨 하나님의 바람
- 주일 예배를 넘어서
- 신약교회를 찾아서
- 내가 올 때까지

■ 김진호 · 최순애
- 왕과 제사장
- 새로운 피조물의 실재
- 믿음의 반석
- 새 언약의 기도
- 새로운 피조물 고백기도집(한글판/한영대조판)
- 성령 인도
- 복음의 신조
- 존중하는 삶
- 성경의 세 가지 접근
- 말씀 묵상과 고백
- 그리스도의 교리
- 영혼 구원
- 새로운 피조물
- 믿음의 말씀 운동의 뿌리
- 1인 기업가 마인드
- 내 양을 치라
- 새사람을 입으라